HISTOIRE

DES

DUCS DE BOURGOGNE.

TOME TREIZIÈME.

Table.

Sixième Livraison.

PARIS. — IMPRIMERIE DE FAIN, RUE RACINE, N°. 4,
PLACE DE L'ODÉON.

HISTOIRE
DES
DUCS DE BOURGOGNE
DE LA MAISON DE VALOIS
1364—1477.
PAR M. DE BARANTE,
PAIR DE FRANCE.

Scribitur ad narrandum non ad probandum.
QUINTILIEN.

QUATRIÈME ÉDITION.

Paris,
LADVOCAT, LIBRAIRE
De S. A. R. M. le Duc de Chartres,
Palais-Royal.

1826.

AVERTISSEMENT.

Monsieur J.-A. Buchon a bien voulu se charger d'éclaircir par des notes le morceau suivant qui est comme une introduction nécessaire à la table analytique des matières de l'*Histoire des ducs de Bourgogne, de la maison de Valois*, qu'elle reproduit sous des formes plus vives et plus animées.

Georges Chastelain, et Jean Molinet, auteurs de la Chronique métrique suivante, et morts, l'un en 1474 et l'autre en 1508, furent successivement *indiciores*, c'est-à-dire historiographes de la maison de Bourgogne. Tous deux obtinrent de leur temps la plus haute réputation, comme poëtes et comme chroniqueurs. Les chroniques de J. Molinet, élève de G. Chastelain, sont encore restées inédites, mais une bonne partie de ses poésies ont été imprimées séparément. Quant à G. Chastelain, j'ai publié, dans ma *Collection*, sa *Chronique du bon chevalier Jacques de Lalain*, et la partie des chroniques de Bourgogne que j'ai pu retrouver, et j'ai fait précéder ces volumes d'une notice assez détaillée, dans laquelle je cite quelques fragmens de ses poésies, et je rapporte en entier, d'après les recueils de poésie de J. Molinet [1] et de Ch. Bourdigné [2], sa chronique métrique continuée par son élève J. Molinet.

Ce morceau, écrit par les deux hommes qui ont soutenu avec le plus d'honneur l'éclat littéraire que J. Froissart avait commencé à donner à la Bourgogne, en même temps qu'il fait connaître l'état de la langue, offre un résumé rapide des principaux événemens et de la marche sociale de ce 15e. siècle, dont l'ensemble offre le tableau le plus vaste et le plus imposant que puisse présenter aucun siècle. Tandis que Tamerlan parcourt l'Asie en conquérant et convoite l'empire du monde, de nouveaux états se forment et s'organisent en Europe. La glorieuse dynastie des Jagellons s'affermit en Pologne; le brave Jean Corvin Huniade se fonde un trône en Hongrie, tandis qu'un autre homme obscur, Georges Podiébrad, en élève un autre en Bohême. Castriot, ho-

[1] Les *Faicts et Dicts* de feu, de bonne mémoire, maistre Jehan Molinet, Paris, 1540.

[2] La *Légende* de maistre Pierre Faifeu, mise en vers par Charles Bourdigné, Paris, 1723.

noré par les Turcs, ses ennemis, du nom de Scander-Beg, renouvelle pour un instant le royaume de Pyrrhus, et un paysan de Cotignola, François Sforce, se crée par son épée duc de Milan, et devient un des souverains les plus puissans de l'Italie. Les forces individuelles se développent encore isolées, mais avec énergie, jusqu'à ce que la société entière, mise en marche, entraîne elle-même les hommes à sa suite. Zisca, chef des Hussites, venge la mort de Jean Hus et de Jérôme de Prague, condamnés au feu par le concile de Constance. La réforme se prépare à la lueur des bûchers allumés par le clergé; et les assassinats juridiques des prétendus sorciers ou vaudois d'Arras, de plus de deux mille hérétiques en Espagne, et de quelques autres milliers d'hommes dans les autres parties de l'Europe catholique, joints aux scandales des Borgia qui terminent ce siècle, annoncent que la puissance dogmatique de la foi, imposée par bulles, va faire place à la puissance philosophique et morale de la foi raisonnée; et si l'éloquent Savonarole expie encore sur le bûcher sa vertueuse indignation contre le débordement du clergé et de l'impur successeur de saint Pierre, Luther est déjà né pour soustraire à une obéissance aveugle et les peuples et les rois, et obliger le clergé catholique lui-même, pour mieux rivaliser avec ses adversaires, à des études plus étendues et à une austérité de mœurs toute nouvelle.

A la faveur des querelles intestines des maisons d'Yorck et de Lancastre qui déchirent l'Angleterre, la France s'organise enfin et devient une puissance compacte, d'abord par la conquête définitive de la Normandie et de la Guyenne sous Charles VII; puis par l'héritage, fait par Louis XI, du Maine, de l'Anjou et de la Provence; par l'adjonction de la province de Bourgogne, par réversion à la couronne, et surtout par l'extinction des descendans mâles des trop puissans ducs de Bourgogne, de la maison de Valois. Si la première moitié de ce siècle offre à l'admiration des personnages tels que Dunois, le maréchal de La Fayette, Saintrailles, La Hire, le négociant Jacques Cœur, l'artilleur Bureau, et surtout la généreuse et infortunée Jeanne d'Arc, la dernière moitié se distingue par l'éclat que produisent les lettres et les arts. La destruction de la chevalerie par Louis XI, et le perfectionnement graduel de l'artillerie, amènent à la fois et l'amour du repos et la conscience de l'égalité. Pendant ces nouveaux loisirs, les arts naissent partout à l'envi. La prise de Constantinople par les Mahométans, qui n'envahissent l'Europe d'un côté que pour en être bientôt chassés d'un autre par la conquête de Grenade, disperse, dans tous les pays, les lettrés bysantins qui raniment encore par leurs leçons l'ardeur des lettres déjà naissante. Côme de Médicis le Grand leur donne un asile à Florence. L'intelligence humaine, trop long-temps comprimée, se fait enfin jour de toutes parts : Jean de Bruges invente la peinture à l'huile; J. Dalle Carminole, la gravure en creux; Schœffer, Fust, Guttemberg et Coster, l'imprimerie; Maso Finiguerra, le burin à l'eau-forte; Brunelleschi, Albert Durer, le Bramante, le Titien, Léonard de Vinci, apparaissent; et comme le perfectionnement de l'esprit humain, dans une seule de ses branches, amène le perfectionnement des relations sociales, la banque de Saint-Georges, à Gênes, devient le premier modèle de nos banques nationales. Enfin le monde physique lui-même semble s'étendre avec l'intelligence de l'homme; les Açores et les Canaries charment pour la première fois les regards des navigateurs; les vignes sont plantées à Madère; Vasco de Gama découvre la route des Indes par le cap de Bonne-Espérance, et Christophe Colomb enrichit l'univers connu d'un nouveau continent tout entier, où un jour la raison persécutée devait trouver un abri, et revenir plus jeune et plus puissante sur l'ancien monde dont on avait voulu l'exiler.

On retrouve dans la chronique métrique de G. Chastelain et de J. Molinet les traits épars de ce vaste tableau, et j'ai éclairci par quelques notes les passages qui me semblaient les plus obscurs.

J.-A. Buchon.

Paris, 15 décembre 1826.

RECOLLECTION DES MERVEILLES

ADVENUES EN NOSTRE TEMPS,

COMMENCÉE PAR TRÈS-ÉLÉGANT ORATEUR, MESSIRE GEORGES CHASTELAIN, ET CONTINUÉE PAR MAISTRE JEAN MOLINET.

Qui veult ouyr nouvelles
Estranges à conter?
Je sçay les nompareilles
Qu'homme ne sçait chanter,
Et choses advenues
Depuis long-temps en çà;
Je les ay retenues,
Et sçay comment il va.

Les unes sont piteuses
Et pour gens esbahir;
Et les aultres doubteuses
De meschef advenir;
Les tierces sont estranges
Et passent sens humain,
Aucunes en louanges,
Aultres par aultre main.

En France la très belle,
Fleur de crestienté,
Je veis une pucelle [1]
Sourdre en auctorité,
Qui fit lever le siége
D'Orléans, en ses mains;
Puis le roi par prodiége
Mena sacrer à Reims.

Saincte fut aorée
Par les œuvres que fist;
Mais puis fut rencontrée
Et prise sans prouffit,
Arse à Rouen en cendres
Au grand dur des François,
Donnant depuis entendre
Son revivre aultre fois [2].

J'ay veu un petit moyne
En Romme dominer,
Et en très grand ensoigne
Le pape gouverner :
Dont depuis l'adventure
Fut d'estre escartellé.
A honte et à laidure
Comme traistre appellé.

[1] Jeanne d'Arc.
[2] L'opinion populaire était que Jeanne d'Arc était ressuscitée après avoir été brûlée. Les registres des comptes d'Orléans

J'ay veu ung ypocrite
Par le monde prescher,
Soy disant Carmelite;
Et fol, soy advancer
De dire messe sainte
Sans de prestrise adveu [1];
Laquelle chose atteinte
Fut condamnée au feu.

Depuis veiz en Escosse
Le roi David meurdrir [2]

attestent qu'elle est revenue dans cette ville huit ans après sa mort, et qu'on lui a même donné quelques secours. On vient de publier un gros livre en Angleterre, pour prouver qu'elle n'a pas été brûlée.

[1] Ce cas fut souvent reproduit dans ce siècle. J. Duclercq (*Collect. de Chroniques*, liv. 4, c. 5) cite un jeune prêtre *trop dissolu tant en luxure comme autrement,* qui, bien qu'excommunié, ne s'obstinait pas moins à dire la messe tous les jours. *Et quand il disoit messe, il mettoit assez près de l'autel auprès lui, un bon espieu de fer tranchant, qui estoit baston de guerre pour se défendre, si aucuns le fussent venus quérir, et avoit garni et bouleverqué sa maison comme en temps de guerre.*

[2] Ce ne fut pas David Bruce II, qui régnait dans le quatorzième siècle, et dont on peut lire l'histoire dans J. Froissart, mais bien Jacques Ier. Stuart, qui périt assassiné. Jacques, poëte anglais assez élégant, fort instruit dans les langues anciennes, et très-bon musicien, fut assassiné le 20 février 1437, à l'âge de 44 ans. La reine mit une grande vigueur à poursuivre ses assassins, le duc d'Athol et Robert Graham, et

D'espée et de talloce;
Et lui convint souffrir,
Et prendre en pacience
A sa noble moullier,
La roïne qui en ce
Prist peine à se venger.

J'ay un duc de Savoie [1]
Veu pape devenir,
Ce qui fut hors de voie
Pour à salut venir.
Si en vint dure playe
En l'église de Dieu,
Mais il en receut paye
A Ripaille son lieu.

J'ay veu à la grant Romme
Meurdrir un cardinal
Par un faulx mauvais homme,
Son barbier desloyal;
Gisant en lict paisible,
Quérant sa coyeté,

quarante jours après le meurtre ils avaient péri dans les plus violens supplices.

[1] Amédée VIII, ancien duc de Savoie, retiré à Ripaille, fut choisi en 1439 par des électeurs nommés par le concile de Bâle, pour succéder à Eugène IV qu'on avait déposé. Il prit le nom de Félix V, et se démit, en 1449, de la papauté en faveur de Thomas de Sarsan, cardinal de Boulogne, qui prit le nom de Nicolas V.

Dont en tourment horrible
Il fut exécuté [1].

J'ay puis veu sourdre en France,
Par grant dérision,
La racine et la branche
De toute abusion,
Chef de l'orgueil du monde
Et de lubricité [2];
Femme où tel mal habonde
Rend povre utilité.

Puis ay veu par mistère
Monter ung argentier [3],
Le plus grand de la terre,
Marchand et financier,

---

[1] La peine, contre ceux qui tuent un prêtre à Rome, est d'être assommé à coups de maillet, et écartelé ensuite. Cette peine a été infligée cette année à un jeune homme, et comme il n'avait pas atteint sa seizième année, le pape Léon XII lui a accordé une dispense d'âge.

[2] Il veut parler ici d'Agnès Sorel et de sa nièce, la demoiselle de Villequier, toutes deux successivement maîtresses de Charles VII. La dernière accompagnait partout Charles VII avec une suite de belles filles, choisies par elle, pour mieux conserver sa puissance sur l'esprit du roi.

[3] Jacques Cœur, argentier de Charles VII, seigneur de Mennetou Salon, de Toucy, de Saint-Fargeau, de Champignelles, de Mézilles, etc.

Que depuis la fortune
Veist mourir en exil [1],
Après frauldes mainte une
Faite au roi par cas vil.

J'ay veu par excellence
Ung jeune de vingtz ans [2],
Avoir toute science,
Et les dégrez montans,
Soy vantant sçavoir dire
Ce qu'oncques fut escript,
Par seuele foiz le lire,
Comme ung jeune antécrist.

Par fortune senestre
Veiz à l'œil viviment
Le grant duc de Glocestre
Meurdrir piteusement;
En vin plain une cuve
Failloit qu'estranglé fust [3],
Cuidant par celle estuve
Que la mort n'y parust.

[1] Il mourut, dit-on, dans l'île de Chio, où il est enterré dans l'église des Cordeliers. (*Voy.* tom. XIII de Monstrelet, pag. 353 et suiv.; et Mathieu de Coussy, même Collection.)

[2] Ce fait est mentionné par les chroniqueurs bourguignons, publiés comme complément de Monstrelet dans ma collection.

[3] Le duc de Glocestre fut asphyxié dans une cuve de vin de Malvoisie.

Ung Gilles de Bretaigne
Nepveu au roi Charlon,
Veiz-je, par mode estraigne,
Estrangler en prison,
Par l'adveu de son père [1];
Dont cité, devant Dieu,
Mourut de mort amère
Tout soubdain comme sieu.

D'Espaigne ung connestable [2]
Haultainnement régnant,
Grant maistre redoutable
De sainct Jacques le grant,
D'or riche oultre mesure,
Celluy veiz-je mourir
De mort confuse et dure;
Ce fist son demerir.

Le trésor de Venise,
Où si grant apporta,
Veiz-je embler par l'emprise
D'ung Grec qui l'emporta;

---

[1] Gilles de Bretagne fut mis à mort par l'ordre de son père, le duc François, parce qu'il tenait le parti du roi Henri d'Angleterre.

[2] Don Alvarès de Luna, connétable de Castille, qui avait fait trembler l'Espagne, sous le roi Jean II, pendant trente ans, eut la tête tranchée sur l'échafaud en 1459.

Depuis ung sien compère
Fist accusation;
Dont dommaige grant ère
De prendre ung tel larron.

Depuis en ung province
Trouvay ung accuseur,
Qui me disoit qu'ung prince
Coucha avec sa seur [1],
Soubz une fausse bulle,
Cuidant dispense avoir,
Dont honneur le reculle
Et non a bon debvoir.

[1] Le comte d'Armagnac. Il fut excommunié pour ce fait en 1455 par le pape Nicolas. (*Voy*. Mathieu de Coussy, chap. 3, tom. II de Monstrelet.) « Le comte d'Armagnac, loin de céder à l'excommunication, retourna, dit Mathieu de Coussy, à sondit péché, tellement que depuis il eut encore un enfant de sa sœur germaine, qui estoit pour ce temps tenue une des plus belles femmes du royaume de France, de l'âge de vingt-deux ans. Et pour couvrir sondit cas, il fit courir une voix en son pays qu'il avoit bulle du pape par laquelle il pouvoit espouser sadite sœur, et sur ceste voix il commanda à un chapelain de son hôtel qu'il les espousât; lequel demanda à voir les lettres et bulle devant dictes, disant qu'autrement il ne les espouseroit. De laquelle réponse icelui comte d'Armagnac fut mal content, et lui dit qu'il estoit assez croyable; et que s'il fesoit difficulté de les espouser, il le feroit jeter en la rivière. Lequel, pour le doute qu'il avoit de sa vie, et qu'autrement il n'en pourroit eschapper, espousa ledit comte et sa sœur, encore que ladite sœur ne s'y vouloit consentir. »

J'ay veu Millan conquerre
Par ung povre routier [1],
Et plus los y acquerre
Qu'ung roy vrai héritier;
Se lui en est bien deuë
La gloire de l'arroy,
Car sa vertu congneuë
Vault couronne de roy.

J'ay veu de trois centaines
Vieille possession
Exposer d'Acquitaine
Angloise nation,
Et Bordeaux et Bayonne [2]
Prise du roy françois,
Louange à la couronne
Qui fist si hault exploix.

J'ay veu la Normandie [3]
Et la noble Rouen,

---

[1] François Sforce, fils du favori de Jeanne II, reine de Naples, qui avait épousé une fille bâtarde de Philippe-Marie, duc de Milan, disputa la possession de cette principauté au duc d'Orléans, et l'obtint.

[2] Les troupes de Charles VII achevèrent, en 1451, la conquête de la Guyenne sur les Anglais, par la prise de Bordeaux et de Bayonne. Il ne resta plus aux Anglais, en France, que Calais et le comté de Guyenne. Les Anglais possédaient cette province depuis Éléonore d'Aquitaine.

[3] La victoire de Formigny sur les Anglais décida, en 1450, la conquête de la Normandie.

Submise à la mestrie
Du roy et de son ban,
Monstrant là ses banières
Sur les vielz ennemys,
Lesquelz par armes fières
Vainqueurs il a remys.

J'ay veu ung hault emprendre
Pour advenir grands maulx,
De tuer et de pendre
Beaucoup de cardinaulx,
Et du pape ainsy faire,
Si Dieu n'y eust pourveu;
Estienne de Procaire
A Romme en fut pendu.

J'ay veu Gand' invaincue
Subjuguer, à mes yeulx,
D'ung prince soubz la nue
Le plus victorieux [1],
Et d'espée mortoire
Vaincre ses habitans,
Dont cas de telle gloire
Ne fut, passé mil ans.

J'ay veu, extrême chose,
Chevalier sous trente ans [2]

[1] Guerre des Gantois contre le duc de Bourgogne, en 1453.
[2] Jacques de Lalain. (*Voy.* sa chronique par G. Châtelain, auteur de ces vers, dans la *Collection des Chroniques.*)

Combatre, en lice close,
Vingt-deux nobles gens,
Par tant de foys diverses,
Comme il y a de noms,
Sans foulle et sans traverse;
Ce qu'oncques ne fist homs.

La cité Constantine
Depuis veiz envahir
De la gent Sarrazine,
Qui la vindrent saisir [1],
Et la teste coppèrent
Au vieillart empereur,
Sans ce qu'ailleurs monstrèrent
Maint aultre grant horreur.

J'ay veu une Lucrèce
En Romme dominer,
De Naples non de Grèce,
Pour le pape honnorer,
Aller au devant d'elle
Cardinaulx et prélatz;
Et sy n'estoit qu'ancelle
Du roy pour son soulas.

J'ay veu roy de Hongrie
Faire préparement

---

[1] Prise de Constantinople par Mahomet II, en 1453. Constantin Paléologue y fut tué.

De haulte drüerie,
Très-glorieusement,
Qui attendoit la chère
Du nuptial atour [1] ;
Trouvé fut mort en bière
Ne sçait on par quel tour.

Luy mort, prit la couronne
Le fils d'ung compaignon [2],
Vertueuse personne
Et de très grant renom ;
Ainsi royal racine
Prist là son dernier plonc,
Et la basse origine
Monta en royal tronc.

J'y veu l'aisné de France [3],
Fuitif de son sourgeon,
Venir prendre umbroyance
Soubz le duc Bourguignon,

---

[1] Ladislas, roi de Hongrie et de Bohême, mourut, dit-on, de poison à Prague, en 1459, à l'âge de 18 ans, au moment où il allait se marier avec une fille de Charles VII, roi de France.

[2] Mathieu Corvin, fils du célèbre Jean Corvin Huniade, fut nommé roi de Hongrie par les états du royaume, malgré les prétentions de l'empereur Frédéric IV.

[3] Louis XI, alors dauphin, se sauva, comme on sait, auprès du duc de Bourgogne, et y resta jusqu'à la mort de son père Charles VII, en 1461.

Et le mettre en couronne
Non guères bien venu ;
Dieu congnoist en son throsne
S'il l'a bien recongneu [1].

J'ay veu peuple confondre,
Et royaulme trembler,
Chasteaux et villes fondre,
Et citez abismer;
Craventer les églises
Fendans toutes parmy,
Es Naploises pourprises [2];
Ce fist ce grant ay my.

J'ay veu descendre en France
Anglois encontre Anglès,
Par contrainte et puissance.
Pour contendre au *posses*,
Pour Calès et pour Guines,
Si fut tout cest esmeu ;
Ce sont estranges signes
Le cas bien entendu.

Passant par Angleterre,
Je veiz en grand tourment

---

[1] On peut lire dans l'histoire de M. de Barante les démêlés entre Charles le Téméraire et Louis XI.

[2] Il y eut un grand tremblement de terre en Pouille, en 1456. Plusieurs villes en furent renversées. (*Voy.* J. Duclercq, liv. 3, chap. 24, tom. 13 de Monstrelet.)

Les seigneurs de la terre
S'entretuer forment,
Avec ung tel déluge,
Qui cueurs esbahissoit,
Qu'à peine y eut refuge
Où mort n'apparoissoit [1].

Ung nouveau roy créèrent [2],
Par des piteux vouloir;
Le vieil en déboutèrent [3],
Et son légitime hoir
Qui fuitif alla prendre
D'Escosse le garant,
De tous siècles le mendre
Et le plus tollerant.

J'ay veu en grant fortune
Une des fleurs de lys
Tenir en prison brune
En très povres delictz,
Privé de seigneurie
Et de royal honneur,

[1] Querelles entre les maisons d'Yorck et de Lancastre, connues sous le nom de guerres de la Rose Blanche et de la Rose Rouge.

[2] Édouard IV, créé roi par la victoire du comte de Warwick, en 1461.

[3] Henri VI, après sa défaite, se réfugia en Écosse, près de Jacques III encore enfant.

Dont la gloire périe
Est en sa prime fleur[1].

De Cypre la couronne
Ay-je veu emprunter
Au chef de Babilone,
Pour le roy en jecter [2];
Bâtard est, et d'église
Cellui qui le maintient,
Et n'a compte à reprise,
Ni à mal qui en vient.

La royne veis descendre
Dedans le marin cours
Par ung ardant contendre
Vers France pour secours[3];
Qui depuis fut pillée
Et mis au sacqueman,
Par pillars de Gallée
Du port Venician.

---

[1] Le duc d'Alençon, qui fut dégradé et privé de ses honneurs et de son rang par sentence du parlement

[2] Le soudan d'Égypte chassa de l'île de Chypre, en 1459, Louis de Savoie, mari de Charlotte de Lusignan, fille du roi Jean de Lusignan, et donna la couronne de cette île à Jacques, bâtard du même Jean, qui épousa Catherine Cornaro adoptée pour fille par le sénat vénitien.

[3] Charlotte de Lusignan vint demander du secours en France.

J'ay veu de deux royalmes
Deux roys contemporains,
Confesser en leurs âmes
Haulx motz et souverains;
De tenir leur couronne
Et leur pourpre vestu,
D'une seulle personne,
Le grand duc de Vertu.

J'ay ung roi de Cecille [1]
Veu devenir berger,
Et sa femme gentille
De ce propre mestier,
Portant la pennetière,
La houlette et chappeau,
Logeant sur la bruyère,
Auprès de leur troppeau.

J'ay veu de Géorgie [2],
Et du hault Orient,
De Perse et d'Arménie,
Diverse estrange gent,
Mesme d'ung infidelle
Transmettre au roy Charlon;

---

[1] Le roi René.
[2] *Voyez* dans les *Chroniques de Bourgogne*, déjà mentionnées, le récit de cette ambassade envoyée à Charles VII et a Philippe, duc de Bourgogne.

Pour lui donner querelle
Contre le turc félon.

Le hault duc de Bourgogne
Fort bien le recoeillit,
Dont l'œuvre assez tesmoigne
Quel honneur il leur fist ;
L'honneur fut si profonde
Et de si haultain faict,
Que jusqu'au bout du monde
La mémoire s'en fait.

J'ay veu deux, trois commettes
Manifester au ciel ;
Et d'estranges planettes
Plus amères que fiel,
Dont les fins non congnues
Sont d'esbahissement,
Et de non advenues
N'est nul vray jugement.

J'ay veu, chose inhumaine
Et cruelle en la foy !
Tuer à force pleine
Gens d'église à desroi ;
La cité de Mayence
En est tournée en feu,
Et a si grefve oultrance
Qu'oncques tel mal ne feu.

RECOLLECTION.

O! hault duc plein de gloire,
Et vous son noble filz!
Ceste brefve mémoire
De tant de divers dis
Ay fait en vos louanges
D'un cueur non vermolut;
Il plaise au roy des anges,
Qu'il vous tourne à salut.

J'ay veu dure vieillesse,
Qui me vient tourmenter;
Si fault que je délaisse
L'escripre et le dicter
En rime telle quelle,
Puisque je vais mourant;
Molinet mon sequelle
Fera le demourant [1].

J'ay veu ung petit comte,
Seigneur de Charolois,
Qui bailla bien son compte
A Loys de Vallois [2],
Au Mont-Héry en France
Son ost le poursüy;

---

[1] Ici se termine ce qu'a écrit Georges Chastelain. Le reste est de Jean Molinet.

[2] Bataille de Montlhéry, pendant la guerre dite *du bien public*, en 1465. Louis XI fut battu par les princes réunis.

Mais l'ung tint place franche
Et l'autre s'en fuy.

J'ay veu la chandrelière
Orgueilleuse Dinant,
Ville assez singulière,
Mais toujours huttinant;
Pour sa grande arrogance
Le Lyon [1] très hardy
En print dure vengeance
Et en cendre l'ardy.

J'ay veu les murs de Liége
Destruictz et abbatus,
Son péron perdre siége,
Ses mutins combatus,
Criant vive Bourgoigne!
Le roy vint de surcrois,
Qui porta sans vergoigne
De Sainct Andrieu la croix.

J'ay veu duc magnifique
Tant surpris de Gantois
Qu'à dur trouva practicque
D'eschapper de leurs toictz.

---

[1] Le duc de Bourgogne, qui prenait un lion pour emblème.

Ils furent pris aux piéges,
Dont ils furent honteux,
Car leurs grans privilléges
Déchira devant eulx [1].

Paulus sans faulte nulle [2],
Qui d'argent eut maint marc,
Fit nouveau scel et bulle,
Et le palais Sainct-Marc;
En or et pierrerie
Mit son entendement,
Et en sa trésorie
Fina estrangement.

J'ay veu, par forte glaive,
Edouard roi anglois [3],
Expulsé, comme esclaive
De ses royaulx angletz;
En moins d'onze sepmaines,
A l'espée tranchant,

---

[1] Les Gantois, d'abord vainqueurs de Philippe, qui fut sur le point d'être pris, furent ensuite défaits et privés de leurs priviléges. (*Voyez* le 3e. livre de J. Duclercq.)

[2] Barbo, Vénitien, qui succéda à Pie II à la papauté, sous le titre de Paul II.

[3] Édouard IV, fait roi, puis battu et emprisonné par Warwick, sortit bientôt de sa prison à l'aide du duc de Clarence son frère, et battit à son tour, en 1470, l'armée de Warwick.

Recouvrer ses domaines
Et son throsne luysant.

J'ay veu porter souffrance
A Werwic, qui cuidoit [1]
Trouver Anglois soubz France,
Et France sous son doigt;
Payé fut de ses galles,
Car il passa par là,
Et le prince de Galles
Oncques puis ne parla [2].

Fortune qui couronne
Les siens à son franc chois,
Donna double couronne
D'Anglois et de François
A Henry, qui ses resnes
Rompit sur le hault roc;
Il perdit ses deux regnes [3] :
Ce ne fut roy ne roc [4].

J'ay veu la Normandie
Du lion trespercer;

---

[1] Warwick fut tué en 1471, à la bataille de Barnet, et Édouard IV resta maître de l'Angleterre.

[2] Le prince de Galles, fils de Henri IV, fut tué par ordre d'Édouard IV, à 28 ans.

[3] Henri IV, battu à Tewkesbury, en 1471, resta prisonnier d'Édouard IV.

[4] Allusion au jeu d'échecs.

Le roy, quoi qu'on en die,
Ne l'osoit approcher;
L'ung demandoit la guerre,
L'autre plaisant soulas;
L'ung vouloit bruit acquerre,
L'autre en estoit fort las.

J'ay veu comette horrible,
Comme verge poindant,
Espouentable, terrible,
Grande, felle et ardant;
Sur le Rin vers Couloigne
Jectoit son rayant dart,
Et le duc de Bourgoigne
Y mist son estandart.

J'ay veu soulfre, salpêtre,
Ensemble batailler,
Quand j'ay veu, fratre, prêtre,
Cardinal, cordellier,
Plein de pompe mondaine
Et d'immundicité,
Et à heure soudaine
Estre à la mort cité.

L'empereur d'Allemaigne
Dedans Trèves entra,
Charles qui l'accompaigne
Son triumphe y monstra.

Chascun tant ayme et prise
Son excellent arroy,
Que la journée fut prise
Pour le couronner roy.

Nus attendit l'espée
Du plus fort duc des ducs,
Sa rivière coppée,
Ses muretz pourfendus;
Près d'ung an assiégé
Endura ses travaulx,
De secours estrangé,
Mengeant chair de chevaulx.

J'ay veu un duc combattre
Le Rommain empereur,
Tentes et gens abattre
Par mortelle terreur;
Sans craindre hacquebutes,
Sans estre bersandé,
Retourner en cesbutes
Son siége bien gardé.

J'ay veu roi d'Angleterre [1]
Amener son grand ost

---

[1] Édouard IV débarqua en France en 1475, mais Louis XI gagna ses principaux officiers, et le roi retourna en Angleterre sans avoir rien fait.

Pour la françoise terre
Conquester bref et tost ;
Le roy voyant l'affaire,
Si bon vin lui donna,
Que l'autre, sans rien faire,
Content s'en retourna.

J'ay veu saint Pol en gloire
Ravy jusques ès cieulx,
Puis descendre en bas Loire
Mal en grâce des dieux ;
Sainct Pierre s'en délivre,
Pas ne le respita,
Et au prince le livre
Qui le descapita.

Et si fault que je dise
Ceux qui ont eu mal an :
Meurdry fut à l'église
Le grand duc de Millan[1] ;
Par user des plus belles
Femmes de son pays,
Et mettre sus gabelles,
Il fut à mort haïs.

[1] Galéas-Marie Sforce, fils du célèbre François Sforce. Il fut assassiné le 26 décembre 1476, dans l'église de Saint-Étienne de Milan.

J'ay veu le plus fort prince
De la chrestienté
En turquoise province
Fort crainct et redoubté,
Surmonter en bataille
Par un petit ducquet;
En gens de rude taille
On n'y a point d'acquest.

Ainsi donc, loups saulvaiges
Occirent le lion
Gardant sur les rivaiges
D'aigneaulx un million;
Moutons, loups et ouailles
S'accordèrent enfin
Pour pillier les oreilles
Au renard rouge et fin.

J'ay veu citez et ville
Ensemble mutiner,
Villains, meschans et viles
Les nobles huttiner;
Ce tourbe que j'alégue
Occist le chancellier
Et le comte de Megue
De l'ordre chevallier.

En Gueldres qui prospère,
J'ay veu grant mesprison,

Le fils tenir le père
En obscure prison [1],
S'en fut bouté en celle;
Puis mourut champion
D'une noble pucelle [2]
Comme ung vray Scipion

J'ay veu dedans Mallines
Notable parlement,
Pour faulses gens malines
Corriger justement;
Mais comme le prophête
Par avant l'annunça,
Le hault bruit de la feste
Tout à coup tresbucha.

J'ay veu grans blez, et paille
Par les champs rapiner

---

[1] Adolphe, fils d'Arnoult d'Egmond, duc de Gueldres. « Un soir, » dit Comines, « le 10 janvier 1465, comme Arnoult se voulait aller coucher, son fils l'enlève, le mène à cinq lieues à pied, sans chausses, par un temps très-froid, et le met au fond d'une tour où il n'y avait nulle clarté que par une bien petite lucarne. » Cinq ans après le père fut délivré, et le fils emprisonné par l'ordre du duc de Bourgogne.

[2] Les Gantois voulaient lui faire épouser Marie, comtesse de Flandre, qui depuis, à l'âge de vingt ans, épousa Maximilien, archiduc d'Autriche.

Tous biens à la haspaille
Sans prendre et sans traisner,
Chetifz et miserables
Devenir riches gens,
Et riches honnorables
Mendians indigens.

J'ay veu Juïfz séduire
Ung petit enfançon,
Le meurdrir et destruire
Par estrange façon ;
Miracles faire à Trente
Comme font plusieurs saincts.
Plus de vingt et de trente
En sont guéris tous sains.

J'ay veu un roy de France
Accorder aux Anglois
Affin que grant souffrance
N'ayt France en ses angletz ;
France franche et non serve,
Sinon à ses amys ;
Et dure que l'on serve
A tous ses ennemys.

J'ay veu homme de guerre
Sur cheval bon et fier,
En Haspre venir querre
Ung très riche censier ;

Le bon sainct de l'abbaye,
Acquaire, s'en vengea :
Le cheval enrabie,
Et son maistre enraigea.

J'ay veu grant multitude
De livres imprimez [1],
Pour tirer en estude
Povres mal argentez;
Par ces nouvelles modes
Aura maint escollier
Decret, bibles et codes
Sans grant argent bailler.

J'ay veu pucelle tendre,
Anthonias eut nom,
Toute science entendre,
Logicque et droit canon,
Saige comme Sibille,
En l'âge de dix ans,
Et de respondre habille
A tous contredisans.

J'ay veu gendarmerie
Bigarrée à tous lez,

---

[1] L'imprimerie venait d'être inventée, et on voit que déjà, si près de sa naissance, les bons esprits présageaient toute l'influence qu'aurait un jour cette découverte.

Comme juïfverie,
Riollez, piollez
De diverses bigornes
Et d'estranges façons;
Ne restoit que les cornes
Pour estre limassons.

J'ay veu Tournay tournée
En ung mauvais tournant,
Sans estre retournée,
Ses voisins bestournant;
Noz maisons, noz tourelles
En cendre contourner,
Et Flamens eutour elles
Durement attourner.

J'ay veu par ces oraiges
Des nobles corompus,
Et des loyaulx couraiges
Qui leurs lois ont rompus.
Les villains sans richesse
Furent trop plus loyaulx
A leur dame et princesse
Qu'aultres gens desloyaux.

J'ay veu chevalier noble
En bruit et en valleur,
De vertu la vignoble,
De proesse la fleur,

Espouser noble femme
Et avoir beaulx enfans,
De glorieuse fame,
En armes triumphans.

La dame mise en bière,
Le seigneur de vertu,
Content de pain et bière,
Fust moysne revestu,
Prestre, abbé portant chappe,
Et évesque sacré,
Fort digne d'estre pape
Pour son final degré.

J'ay veu nobles contrées
Sans chefs et sans seigneur,
Durement rencontrées
D'ung terrible enseigneur,
Pucelle habandonnée,
Grant desroy de commun,
Et en moins d'une année
Avoir deux ducz pour un.

J'ay veu dedans Florence
Arcevesque pendu,
Et fort grant apparence
De cardinal perdu;
Trois abbés portans crosse
Et ceulx de leurs partis,

Furent par dure approche
Mutilez et occis.

J'ay veu, chose inconnue!
Un mort ressusciter,
Et sur la revenue
Par milliers achapter;
L'ung dit : il est en vie,
L'autre : ce n'est que vent.
Tous bons cueurs sans envye
Le regrettent souvent.

J'ay veu duc de Clarence
Bouté en une tour,
Qui quéroit apparence
De régner à son tour,
De mort préadvisée
Le roy le fist noyer
Dedans mallevisée
Pour le moins ennuyer [1].

J'ay veu, comme il me semble,
Ung fort homme d'honneur
Luy seul chanter ensemble,
Et dessus, et teneur :
Olbeken, Alexandre,
Jossequin, ne Bugnois

[1] Édouard IV, son père, le fit mourir.

Qui sçayvent chantz espandre
Ne font telz esbannois.

J'ay veu clerc de villaige
Menger ung gros raton,
Une poulle volaige,
Ung quartier de mouton;
Du pain plein une mande
Bouter en ses boyaulx;
Ne sçay comme la pance
Ne luy rompt de morseaulx.

J'ay veu en Vallenciennes,
Quand droit là me tournay,
Va-tost faire des siennes
Et aller à Tournay
En moins d'heure et demie
Sans cheval ou jument;
C'estoit chose ennemye,
Force ou grand radement.

Assiéger vindrent Rhodes
Plus de cent mille Turcz,
Vestus d'estranges modes,
Qui percèrent ses murs [1];

---

[1] Les Turcs furent repoussés, en 1480, par la valeur du grand-maître d'Aubusson et de ses chevaliers.

La Vierge glorieuse
La cité secourut ,
Qui fut victorieuse,
Et le Turc s'en courut.

J'ay veu felle besoigne
Et cas de grant pitié,
A Disjon en Bourgoigne
Pleuvoir sang à planté;
Au roy Loys de France
Fust le sang envoyé.
Doubtant avoir souffrance,
Fut assez ennuyé.

J'ay vu cinq personnaiges
D'ung triumphant hostel,
En moins de dix lunaiges,
Payer tribut mortel;
Marie rendit compte,
François son fils le bon,
Saint Pol, Chymay le comte,
Et Loys de Bourbon.

Loys d'un coup d'espée,
Digne évesque et duc grant,
Eut la gorge coppée
Par ung mauvais tyrant;
Mais Liége en fut pugnie
Par glaive et par arsin,

Et la barbe honnie
Qui brassa ce brassin [1].

Je veiz devant Boulloigne
Le fils de Ravestein [2]
Mettre gens en besoigne,
Cinq mille, il est certain ;
Liégeois plus de dix mille,
Par chevallereux faictz
Furent, comme une pille
Succombez et deffaitz.

Liégeois y apportèrent
Cinq tonneaux de licolz,
Car pendre ils y cuidèrent
Bourgoignons par les colz ;
Mais de clères espées,
Picques et gaurelos
Eurent gorges coppées
Sans y avoir grant los.

J'ay veu peuple, en mes livres,
De famine troublé,

---

[1] Les Liégeois, à l'instigation des envoyés de Louis XI, tuèrent leur évêque et douze chanoines, en 1468, pendant que Louis XI était prisonnier de Charles le Téméraire. Liège fut abandonnée au pillage après avoir été prise par le duc de Bourgogne.

[2] Adolphe de Clèves, seigneur de Ravenstein.

Et vendre quatre livres
Ung seul mencault de blé;
En ceste propre année
Avoir dessus l'Escault
La chance retournée,
Ung muy pour ung mencault.

Pour chose assez précise,
J'ay veu en nos tenans,
Arras nommer franchise,
Et changer les manans;
Comme infames et viles,
Les hoirs en débouter,
Et gens d'estranges villes
Y venir habiter.

Et Cambray changer armes
Portans florons royaulx,
Forger pour les gens d'armes
Chaisnes de ses joyaulx;
Meuge fut composée
Du seigneur Marafin,
Et du roi rembourée
Avant qu'il prensist fin.

J'ay veu oiseau ramaige,
Nommé maistre Olivier,
Vollant par son plumaige
Hault comme un espervier;

Fort bien savoir complaire
Au roi; mais je veiz qu'on
Le feist, pour son salaire,
Percher au Mont-Faucon.

J'ay veu, estrange conte !
François accompagner
De Richemont le comte,
Pour son règne gaigner ;
Richard, roi d'Angleterre,
En bataille périr,
Et les hoirs de la terre
Eslonger et mourir.

J'ay veu la fière barbe,
Qui tant se rebarba,
Doux comme Saincte Barbe
Quand on le desbarba,
Sans convrechief qui buë
Atrect fut desbarbé
De sa barbe barbuë,
Car il vint à jubé.

Je veiz Gand qui prospère
Sur Flamens triumphans,
Au desplaisir du père
Retenir deux enfans ;
Le père à force d'armes
Les reconquist ; s'en fu,

Gand pour ses gros vacarmes
En danger d'estre en feu.

Comme paysans viles,
Portans flesches et dardz,
Quirent aux bonnes villes
Du vin pour leurs souldars;
Maint archer fit son hoste
D'autour de Saint Bavon,
Porter vivres en hottes
Comme povre Esclavon.

J'ay veu seigneur des Cordes
Aux Flamens accorder
Cordeller grans discordes,
Pour pays descorder;
Flamens se racordèrent
Au duc que recordons;
Et les François cordèrent
De guerre les cordons.

Aiguemont en Hollande
Mena ses cabillaux,
Armez d'escaille grande,
Dure comme caillaux,
Faindant grand marchandise
Estre en un vaisseau frec,
Prindrent vaillantise
La ville de Dordrec.

Puis ouys, chose amère
Plus fière que devant !
Au ventre de sa mère
Brayre un petit enfant,
Et au Quesnoy-le-Comte.
Tant hault plaindre et gémir,
Que la mère, à bref compte,
En laissa le dormir.

J'ay veu deux ou trois isles [1]
Trouvées en mon temps,
De muscades fertilles,
Et dont les habitans
Sont d'estranges manières
Saulvaiges et velus;
D'or et d'argent mynières
Voit-on en ces pallus.

Par mystère fort riche
Où Dieu presta les mains,
Veiz l'archeduc d'Austriche
Esleu roi des Rommains,

[1] Il doit être question des îles Açores, découvertes en 1461 par les pilotes du prince Henri de Portugal. Déjà Jean de Bethencourt, gentilhomme normand, avait découvert les Canaries en 1405. En 1472 les Portugais découvrirent les îles de Saint-Thomas et du Prince sur les côtes d'Afrique, et le cap de Bonne-Espérance en 1486. Le premier voyage de Christophe Colomb est de 1492.

A Aix en Allemagne
Dignement couronné;
Son père l'accompaigne
Richement atourné [1].

J'ay veu une Rommaine,
Dame de grant renom,
Fille humble et fort humaine
Du senateur Zenon;
Sept cents ans enterrée
Fut sans corruption;
Au peuple fut monstrée
Par admiration.

J'ay veu frère Nicolle,
Ung Süisse dévot,
D'abstinence l'escolle
Fort bien tenant son vot,
Vingt ans vivre en ce monde
Sans manger peu né point;
Dieu en sa gloire munde
Luy doint viande à point.

J'ay veu vif sans fantosme
Ung jeune moysne avoir

---

[1] Maximilien, fils de Frédéric III, fut élu roi des Romains par la diète de Francfort, en 1486, intronisé à Rensée, et couronné à Aix-la-Chapelle.

Membre de femme et d'homme
Et enfant concepvoir;
Par luy seul, en luy mesmes,
Engendrer, enfanter,
Comme font aultres femmes,
Sans outilz emprunter.

De fort dure fortune
Veiz Bourgoignons servir,
Espérans de Béthune
Les formaiges ravir;
En lieu de fins formaiges
Trouvèrent faux baratz;
Gueldres y eut dommaiges
Nasso et Lassaras.

J'ay veu par mutinaige
Bruges mettre les mains
Au digne personnaige
Roi sacré des Rommains;
Ses chevalliers, ses nobles,
Son mignon fort fringant,
Pis loger qu'en vignobles
Emprisonnez à Gand.

Les moutons détentèrent
En son parc le berger,
Les chiens qui le gardèrent
Sont constraincts d'eslonger;

Le berger prist figure
D'aigneau, mais ses brebis
Dont il avoit la cure
Devindrent loups rabis.

Bruges mist à torture
Chevalliers et barons
Sans raison et droicture,
Comme on feroit larrons;
Par gent rude et meschante,
Fut lors sur le marché
D'une espée trenchante
Maint noble despesché.

Pourquoi l'impérialle
Majesté accourut,
Qui son filz la royalle
Dignité secourut;
La noble Germanie
Tellement huttina
Que Flandres fut pugnie
Et Bruges en saigna.

J'ay veu à bas descendre
Ung fort jeune éléphant,
Coulouré comme cendre,
Aspre et fort remouvant;
De sa grande narine
Fort bien s'esbanoya,

Et puis sur la marine
Meschamment se noya.

J'ay veu parmy ung voire
François et Bourgoignons
Ensemble à Cambray boire,
Comme bons compagnons;
Puis aux champs, hors la ville,
L'ung sur l'autre charger
Pour mettre en prison vile
Ou en mortel danger..

J'ay veu haulte princesse
D'Yorck de grant renom,
De Bourgoigne duchesse,
Marguerite avoit nom,
Perdre par dures glaves
Ses frères, son mari,
Ses nepveux, l'ung esclaves,
L'aultre estaint et péri.

A Rome, ung de Viterbe,
Pour ducatz amasser,
Sceut d'eau et de viste herbe
Plusieurs bulles casser,
Faire seconde lettre,
Où la première fu;
Mieux que tison en l'estre
En fut bruslé en feu.

Quand Flandres eut souffrance,
Je veiz ung chauffeteur,
Maistre d'hostel en France,
Eslevé en hault heur;
Par luy maint coppenolle
Au monde fut forgé,
S'en eut col et canolle
Du hastrel deslogé.

J'ay veu grant vauderie
En Arras pulluler [1],
Gens pleins de reverie
Par jugement brusler;
Trente ans puis ceste affaire,
Parlement decreta
Qu'à tort, sans raison faire,
A mort on les traicta.

René, duc de Lorraine,
Eut deux femmes vivans,
Mais de la premeraine
Ne peult avoir enfans;

---

[1] *Voyez*, dans les mémoires de J. Duclercq les détails curieux des persécutions de l'inquisiteur de la foi et de l'évêque de Berut contre les prétendus sorciers qui furent brûlés à Arras. La vigueur du parlement de Paris arrêta seule les supplices, et un arrêt solennel justifia ceux qui avaient été condamnés, fit élargir les détenus et condamna les juges.

La seconde fut digne
De lignie assembler,
Qui en bref se fit royne
De Cecille nommer.

J'ay veu Louvain, Nivelle,
Brucelles, je m'en crois,
Pour chose fort nouvelle,
Porter la droicte croix;
Brucelles fut humille
Par mort qui l'aherdit
De gens trente six mille
Pour ung an y perdit.

J'ay veu les bonnes villes
Achapter larronceaulx
Aux paysans servilles,
Pour pendre aux arbresseaulx;
Trop estoit la derrée
Venduë aux bons marchans
Pour estre délivrée
Aux corbillons des champs.

J'ay veu louenges acquerre
Au grant roy des Rommains,
Austriche reconquerre,
Et Hongrie en ses mains;
Vienne, Albe-Regalle,
Ont sentu les assaulx

De majesté regalle
Et ses nobles vassaulx.

J'ay veu devotes vierges
En dangereux perilz
Vexées par les verges
Des mauvaix esperis.
Droit au Quesnoy-le-Comte
Advint ce grand malheur;
Piteux en est le conte
Dieu doint qu'il soit meilleur !

J'ay veu roy d'Angleterre [1]
Ung grant tresor coeillir,
Pour la françoise terre
Conquerre et bataillir;
Il assiégea Boullongne ·
Mais le grant Crevecueur
Lui tourna bride et longne;
Sy lui changea le cueur.

J'ay veu filz d'Angleterre
Richard d'Yorc nommé,
Que l'on disoit en terre
Estainct et consommé,

---

[1] Henri VII mit le siége devant Boulogne en 1492, pour arrêter dans sa source l'agrandissement de pouvoir que le mariage de Charles VIII avec Anne, héritière de Bretagne, allait donner à la maison de France.

Endurer grant souffrance;
Et par nobles exploitz
Vivre en bonne espérance [1]
D'estre roy des Angloys.

Allemaigne, Engleterre,
Et Bourgoigne ont chargé
Engins par mer et terre,
L'Escluse ont assiégé;
Ceux qui le desfendirent
Soubstindrent vaillamment;
Mais enfin se rendirent
Par bon appoinctement.

J'ay veu un roy d'Espaigne
Pour la foy augmenter
Et lui et sa compaigne
Grenade conquester [2];
Sept ans y tint le siége;
On y fit maint blocus,

---

[1] Il est sans doute question du juif Perkins, qui se fit passer pour fils d'Édouard IV, et fut envoyé près de Charles VIII. Après avoir épousé une princesse de la maison d'York et armé l'Écosse en sa faveur, il fut emprisonné en 1493, et plus tard condamné à mort.

[2] Grenade fut conquise en 1492 par Ferdinand et Isabelle, et la puissance des Maures fut ainsi détruite en Espagne après environ 800 ans.

Et puis fut pris au siége
Roy, et Mores vaincus

Marguerite d'Austriche [1]
Veiz-je royne nommer,
Et du povre et du riche
En France et plus amer,
Que d'or une montaigne ;
Mais ce bruyt s'accoisa,
Car l'Anne de Bretaigne
Son amy espousa.

L'Anne qui fut pourjutte
Pour le roy des Rommains [2],
L'impérial Auguste,
Ailleurs tendit ses mains ;

---

[1] Elle fut d'abord fiancée à Charles VIII, qui la renvoya pour épouser Anne de Bretagne, fiancée de son côté avec Maximilien d'Autriche. En se rendant près de Jean, prince d'Espagne, qui mourut l'année de son mariage avec elle, une tempête violente l'assaillit, et se voyant près de mourir, elle se composa cette épitaphe à l'âge de 17 ans :

> Ci-gît Margot, la gente damoiselle,
> Qu'eut deux maris, et si mourut pucelle.

[2] Anne de Bretagne avait été épousée par procuration, en 1489, par Maximilien ; mais malgré cet engagement, elle épousa Charles VIII en 1491, et, en 1498, Louis XII, après la mort de Charles VIII.

En Françoise garite
La couronne porta,
Et nostre Marguarite
Bonne paix apporta.

Mais le chef de vaillance
Roy Maximilian
Espousa dame Blanche
Sœur du duc de Millan [1];
Royne fut couronnée
En triumphant arroy.
D'honneur environnée
La receupt le bon roy.

J'ay veu en hault estaige
Des Cordes le seigneur,
Povre de son portaige
Mais puissant gouverneur;
Il tint en sa demaine
Des fleurs de lys le neud :

---

[1] Maximilien, archiduc d'Autriche, roi des Romains et puis empereur, épousa en premières noces Marie de Bourgogne, fille unique de Charles le Téméraire, et acquit ainsi les Pays-Bas et la Franche-Comté. Il épousa en secondes noces Blanche Sforce, sœur de Galéas, duc de Milan. A la mort de Marie, en 1478, ses états passèrent à Philippe le Beau, son fils, le même dont le curieux voyage en Espagne a été écrit par Antoine de La Laing.

Puis le temps Charlemaine
Homme si grand bruit n'eut.

Les oyseaulx s'espantèrent,
Son corps mis à l'estrain,
Les fleuves en saultèrent
Hors de leur commun train;
Les gros vents tant soufflèrent,
Tant grésilla, et plut,
Que vignes engellèrent,
Dont fort il nous desplut.

Et à Paris sur Seine,
Je vis un garnement
Blasmant, de foi mal saine,
Le divin sacrement;
Le sainct sang du calice
Voult prendre et pesteler;
Se fut pour sa malice
Condamné à brusler.

Et au Pont-Sainct-Maxence
Veirent plusieurs marchans
Feu de grant reluysance
Plouvoir avant les champs;
Par grandes, grosses masses
Le veirent descharger
En ces régions basses
Sans rien adommager.

Auprès de Valenciennes,
Veis ung jeune filz bon
Qui les bras des mains saines
Avoit noirs que charbon ;
L'esperit de sa mère
Morte l'avait blessé ;
S'en fut de peine amère
Par son fils despeché.

J'ay veu et leu en livres
D'une pierre pesant
Deux cent cinquante livres,
Montaignes traversant ;
Du ciel, par ung tonnoire,
Comme il me fut compté,
Cheut ceste pierre noire
En Ferret la Comté.

J'ay mis en retenues
Ce qui n'advient souvent,
Homme ravy aux nues
Par tourbillon de vent ;
De Bruges en Zéelande,
Droit devant Zericsé,
En moins d'une heure grande
Vif se trouva versé.

J'ay veu Charles huytisme,
Roy sacré des François

Pour cause légitime
Coeillir gens à son chois;
Armes, lances et heaulme
Dedans Romme porter,
Et d'un train le royaulme
De Naples conquester.

Princes qui l'appellèrent
En passant, beau cousin,
Rapassant lui baillèrent
A muser d'ung coussin [1];
Venise tint passaige,
Millan l'a combatu;
Mais malgré leur visaige
Retourna bien batu.

J'ay veu, ce qu'il me semble,
Ung monstre fort nouveau,
Femmes tenans ensemble
Par ung même carneau,
Qui deux corps et deux âmes
Et deux voulentez ont.
Non de loingtains royaulmes,
Mais d'Allemaigne sont.

---

[1] Charles VIII fut assez mal accueilli, à son retour, de plusieurs souverains qui lui avaient donné de grandes fêtes à son entrée.

J'ay veu venir en Roddes
Le Grant Turc à garant[1];
Son frère, un faulx Hérodes,
Vouloit estre Turc Grant;
Qui donna grant richesse
A la chrestienté
Pour le tenir sans cesse
En grant captivité.

Roddes, quand j'y regarde
Après lui proufita,

---

[1] Lorsque Bajazet II, à son retour d'un pèlerinage à la Mecque, reprit la couronne qu'il avait d'abord abdiquée en faveur de son fils Corcum, et que celui-ci lui rendit généreusement, son propre frère Jem, appelé par les auteurs chrétiens Zizime, se souleva contre lui et se fit proclamer empereur; mais, battu par Bajazet, il se réfugia d'abord à Rhodes, où le grand-maître l'accueillit parfaitement, et l'envoya au pape Innocent VIII, qui le recommanda au roi de France Charles VIII, au moment de son expédition de Naples. Il est possible que le sultan Jem ait promis à Charles VIII, qui venait de se faire céder l'empire nominal de Byzance, occupé en effet par les Turcs, de lui rendre Constantinople s'il voulait appuyer ses prétentions contre Bajazet son frère; mais Charles VIII fut repoussé de l'Italie, et perdit cette couronne avant d'avoir pu conquérir celle d'Orient. On voit par les expressions de cette chronique que J. Molinet ne doutait pas que Jem ne fût, comme il le disait, le véritable sultan, et que Bajazet II ne fût le *faux Hérode, qui voulait être Turc Grand*.

Le pape leur en garde
Qui bien s'en acquita;
Depuis, le roy de France
Pria de cueur humain
L'avoir en garde franche[1],
Se mourut en sa main.

---

[1] Jem mourut, les uns disent empoisonné à Terracine, au moment où il se rendait, avec Charles VIII, à Naples, les autres assassiné à Naples par le barbier Mustapha, envoyé à cet effet par Bajazet, et récompensé de son succès dans cette expédition par l'emploi de grand-visir.

TABLE SOMMAIRE

DE L'HISTOIRE

DES DUCS DE BOURGOGNE.

TOME PREMIER.

Préface, 1.

PHILIPPE LE HARDI.

LIVRE Ier.

Fin du premier Duché, 95. — Établissement du second, 102. — Guerre contre les compagnies, 116. — Prise de possession du Duché, 126. — Mariage du Duc, 134. — Guerre contre les Anglais, 136. — Séjour en Bourgogne, 144-152. Schisme de l'Église, 156. — Gouvernement du Duché, 158. — Révolte des Gantois, 166. — Mort du roi Charles V, 200. — Régence du duc d'Anjou, 208. — Troubles de Paris, 216. — Guerres de Flandre, 228. — Bataille de Rosebecque, 280. — Les Parisiens châtiés, 294. — Combat du sire de la Trémoille, 306. —

Guerre avec les Anglais, 310 . — Mort du comte de Flandre, 322. — Mariage du comte de Nevers, 326. — Mariage du roi, 330. — Expédition préparée contre l'Angleterre, 336. — Guerre et traité avec la Flandre, 338.

TOME SECOND.

LIVRE II.

Projet de descente en Angleterre, 1. — Grand crédit du Duc, 18. — Le duc de Gueldres défie le roi, 20. — Querelle du duc de Bretagne et du connétable de Clisson, 22. — Guerre contre le duc de Gueldres, 54. — Les oncles du roi éloignés du gouvernement, 66. — Séjour du Duc en Bourgogne, 68. — Fêtes données par le roi, 72. — Voyage du roi, 80. — Expédition en Afrique, 92. — Divisions entre les princes, 94. — Projet d'expédition en Italie, 98. — Disgrâce du sire de Craon, 106. — Le duc de Bretagne mandé de nouveau, 114. — Héritage du comte de Foix, 122. — Vente du comté de Blois, 126. — Conférences d'Amiens, 130. — Projet de croisade, 134. — Assassinat du connétable, 138. — Projet contre le duc de Bretagne, disgrâce de ses conseillers, 150. — Démence du roi, 158. — Gouvernement de ses oncles, 170 — Danger du roi dans une fête, 192. — Conférences de Lelinghen, 198. — Histoire de Robert l'Hermite, 204. — Négociations avec l'Angleterre, 216.

LIVRE III.

Tentative pour terminer le schisme, 219. — Élection d'un nouveau pape à Avignon, 228. — Fin des troubles de Bretagne, 230. — Secondes tentatives, 234. — Mariage du roi d'Angleterre et de madame Isabelle de France, 240. — Croisade en Hongrie, 250. — Guerre de Frise, 260. — Nouveaux accès de démence du roi, 266. — Remise de madame Isabelle, 268. — Nouvelles de la croisade, 282. — Bataille de Nicopolis, 292. — Rachat des captifs, 306. — Guerre de Frise, 322. — Rechute du roi, 328. — Condamnation pour sorcellerie, 330. — Le pape assiégé dans Avignon, 346. — Commencement du pouvoir du duc d'Orléans, 348. — Le roi d'Angleterre détrôné, 350. — Tentative sur l'Aquitaine, 360. — Mort du duc de Bretagne, 372. — — Déposition de l'empereur, 368. — Suite des affaires du schisme ; 370. — Commencement des factions de Bourgogne et d'Orléans, 380. — Défis et joutes entre les Français et les Anglais, 396. — Défi du duc d'Orléans au roi d'Angleterre, 398. — Le Duc va en Bretagne, 418. — Suite des affaires du schisme, 424. — Guerres contre l'Angleterre, 438. — Désordres dans le gouvernement, 457. — Mort du Duc, 454.

TOME TROISIÈME.

JEAN SANS PEUR.

LIVRE Ier.

Hommage du Duc, 1. — Guerre avec l'Angleterre, 6. — Murmures contre la reine et le duc d'Orléans, 12. — Le Duc hérite du comté de Flandre, 17. — Sermon contre la reine, 20. — Discorde entre les ducs de Bourgogne et d'Orléans, 26. — Le duc d'Orléans abuse de son pouvoir, 27. — Le duc Jean s'empare du Dauphin, 30. — Ses remontrances, 33. — Préparatifs de guerre entre les princes, 44. — Ils gouvernent en commun, 57. — Guerre en Lorraine, 64. — Mariages célébrés à Compiègne, 68. — Le duc d'Orléans en Guyenne, 71.

— Meurtre du duc d'Orléans, 82.— Fuite du duc de Bourgogne, 92. — La duchesse d'Orléans demande justice, 98. — Le Duc revient à Paris, 102. — Sa justification, 106. — Querelle de l'Université et du prevôt de Paris, 150. — Le Duc quitte encore Paris, 157. — — La reine revient à Paris, 156. — La duchesse d'Orléans porte son accusation, 162. — Projets contre le Duc, 188.— Guerre contre les Liégeois, 190. — Victoire de Hasbain, 198. — Les Liégeois soumis, 212.

LIVRE II.

Le roi emmené à Tours, 220. Mort de la duchesse d'Orléans, 224.— Traité de Chartres, 230. — Guerre du sire de Viry contre le duc de Bourbon, 240. — Les combats en champ clos interdits, 242.— Mariage du duc de Brabant, 244. — Supplice du sire de Montaigu, 248. — Réformes dans les finances, 252. — Traité entre le Duc et la reine, 256. — Assemblée pour la réformation de l'état, 260. — Alliance des princes contre le Duc, 266. — Lettres des princes au roi, 278. — Les princes s'approchent de Paris, 286. — Remontrances de l'Université, 290. — Traité de Bicêtre,

295. — Nouvelle prise d'armes, 300. — Lettres des princes d'Orléans, 310. — Les ducs de Bourgogne et d'Orléans se défient, 316. — Tentatives pour prévenir la guerre, 320. — Faction des bouchers, 322. — Ravages des Armagnacs, 326. — Domination absolue des Bourguignons, 332.—Les armées en présence, 338.—Siége de Paris, 342.—Haine du peuple contre les Armagnacs, 354. — Attaque de Saint-Cloud, 356. — Le roi donne tout pouvoir au Duc, 360.—Prise du château d'Étampes, 364. — Rigueurs exercées contre les Armagnacs, 366.—Les Armagnacs traitent avec les Anglais, 374.

TOME QUATRIÈME.

LIVRE III.

Siége de Bourges, 6. — Négociations entre les deux partis, 14.—Paix d'Auxerre, 20. — Réconciliation des princes, 26. — Le roi revient à Paris, 28. — Assemblée des états du royaume, 32. — Remontrances d'Eustache Pavilly, 36. — Nouvelles divisions entre les princes, 56. — Domination de la faction des bouchers, 67. — Séditions à Paris, 68. — Meurtre du sire de

La Rivière, 87. — Supplice du sire des Essarts, 90. — Reprise d'armes, 92. — La bourgeoisie chasse les bouchers, 198.— Le Duc quitte Paris, 116. — Le parti d'Orléans s'empare du pouvoir, 118. — Les deux partis traitent avec les Anglais, 122. — Se préparent à la guerre, 126. — Lettre du Duc au roi, 128. — Mécontentement du duc de Guyenne, 136. — Il ne peut rentrer à Paris, 140. — Condamnation de la proposition de Jean Petit, 148. — Le roi marche contre le Duc, 150. — Siége et prise de Compiègne, 152. — Siége de Soissons, 158. — Traité d'Arras, 170. — La paix reste sans effet, 180. — Désordres dans le gouvernement, 184. — Conférences sur le traité d'Arras, 190. — Le duc d'Aquitaine renvoie les princes, 196. — Les Anglais descendent en France, 211. — Lettres du Duc au roi, 214. — Lettres des nobles de Bourgogne au roi, 220. — Prise de Harfleur, 222.

LIVRE IV.

Bataille d'Azincourt, 232. — Le comte d'Armagnac nommé connétable, 252. — Le duc défie le roi d'Angleterre, 254. — Mort du duc d'Aquitaine et du dauphin Jean, 258. — Le comte d'Armagnac gouverne, 260-268. — Les Bourguignons font la guerre par compagnie, 270. — Négociations du Duc avec les Anglais, 276. — Traité du Duc avec le Dauphin, 280. — Le duc de Bretagne s'entremet pour la paix, 284. — Lettres du Duc aux bonnes villes, 286. — La reine exilée, 296. — Sédition à Rouen, 300. — Plusieurs villes se déclarent pour le Duc, 302. Le duc de Bourgogne marche sur Paris, 304. — Ambassade du sire de Carmy, 308. — Le roi d'Angleterre en Normandie, 312. — Siége de Paris, 314. — Le collége des cardinaux députe au Duc, 324. — Le Duc délivre la reine, 326. — Meurtre du sire de Jacqueville, 329. — Complots en faveur du Duc, 332. — Siége de Senlis, 336. — Progrès des Anglais, 338. — Les Bourguignons surprennent Paris, 344. — Paix de Saint-Maur, 376. — Siége de Rouen par les Anglais, 380. — Conférences du Pont-de-l'Arche, 386. — Conférences de Meulan, 418. — Entrevue du Ponceau, 420. — Meurtre du Duc, 436.

TOME CINQUIÈME.

PHILIPPE LE BON.

LIVRE Ier.

Effets de la mort du duc Jean, 2. — Alliance du duc de Bourgogne avec les Anglais, 14. — — Traité de Troyes, 16. — Prise de Montereau, 40. — Siége de Melun, 44. — Le roi d'Angleterre entre à Paris, 54. — Assemblée des états du royaume, 56. — Procès contre les meurtriers du duc Jean, 60. — Bataille de Beaugé, 67. — Bataille de Mons-en-Vimeu, 74. — Siége de Meaux, 81. — Séjour en Bourgogne, 94. — Mort de la duchesse Michelle, 102. — Mort du roi Henri V, 109, et de Charles VI, 115. — Avénement de Charles VII, 122. — Situation des Anglais en France, 128. — Aventures de Jacqueline du Hainaut, 130. — Mariages d'Anne de Bourgogne et de la duduchesse de Guyenne, 134. — Meulan pris par les Anglais, 138. — Traité d'Amiens, 142. — Joutes à Arras, 146. — Bataille de Crevant, 150. — Combat de La Gravelle, 156. — Mort du sire de Harcourt, 158. — Naissance de

Louis XI, 160. — Combat de La Bussière, 162. — Mort de la duchesse douairière, 170. — Bataille de Verneuil, 174.

LIVRE II.

Séjour du Duc à Paris, 182. — Le comte de Richemont connétable, 186. — Lettres de défi entre le Duc et le duc de Glocester, 188. — Tentatives pour faire la paix entre la France et la Bourgogne, 202. — Lettre du pape au Duc, 208. — Le connétable travaille à la paix, 212 — — Guerres du Hainaut et de Hollande entre madame Jacqueline et le duc de Glocester, 228. — Continuation de la guerre de Hollande, 230. — Bataille de Brawhershauven, 234. — Discussions avec la ville de Dijon, 240. Désordres dans le gouvernement du royaume, 244. — Siége d'Orléans, 254. — Histoire de Jeanne d'Arc, 274. — Prédications de frère Thomas Connette, 300. — De frère Richard, 302. — Délivrance d'Orléans, 314. — Prise de Jargeau, 344. — Bataille de Patai, 354. — Fin de la prospérité des Anglais, 360.

TOME SIXIEME.

LIVRE III.

Le roi est sacré à Reims, 1. — Lettre de Jeanne au Duc, 13. — Comment se comportait la Pucelle, 24. — Le roi et le duc de Bedfort sont en présence, 26. — Le roi et le duc commencent à traiter, 34. — La Pucelle attaque Paris, 42. — Le duc régent de France, 54. — Son mariage, 58. — Création de la Toison-d'Or, 61. — Joutes à Arras, 64. — Prise de Saint-Pierre-le-Moutier, 68. — Supplice de Franquet d'Arras, 74. — Siége de Compiègne, 80. — La Pucelle prisonnière, 84. — Guerre des Liégeois, 90. — Succession de Brabant, 93. — Bataille d'Authon, 96. — Levée du siége de Compiègne, 100. — Combat de Germigny, 106. — Combat de Chappes, 110. — Guerres en Champagne, 112. — Procès de la Pucelle, 114. — Remontrances du Duc au roi d'Angleterre, 148. — Guerre de Lorraine, 156. — Bataille de Bulligneville, 158. — Nouvelle négociation pour la paix, 162. — Entrée d'Henri VI à Paris, 168.

LIVRE IV.

Suite des négociations, 179. — Sédition à Gand, 182. — Complot contre Dijon, 186. — Continuation de la guerre, 190. — Siége de Saint-Célerin, 198. — Pillage de la foire de Caen, 202.—Les Anglais surprennent Montargis, 204. — Mésintelligence entre le duc de Bourgogne et les Anglais, 206. — Nouveau mariage de madame Jacqueline, 410. — Conférence de Saint-Port, 218. — Disgrâce du sire de La Trémoille, 222. — Insurrection contre les Anglais en Normandie, 226. — Récit des ambassadeurs envoyés en Angleterre, 230. — Complot contre le chancelier de Bourgogne, 140. — Concile de Bâle, 242. — Nouveaux efforts des Français, 254. — Guerre dans le Maine, 258. — Guerre en Picardie, 262. — Guerre en Beaujolais, 266. — Entrevue de Nevers, 272. — Sédition à Anvers, 284. — Succès des Français, 286.— Joute du sire de Charni, 295. — Conférences et Traité d'Arras, 296 et suiv.

LIVRE V.

Mort de la reine Isabelle, 342. — Siége de Saint-Denis, 344. — Prise de Meulan et de Pontoise, 348. — Révolte du pays de Caux, 352. — Désordres après la guerre, 354. — Sédition à Amiens, 358. — Le Duc déclare la guerre aux Anglais, 364. — Soumission de Paris, 368. — Siége de Calais, 388. — La Flandre ravagée par les Anglais, 408. — Les Gantois apaisés, 410. — Révoltes à Bruges, 412. — Nouvelle sédition à Gand, 416. Suite des troubles de Flandre, 424. — Les Anglais remportent quelques avantages, 452. — Ravages des compagnies, 456. — Entrée du roi à Paris, 462.

TOME SEPTIÈME.

LIVRE VI.

Famine et épidémie, 1. — Nouveau siége de Calais, 8. — Conférences pour la paix, 10. — Courses des compagnies en Allemagne, 12. — Guerre entre les Hollandais et les Oostrelins, 16. — Siége de Meaux, 20. — Discordes entre le Duc et le comte de Ligny, 28. — États d'Orléans, 34. — Ordonnance sur les gens de guerre, 38. — Siége d'Avranches, 46. — Praguerie, 50. — Délivrance du duc d'Orléans, 64. Son mariage, 70. — Chapitre de la Toison-d'Or, 72. — Continuation du désordre, 80. — Rigueurs exercées contre les compagnies, 82. — Prise du Creil, 86. — Siége de Pontoise, 88. — Assemblée des princes à Nevers, 104. — Voyage de l'empereur à Besançon, 122. — Ambassade de l'empereur d'Orient, 129. — Conquête du duché de Luxembourg, 130-158. — Joute de l'arbre Charlemagne, 138.

LIVRE VII.

Différent du roi avec le comte d'Armagnac, 162. — Mécontentement du peuple, 166. — Trêves entre la France et l'Angleterre, 170. — Les compagnies appelées en Suisse, 178. — Bataille de St.-Jacques, 194. — Paix avec les Suisses, 206. — Siége de Metz, 212. — Faveur d'Agnès Sorel, 217. — Réforme des compagnies, 218. — La duchesse se rend auprès du roi, 224. — Griefs du Duc, 228. — Mort de la Dauphine, 234. — Défi du sire de La Mark, 240. — Tournois des sires de Ternant et de Lalaing, 244. — Troubles de Hollande réprimés, 256. — Guerre du duc de Clèves et de l'archevêque de Cologne, 160. — État de l'Angleterre, 264. — Le Duc ménage les Anglais, 268. — Nouveaux griefs du Duc, 270.

— Succession au duché de Milan, 274. — Aventures des Bourguignons dans les mers d'Orient, 275. — Tournoi de la dame des Pleurs, 282.

LIVRE VIII.

État des affaires en France, 286. — Création des francs-archers, 289. — Prise de Fougère, 292. — Ambassade au Duc, 294. — Conquête de la Normandie, 296-316. — Mort d'Agnès Sorel, 309. — Bataille de Formigny, 312. — Troubles en Angleterre, 318. — Conquêtes de la Guyenne, 321. — Assassinat de Pierre Louvain, 328. — Mécontentement et révolte des Gantois, 322. — Premier tournoi du comte de Charolais, 344. — Guerres de Flandre, 350. — Siége d'Audenarde, 354. — Guerre aux portes de Gand, 362. — Combat de Lokeren, 366. — Bruges refuse l'alliance de Gand, 370. — Combat de Rupelmonde, 374. — Lettres des Gantois au roi, 382. — Ambassade envoyée par le roi, 390. — Pourparlers de Lille, 401. — Les Gantois rejettent les conditions, 406. — Détresse de la Flandre, 413. — Prise de Schendelbeke, 419.

— Siége et bataille de Gavre, 422.— Soumission de Gand, 436.

LIVRE IX.

Prise de Constantinople, 440. — Prétendue lettre du Grand-Turc au pape, 444. — Vœu du Faisan, 448. — Disgrâce du comte de Saint-Pol, 460. — Mariage du comte de Charolais, 462. — Départ du Duc pour l'Allemagne, 464. — Sédition à Besançon, 470. — Séjour en Bourgogne, 472. — Révolte de la Guyenne, 474. — Bataille de Castillon, 482. — Mort de lord Talbot, 486.—Soumission de la Guyenne, 488. — Combat judiciaire à Valenciennes, 496. Guerre pour l'évêché d'Utrecht, 500. — Discorde entre le roi et le Dauphin, 506. — Disgrâce du sire de Brézé, 516.

TOME HUITIÈME.

SUITE DU LIVRE IX.

Mariage du Dauphin, 2. — Négociation du roi avec le duc de Savoie, 6. — Procès de Jacques Cœur, 12. — Faveur de madame de Villequiers, 22. — Prospérité de la France, 24. — Nouvelles négociations du roi avec le Dauphin, 28. — Mort de Gilles de Bretagne, 34. — Le roi s'apprête à soumettre le Dauphiné, 36. — Le Dauphin se retire auprès du Duc, 38. — Naissance de Marie de Bourgogne, 54. Discordes entre le Duc et son fils, 56. — Le roi pense à faire la guerre au Duc, 62. — Rupture avec le comte de Saint-Pol, 66. — Le roi de Bohême veut s'allier à la France, 68.

LIVRE X.

Négociations entre le roi et le Duc, 74. — Le connétable de Richemont devient duc de Bretagne, 78. — Prudence du Duc, 80. — Désordres en Artois, 82. — Procès du duc d'Alençon, 86. — Hommage du duc de Bretagne, 108. — Mésintelligence entre le roi et le Duc, 112. — Concile de Mantoue, 122. — Naissance du fils du Dauphin, 130. — Aventures du comte d'Armagnac, 132. — Ambassade au Dauphin, 138. — Réponse du Dauphin, 140. — Discussion avec le parlement de Paris, 148. — Persécution des Vaudois, 150. — Arrêt du Parlement touchant les Vaudois, 172. — Ambassade d'Orient, 178. — Haine de M. de Charolais contre le sire de Croy, 182. — Mort de Charles VII, 190. — Sacre de Louis XI, 200. — Colère du roi contre les conseillers de son père, 204. — Funérailles de Charles VII, 210.

LIVRE XI.

Entrée du roi à Paris, 214. — Faste du Duc, 218. — Commencemens du gouvernement de Louis XI, 220. — Voyage du comte de Charolais auprès du roi, 226. — Maladie du Duc, 234. — Complot contre le comte de Charolais, 236. — Ambassade du sire de Chimay, 240. — Expédition en Catalogne, 242. — Secours donnés à la reine d'Angleterre, 244. — Entrevue de Louis XI et du roi de Castille, 248. — Procès du comte de Dammartin, 250. — Rachat des villes de la Somme, 252. — Le comte d'Étampe accusé de sortilége, 254. — Entrevue du roi et du Duc à Hesdin, 260. — Voyage du roi en Picardie et en Flandre, 262. — Lettre du pape au Duc, 264. — Nouveaux projets de croisades, 270. — Réconciliation du Duc et de son fils, 272. — Départ de la croisade, 280. — Le roi fait saisir le comte de Bresse, 282. — Traité du roi et duc de Milan, 284. — Querelles du roi et du duc de Bretagne, 286. — Nouvelle entrevue du roi et du Duc, 290. — Ambassade d'Angleterre, 292. — La reine vient voir le Duc, 296. — Entrevue du Duc et du roi de Chypre, 398. — Entrevue du Duc et du duc de Savoie, 300. — Mauvais succès de la croisade, 302. — Succession du prince d'Orange, 314. — Sucession du comte de Nevers, 318. — Suite des différens du roi et du duc de Bretagne, 320. — Mariage de l'héritière de Dours, 324. — Arrestation du bâtard de Rubempré, 326. — Le Duc part pour Hesdin, 334. — Ambassade du roi au Duc, 340. — Réponse du comte de Charolais, 346. — Réponse du Duc, 352.

LIVRE XII.

Discordes de Bourgogne, 358. — Disgrâce de la maison de Croy, 364. — Mécontentemens en France, 366. Le roi assemble les princes à Tours, 370. — Ligue du bien public, 376. — Guerre contre le duc de Bourbon, 296. — Les Bourguignons devant Paris, 402. — Bataille de Montlhéry, 408. — Arrivée de l'armée de Bretagne, 418. — Le roi rentre à Paris, 422. — Arrivée de l'armée de Lorraine, 428. — Négociations avec les princes, 440. — M. de Charolais retourne en Flandre, 466. — Le roi reprend la Normandie, 472. — Griefs de Monsieur Charles, frère du roi, 478. — Changement dans la situation du royaume, 482. — Plaintes du comte de Charolais, 490. — Destruction de Dinand, 498. — Nouveaux projets contre le roi, 508. — Mort du duc Philippe, 510.

TOME NEUVIÈME.

CHARLES LE TÉMÉRAIRE.

LIVRE Ier.

Sédition à Gand et en Brabant, 1. — Prétentions du comte de Nevers, 26. — États des affaires en France, 34. — Voyage du comte de Warwick en France, 38. — Ambassade en Angleterre, 42. — Ordonnance concernant la ville de Paris, 44. — Nouvelle abolition de la pragmatique, 50. — Guerre contre les Liégeois, 52. — Siége d'Hui, 55. — Négociation du roi avec les Liégeois, 59. — Le connétable est envoyé près du Duc, 61. — Nouvelle ligue des princes contre le roi, 71. — Bataille de Bruestein, 74. — Soumission de Liége, 82. — Gouvernement du Duc., 86. Chapitre de la Toison-d'Or, 94. — Fin de la guerre de Bretagne, 98. — Etats généraux du royaume, 106. — Entrée du connétable à Bruges, 114. — Punition du bâtard de la Hamaide, 120. — Mariage du Duc, 124.

LIVRE II.

Évasion du sire du Lau, 132. — Négociations du roi et du Duc, 142. — Discours des gens de guerre Français, 144. — Le roi vient à Péronne, 154. — Destruction de Liége, 168-185. — Les Gantois perdent leurs priviléges, 190. — Acquisition du comté de Ferette, 193. — Voyage du Duc en Zélande, 199. — Punition du gouverneur de Flessingue, 200. — Traité du Duc avec le roi de Bohême, 204. — Ce qui s'était passé en l'absence du roi, 206. — Retour du roi, 212. — Sa conduite envers les princes, 214. — Trahison du cardinal de Balue, 216. — Ambassade à Rome, 224. — Le roi réconcilié avec son frère, 230. — Institution de l'Ordre de Saint-Michel, 246. — Le sire de Rohan vient offrir ses services au roi, 252. — Affaire d'Angleterre, 256. — Le comte de Warwick se réfugie en France, 260. — Plaintes du duc de Bourgogne, 262. — Entreprises pour la maison de Lancastre, 276. — Ambassade du roi au Duc, 278. — Ce qu'on pensait du roi et du Duc, 292. — Naissance du Dauphin, 296. — Alliance du roi avec les Suisses, 298. — La maison de Lancastre remise sur le trône d'Angleterre, 301.

LIVRE III.

Message du Duc à Calais, 308. — Défense de commercer avec la Bourgogne, 318. — Traité du roi avec le prince de Galles, 322. — Notables assemblés à Tours, 324. — Discordes entre le roi et le Duc, 328. — Le bâtard Baudoin se retire en France, 334. — Lettres de Jean de Chassa contre le Duc, 340. — Prise de Saint-Quentin, 342. — Prise d'Amiens, 354. — Forces du Duc, 356. — Duplicité du connétable, 360. — Succès du Duc, 364. Trêve entre le roi et le Duc, 370. — Le roi Édouard recouvre son royaume, 374. — Négociations du roi et de son frère, 392. — Lettre du vicomte de Narbonne au roi, 398. — Projets des princes contre le roi, 400. — Négociations entre le roi et le Duc, 402. —

État des affaires, 406. — Mort du duc de Guyenne, 418.

TOME DIXIÈME.

LIVRE IV.

Le Duc entre en France, 1. — Massacre de Nesle, 6. — Manifeste contre le roi, 8. — Siége de Beauvais, 12. — Précautions du roi pour la défense du royaume, 28. — Récompenses accordées à la ville de Beauvais, 32. — Ravage de la Normandie, 36. — Le sire de Comines quitte le Duc, 38. — Traité du roi avec le sire de Lescun, 42. — Lettres du roi à Tannegui Duchâtel, 45. — Trêve entre le roi et le Duc, 50. — Conquête de la Gueldres, 54. — Chapitre de la Toison-d'Or, 62. — Prise de Nimègue, 64. — Négociations pour le mariage de Marie de Bourgogne, 66. — Mort du duc de Lorraine, 71. — Metz refuse ses portes au Duc, 72. — Le Duc à Aix-la-Chapelle, 75. — Entrevue de l'empereur et du Duc, 76. — Intelligences du Duc et de la Maison d'Anjou, 88. — Fin du comte d'Armagnac, 89. Voyage du roi en Guyenne,

98. — Guerre du Roussillon, 100. — Le duc d'Alençon est arrêté, 110. — Mariage des filles du roi, 111. — Le cardinal Bessarion, 14. — Le Duc excommunié, 119. — Confiscation du duché d'Alençon, 121. — Le connétable saisit Saint-Quentin, 125. — Lettres du roi à ses ambassadeurs, 126. . Conférences de Bovines, 129. — Tyrannie du sire de Hagenbach, 130. — L'empereur passe à Bâle, 137. Le Duc en Alsace, 139. — Ambassade des Suisses au Duc, 143. — Entrée du Duc à Dijon, 145. — Italiens au service du Duc, 149. — Querelle pour l'archevêché de Cologne, 152. — Complot contre le roi, 154. — Traité des Suisses avec le roi, 157. — Ligue contre le Duc, 162. — Ambassade du comte de Romont aux Suisses, 164. — Réponse de Fribourg, 166. — Réponse des autres cantons, 168. — Le Duc quitte la Bourgogne, 176.

LIVRE V.

Alliance des Suisses et de l'Autriche, 178. — Révolte du pays de Ferette, 182. — Procès du sire de Hagenbach, 188. — Le comte Henry de Wurtemberg prisonnier, 200. — Réconciliation du roi et du connétable, 207. — Saisie

SOMMAIRE. 87

de l'Anjou, 213. — Sédition à Bruges, 264. — Affaire du Roussillon, 220. — Lettres du roi au sire du Lude, 221. — Traité du Duc et du roi d'Angleterre, 228. — Siége de Neuss, 236. — Guerre en Alsace, 241. — Négociations du roi avec les Suisses, 244. — Bataille d'Héricourt, 251. — Héraut d'Angleterre envoyé au roi, 260. — Conduite du duc de Bretagne, 262. — Lettres du roi à M. de Comminges, 266. — Les Anglais menacent de descendre en France, 268. — Suite du siége de Neuss, 270. — Succession de Castille, 284. — Prise de Perpignan, 287. — Instructions données par le roi, 288. — Paix avec la maison d'Aragon, 300. — Négociations avec le roi René, 302. — Le duc de Lorraine déclare la guerre au Duc, 307. — Négociations du roi et de l'empereur, 311. — Apologue de l'ours et des chasseurs, 314. — Suite du siége de Neuss, 317. — Le roi commence la guerre, 320. — Levée du siége de Neuss, 325.

LIVRE VI.

Combat de Guipy, 332. — Combat devant Arras, 336. — Le prince d'Orange traite avec le roi, 343. — Les Anglais descendent en

France, 344. — Entrevue du Duc et du roi d'Angleterre, 352. — Projets du Duc contre la Lorraine, 354. — Le roi commence à négocier, 360. — Ambassade du connétable, 372. — Pensions données aux conseillers d'Angleterre, 377. — Retour du Duc chez le roi Édouard, 378. — Entrevue de Pécquigny, 386. — Traités entre la France et l'Angleterre, 390. — Opinion des Anglais sur la paix, 401. — Trêve entre le roi et le Duc, 409. — Conquête de la Lorraine, 419. — Fin du connétable, 423. — Ce qu'on pense des princes après la paix, 446. — Le Duc prend possession de la Lorraine, 450. — Guerre des Suisses contre le comte de Romont, 454. — Ambassade des Suisses au Duc, 465.

TOME ONZIEME.

LIVRE VII.

Guerre contre les Suisses, 1. — Siége d'Yverdun, 4. — Siége de Granson, 7. — Armée des Suisses, 14. — Bataille de Granson, 18. — Représailles exercées sur les Bourguignons, 34. — Le roi apprend la défaite du Duc, 36. — Négociations avec le roi René, 40. — Le duc de Milan abandonne le Duc, 46. — Ce que fait le Duc après sa défaite, 48. — Sa maladie, 50. — Assemble une nouvelle armée, 52. — Dispositions des Suisses pour se défendre, 54. — Le roi veut garder la trêve, 56. — Le duc de Lorraine se rend en Suisse, 60. — Siége et bataille de Morat, 68. — Ossuaire des Bourguignons, 88. — Le Duc fait saisir la duchesse de Savoie, 90. — Assemblée des États du Duché, 95. — Lettre du Duc au président de Luxembourg, 98. — Mécontentement des états de Flandre, 100. — Désespoir du Duc, 106. — Évasion de la duchesse de Savoie, 108. — Ambassade des Suisses au roi, 113. — Le duc de Lorraine reconquiert ses états, 116. — Le Duc se rend en Lorraine, 120. — Négociations du duc René avec les Suisses, 122. — Siége de Nanci, 124. — Trahison du comte de Campo-Basso, 127. Supplice de Siffrein de Baschi, 130. — Le roi de Portugal visite le Duc, 136. — Le duc de Lorraine revient avec les Suisses, 138. — Bataille de Nanci, 143. — Mort du Duc, 154.

MARIE DE BOURGOGNE.

LIVRE Ier.

Le roi apprend la bataille de Nanci, 178. — Ses résolutions, 182. — Le roi s'apprête à la guerre, 186. — Soumission du duché de Bourgogne, 188. — Lettre de mademoiselle de Bourgogne, 194. — Elle apprend la mort de son père, 196. — État de la Flandre, 198. — Olivier le Dain, 200. — Le roi arrive en Picardie, 204. — Nouveaux projets du roi, 206. — Négociations pour le Hainaut, 208. — Exactions en Bourgogne, 210. — Ambassade envoyée au roi, 213. — Les états de Flandre, 218. — Ambassade des états de Flandre au roi, 220. — Sédition à Gand, 224. — Lettre du chancelier de Bourgogne à sa femme, 227. — Supplice d'Hugonet et du sire d'Imbercourt, 228. — Prise d'Hesdin et de Boulogne, 232. — Siége d'Arras, 234. — Rigueurs exercées contre Arras, 247. — La Bourgogne se soulève, 251. — Bonne intelligence avec l'Angleterre, 252. — Négociation pour le mariage du dauphin, 258. — Surprise de Tournay, 263. — Occupation de Cambrai, 265. — Guerre en Hainaut, 268. —

Prise du Quesnoi, 270. — Prise d'Avesnes, 274. — Nouvelles négociations pour le mariage du dauphin, 280. Mort du duc de Gueldres, 285. — Siége de Saint-Omer, 287. — Le grand bâtard de Bourgogne remis au roi, 290. — Mariage de mademoiselle de Bourgogne, 295.

LIVRE II.

Trêve conclue à Sens, 306. — Le prince d'Orange appelle les Suisses, 307. — Suite de la guerre en Bourgogne, 310. — Sédition à Dijon, 312. — Mission du sire de Saint-Pierre, 314. — Ambassade des Suisses, 316. — Prise de Gray, 326. — Le sire de Craon rappelé, 328. — Procès du duc de Nemours, 330. — Ordonnance contre les non-révélateurs, 357. — Le roi devient plus méfiant, 358. — Lettre du comte de Dammartin au maréchal de Gié, 362. — Négociation avec le duc de Bretagne, 365. — Affaires d'Espagne, 371. — Abdication du roi de Portugal, 373. — Négociation avec l'empereur, 374. — Avec les Liégeois, 381. — Avec l'Angleterre, 384. — Hastings gagné par le roi, 386. — Plaintes de la douairière de Bourgogne, 390. — Mort du duc de Clarence, 394. — Continuation de la guerre en Flandre, 396. — Chapitre de la Toison-d'Or, 398. — Prise de Condé, 402. — Procès entamé contre le feu Duc, 406. — Suite de la guerre, 412. — Trêves entre le roi et le Duc, 414. — Remise de Cambrai, 416. — Suite des affaires avec les Suisses, 420.

TOME DOUZIÈME.

LIVRE III.

Le roi revient en France, 2. Prédications de frère Fradin, 3. — Complot attribué au prince d'Orange, 6. — Conjuration des Pazzi, 10. — Le roi soutient les Florentins, 14. — Ordonnances sur les affaires de l'église, 16. — Assemblée du clergé à Orléans, 21. — Négociations avec le pape, 23. — Ambassade du roi en Italie, 24. — Négociations avec l'Espagne, 37. — Avec l'Angleterre, 40. — Conférences pour la paix, 44. — Réforme des compagnies, 48. — Lettre du comte de Dammartin, 49. — Préparatifs pour la guerre, 53. — Rupture de la trêve, 56. — Prise de Dôle, 59. — Soumission de la Comté, 62. — Voyage du roi à Dijon, 64. — Suite de la guerre en Artois, 66. —

Bataille de Guinegate, 68. — Lettre du roi à M. de Saint-Pierre, 83. — Représailles exercées sur les prisonniers, 87. — Succès de la flotte française, 89. — Négociations avec les Suisses, 91. — Affaires de Savoie, 94. — Le duc d'Albanie vient en France, 97. — Affaires avec la Bretagne, 98. — Information contre le duc de Bourbon, 101. — Affaires de Lorraine et d'Anjou, 104. — Affaires de la Gueldres, 108. — Troubles de Hollande, 112. — Embarras du duc Maximilien, 114. — Poursuites contre l'évêque d'Elne, 116. — Guerre dans le Luxembourg, 121.

LIVRE IV.

Le cardinal de Saint-Pierre légat en France, 125. — Voyage de la duchesse douairière en Angleterre, 127. — Le cardinal de Saint-Pierre en France, 136. — Le Duc refuse de voir le légat, 139. — Lettre du roi au légat, 140. — Lettre du roi à ses ambassadeurs, 145. — Délivrance de Wolfgang de Polheim, 151. — Suite des négociations, 154. — Délivrance du cardinal Balue, 156. — États des lettres sous le roi Louis XI, 158. — Les réalistes et les nominaux, 160. — Établissement de l'imprimerie en France, 168. — Réformes projetées par le roi, 172. — La méfiance du roi s'accroît, 174. — Seconde compagnie des gardes, 176. — Façon de vivre du roi, 178. — Réforme des francs-archers, 182. — Liste des négociations, 184. — Le roi a une attaque d'apoplexie, 190. Suite des négociations, 194. — Surprise tentée sur Hesdin, 200. — Chapitre de la Toison-d'Or, 202. — Revue des Suisses, 205. — Grands jours en Auvergne, 208. — Procédure contre le comte du Perche, 210. — Haine du roi pour la justice ordinaire, 214. — Négociations avec la Bretagne, 219. — Le roi hérite de la Provence, 222. — Le duc de Savoie amené à Lyon, 226. — Mort du sire d'Amboise.

LIVRE V.

Sentimens des Flamands pour le duc Maximilien, 234. — Mort de la duchesse Marie, 236. — Négociations du roi avec les Gantois, 238. — Le duc Maximilien privé de la tutelle de ses enfans, 240. — Ambassade du roi aux Flamands, 242. — Prise d'Aire, 244. — Meurtre de l'évêque de Liége, 246. — Guerre dans le pays de Liége, 250. — Instruction du roi au Dauphin, 252. — Serment du duc d'Orléans,

264. — État du royaume, 266. — Remontrances de l'archevêque de Tours, 272. — Fermeté du Parlement, 276. — Le président de La Vacquerie, 280. — Négociations pour la paix, 284. — Traité d'Arras, 286. — Affaiblissement du roi, 298. — Ambassade des Flamands au roi, 306. — Mort du roi Édouard, 312. — Succession de Navarre, 316. — Affaires d'Italie, 318. — Mariage du Dauphin, 325. — Extrême méfiance du roi, 328. — Disgrâce du chancelier, 331. — Jacques Coittier, médecin du roi, 335. — Dévotion du roi, 338. Saint François de Paule, 346. — Mort du roi, 358. — Ce qu'on pensait de lui après sa mort, *ib.* et suiv.

FIN DE LA TABLE SOMMAIRE.

TABLE ALPHABÉTIQUE

RAISONNÉE ET ANALYTIQUE

DE L'HISTOIRE

DES DUCS DE BOURGOGNE.

(*Nota.* Les chiffres romains indiquent le Volume, et les chiffres arabes la Page.)

A

ABCI (le sire d'), chef des habitans d'Arras, XI, 237.

ABRÉCY (le sire d') joute à Arras, VI, 66.

ACQUEVILLE (le sire d') va chercher aventure contre les Anglais, III, 7.

ADVENU (Martin l') assiste la Pucelle à sa mort, VI, 136.

AFFRY (Guillaume d'), capitaine suisse, XI, 54.

AGNÈS SOREL, maîtresse de Charles VII, VII, 217. — Sa mort, 309.

AIGLE (le sire Guillaume de l') envoyé en Hongrie, II, 284.

AIGUE (le sire de l'), seigneur anglais, marié à Magdelaine, bâtarde de Bourgogne, VIII, 520.

AILLI (le sire d') fait la guerre en Picardie avec le comte d'Etampes, VI, 264. — Vidame d'Amiens pour Charles VII, VIII, 128.

AILLY (Maître Pierre d'), docteur de l'université, mandé auprès du pape Clément VII, II, 220. — Porte la réponse de l'empereur au roi de France, 338. — Envoyé au pape, 341. — Fait un sermon pour annoncer la restitution d'obéissance à Benoît XIII, 342.

AIMERIES (le sire d'), X, 418. — Envoie des secours à ceux d'Avesnes, XI, 261.

ALAIN, évêque de Léon, envoyé par Martin pour concilier le dauphin Charles et le duc de Bourgogne, IV, 421.

ALBANIE (le duc d') reçu avec solennité à Paris, XII, 98. — Ses succès en Écosse, 311.

ALBERT, duc de Saxe, combat devant Neuss, X, 272.

ALBERT, duc de Brandebourg, combat devant Neuss, X, 272.

ALBI (le cardinal d'), abbé de Saint-Denis, fait transporter l'oriflamme à Sainte-Catherine-des-Écoliers, VIII, 438. — Envoyé au roi de Castille pour lui demander sa fille en mariage pour monsieur de Guyenne, IX, 243.

ALBRET (Alain, sire d'), XI, 274; XII, 324.

ALBRET (Charles d') tiré de Sainte-Baseilhe, favorise le comte d'Armagnac, X, 90. — Son exécution, 100.

ALBRET (le sire d') garde son indépendance contre les Anglais, I, 138. — Un des députés envoyés aux Parisiens au retour du roi de la Flandre, 296. — Connétable de France, II, 436. — Bat les Anglais, III, 10. — Continue à chasser les Anglais des forteresses, 63. — Se distingue à la prise de Paris, VI, 44.

ALBRET (Guillaume d') arrive au secours d'Orléans, V, 262. — Sa mort, 265.

ALBRET (le sire d'), XI, 135.

ALENÇON (Charles d'), archevêque de Lyon, et délégué par le pape pour tenir sa place de parrain du fils de Philippe le Hardi, I, 147.

ALENÇON (Pierre d') fait chevalier, arrière-petit-fils de Philippe le Hardi, roi de France, I, 122.

ALENÇON (le comte d') fait la guerre en Limousin, III,

68. — Mène ses hommes au secours du duc de Bourbon, 240. — Fournit cinq cents hommes contre le duc de Bourgogne, 269. —Reproches de lâcheté au duc de Bretagne, IV, 126. — Conduit ses hommes d'armes contre les Anglais, 227.— Sa mort, 243.

Alençon (le jeune duc d') rend visite au dauphin Jean à Compiègne, IV, 282. — Vient à Paris avec le duc de Bretagne, 373. — Seul du sang royal à la bataille de Verneuil, V, 177. — Fait prisonnier, 179. — Prend en gré la Pucelle, 289. — Chef de l'armée qui conduit le roi à Reims, 343. — Met le siége devant Jargeau, 345. — Siége de Beaugency, 350. — Bataille de Patai, 356. — Attaque de Paris, VI, 44. — Guerre avec le duc de Bretagne, 197. — Envoie le sire de Loré appuyer les communes de Normandie, 227.—Se met du parti du Dauphin dans la guerre de la Praguerie, VII, 51. —Reçoit l'ordre de la Toison-d'Or, 73. — Va à l'assemblée des princes à Nevers, 104. — Rassemble une armée pour s'opposer au duc de Sommerset, 166. —Rentre dans sa ville d'Alençon, 297. — Son procès, VIII, 95. — Renoue ses intelligences avec les Anglais, 286.—Un des chefs de la ligue du bien public, 377. — Arrêté par ordre de Louis XI, X, 100. — Sa condamnation, 211.

Alinge (le sire Aymard d') gouverne Louis, duc de Savoie, VIII, 302.

Allard (Jean), envoyé en Suisse par le comte de Romont, X, 163.

Allardeau (Jean), évêque de Marseille, assemble les gens de Paris lors de la disette, XII, 279.

Allegret, médecin du duc de Berry, reçoit son maître à dîner, IV, 100.

Allégret (Guillaume), un des juges du cardinal Balue, IX, 222.

Alphonse, roi d'Aragon, reçu chevalier de la Toison-d'Or, VII, 246. — Prétend à la succession de Milan, 274. — Envoie une ambassade à Louis xi, X, 220. — Prétend à la succession de Castille, 234, 368.

Alphonse, roi de Portugal, envoie des ambassadeurs à Louis xi, X, 285. — Se rend près de Louis xi, XI, 134. — Vient en France, 370. — Veut aller à la Terre sainte, 371. — Abdique, 372.

Alyson (le sieur d'), X, 338.

Ambleville, attaché au service de la Pucelle, V, 296.

Amboise (Louis d'), évêque de Lombez, un des commissaires pour juger Henri de La Roche et l'abbé Favre, IX, 429. — Fait archevêque d'Albi, 432. — Envoie contre le comte d'Armagnac, X, 91. — A Perpignan, 102. — Chargé de négocier avec le connétable, X, 125; XII, 39, 44. — Chargé de la négociation entre Louis xi et les états de Bourgogne, XI, 191.

Amé ix, duc de Savoie, se déclare pour le parti du duc Philippe, VIII, 510.

Amercourt (Jean, seigneur d'), bâtard du duc Jean, IV, 456.

Amiens (le cardinal d') fait un discours aux cardinaux, II, 342.

Amiens (l'évêque d'), choisi par le roi de France pour assister aux conférences de Bruges, I, 155.

Amposta (le castellan d'), X, 221.

Amfreville (le sire Gillert d'), envoyé en parlementaire aux gens de Rouen, IV, 391. — Nommé commandant de Melun, V, 63. — Périt à la bataille de Baugé, 68.

Amurath. Ses victoires sur les Hongrois, II, 135. — Reçoit bien le maréchal Boucicault, 135.

Amurath ii, empereur des Turcs, assiége Constantinople, VII, 129, 276.

Ancenne (Etienne d'), marchand drapier de Paris, s'engage à ruiner la faction des bouchers, IV, 100.

Angelo, frère du comte de Campo-Basso, XI, 145.

Angenne (le sire d') mis en prison par les Parisiens, IV, 74.

Anglade (le sire d') se révolte pour les Anglais en Guyenne, VII, 476.

Anglure (Saladin d'), sire de Nogent, offre ses services à Louis xi, X, 305.

Angoulême (le duc d'), frère du duc d'Orléans, donné en otage aux Anglais, IV, 28.

Angoulême (Charles, duc d'), petit-fils du duc d'Orléans, XI, 261.

Anjou (Louis d'), roi de Sicile, témoigne de grands égards au pape Benoît xiii, II, 424.

Anjou (le duc d'), deuxième fils du roi, donné parmi les otages de l'exécution du traité de Bretigny, I, 104. — Quitte son armée malgré les ordres de Charles v mourant, vient à Paris, s'empare du trésor, 207. — Soutient que la régence lui appartient, 210. — Consent à faire sacrer le jeune roi Charles, VI, 211. — S'entend avec le pape Clément vii pour laisser les bénéfices en vacances et en partager les revenus, 215. — Mène le jeune roi Charles vi pour réprimer une sédition, 224. — Part pour la Provence, 228. — Vient à Paris, IV, 373, 406.

Anjou (Charles d'), comte du Maine, frère de Charles vii, autorise les conjurés contre le sire de la Trémoille, VI, 225. — Armé chevalier, 260. — Vient au siége de Montereau, 459. — Marche à côté du Dauphin à l'entrée du roi à Paris, 464. — Va au-devant du connétable de Richemont au retour de Meaux, VII, 26. — Se trouve au siége de Pontoise, 89. — Est du parti du Dauphin, 508. — Engage les gens du conseil du roi à se réconcilier avec le Dauphin, VIII, 192. — Se trouve à l'assemblée de Tours, 471. — S'oppose en Anjou aux ducs de Berri et de Bretagne, 397. — Fuit devant les Bourguignons, 407. — Représentant du roi aux conférences de la Grange-aux-

Merciers, 441. — Tombe dans la disgrâce de Louis xi, 483.

A<small>NNE</small> (madame) de France épouse le sire de Beaujeu, X, 112. — Son pouvoir, XII, 325.

A<small>NNE DE</small> S<small>AVOIE</small>, mariée au prince de Tarente, XII, 37.

A<small>NTHENÈSE</small> (Aimery d') rend Sillé-Guillaume, VI, 260.

A<small>NTHOING</small> (madame d'), femme de Jean de Melun, XI, 283.

A<small>NTI</small> (maître Nicolas d'), bachelier en théologie, X, 8.

A<small>NTOING</small> (Hugues, seigneur d'), mentionné dans le traité du duc de Bourgogne avec Gand, I, 364. — Jure le traité du Ponceau, IV, 426. — Laisse toute sa famille pour suivre frère Connecte, V, 302. — Arrive près du duc de Bourgogne devant Germigny, VI, 108. — Fait partie de l'armée de Picardie sous le comte d'Étampes, 264. — Capitaine général de toute l'armée devant Calais, 391.

A<small>NTONIO</small> (don), prieur de Crato, XI, 31.

A<small>PPLAINCOURT</small> (le sire d') se trouve à la guerre de la Normandie, VII, 295. — Tombe entre les mains du sire de Moui, VIII, 419.

A<small>PREMONT</small> (maître d'), docteur en théologie, fait un sermon à deux moines magiciens, II, 331.

A<small>PREMONT</small> (maître d'), XI, 307.

A<small>QUITAINE</small>, héraut du duc de Buckingham, est envoyé à Troyes, I, 195.

A<small>RAGONAIS</small> (François l'), employé pour négocier avec Perrin Grasset, V, 211. — Surprend Montargis, VI, 202. — Vient au secours de Paris, 286. — Surprend Fougère pour les Anglais, VII, 291.

A<small>RCINGES</small> (le sire des), capitaine du château d'Usson, décapité, IX, 135.

A<small>RÇON</small> (le sire d') se retire en France, IX, 335; X, 301.

A<small>RCANGEL</small> (le sire d'). Sa mort, VI, 263.

ARGENTON (le seigneur d'), VI, 39.

ARGUEIL (Jean sire d'), fils du prince d'Orange, écuyer servant du sire de Charni à Arras, VI, 296. — Succède à son père, VIII, 315. — Un des partisans du comte de Charolais contre les Croys, 364. — Brille à la cour de Charles le Téméraire, IX, 90. — Passe au service de Louis XI, 332. — *Voir* Orange.

ARMAGNAC (Jean, comte d') conclut une trêve avec les Anglais, IV, 375. — Mandé au secours d'Orléans, V, 258. — Envoie des ambassadeurs aux conférences de Gravelines, VII, 18. — Guerre pour le comté de Comminges, 162. — Se révolte contre le roi, 169. — Suite de son affaire, 232. — Ses aventures, VIII, 133. — Entre dans la ligue du bien public, 379. — Traité avec Louis XI, 400. — Arrive devant Paris, 439. — Traité avec le roi, 459. — Gagné au parti du roi, 471. — Prête serment au roi, IX, 104. — S'enfuit de ses états, 250. — Renonce à ses domaines, X, 89. — Sa mort, 95.

ARMAGNAC (le bâtard d') fait des courses en Champagne, VI, 355. — Principal conseiller du Dauphin réfugié en Brabant, VIII, 53. — Nommé gouverneur du Dauphiné par le Dauphin, 75 — Fait comte de Comminge, au sacre de Louis XI, 201. — Fait partie de l'expédition en Catalogne, 242. — Attaque Gannat, 401. — Nommé chevalier de Saint-Michel, IX, 246.

ARMAGNAC (le comte d') repousse les Anglais, III, 63. — Refuse de venir au conseil où dominait le duc Jean, 261. — Guerre contre le duc de Bourgogne, 269. — Propose d'aller attaquer le duc Jean à Pontoise, 350. — Exige des religieux de Saint-Denis le trésor de la reine, 353. — Reste en armes après la paix d'Auxerre, IV, 60. — Favorise ouvertement les Anglais, 88. — Arrive à Paris, 137. — Commande l'arrière-garde de l'armée des princes, 144. — Arrive à Paris après la mort du Dauphin, 258. — Fait connétable, 259.

— Exerce mille cruautés dans Paris, 263. — Marche contre la ville d'Harfleur, 264. — Désarme les bouchers, 267. — Fait la guerre en Normandie contre les Anglais, 271. — Opine contre la paix offerte par Henri v, 273. — Fait chasser de la ville plus de trois cents bourgeois, 298. — Offre des conférences au roi d'Angleterre, 313. — Présente au Dauphin le héraut du duc Jean, 320. — N'envoie personne au concile de Constance, 322. — Déclaré suspect de schisme, 323. — Attaque le duc Jean et la reine près de Joigny, 332. — Commence à retenir la campagne, 333. — Fait trancher la tête à quatre otages de la ville de Senlis, 335. — S'oppose à la paix, 339. — Accusé de vouloir faire égorger les habitans de Paris, 341. — Pris par les Bourguignons, 347. — Massacré, 356.

Armagnac (le sire d') garde son indépendance contre les Anglais, I, 138. — Arrive à l'armée du duc de Bourgogne, 315. — Appelé en Italie par les Florentins, II, 102. — Périt devant Alexandrie, 103.

Armagnac (Bonne, fille du comte d') épouse le duc Charles d'Orléans, III, 268.

Arménie (le roi d'), de la maison de Lusignan, assiste aux fêtes de Charles vi, II, 79.

Arménier (Guy), docteur en droit, le plus habile conseiller du duc Philippe le Bon, V, 114.

Arnaud de Cervolles, surnommé l'Archiprêtre, le plus célèbre de tous les chefs de compagnie, I, 120.

Arpajon (le sire d') jure le traité du Ponceau, IV, 426.

Arras (Franquet d'), son supplice, VI, 76.

Artevelde, fils d'un célèbre Brasseur, nommé Jacques Artevelde, se met à la tête des Gantois, I, 236. — Fait périr douze bourgeois de Gand, 237. — Se rend à Tournay pour des conférences, 244. — Revient à Gand, 245. — Harangue le peuple, 246. — Prend le titre de régent et tient état de prince, 258. — Met le siége devant Audenarde, ibid. — Entre en grande colère en apprenant que ses envoyés ont été mis en prison par les princes français, 264. — Fait à son tour mettre en prison les messagers des Français, 266. — Montre un grand dédain pour les armes du roi de France, 270. — Se prépare à combattre les Français, 282. — Sa mort, 289.

Artois (Marguerite d'), mère du comte Louis de Flandre, très-affligée de la révolte des gens de Gand, I, 176. — S'offre d'accompagner son fils à Paris, 187.

Artois (Robert d') périt près de Courtray, I, 289.

Arundel (le comte d'), amiral anglais, attaque un convoi flamand, II, 16. — Condamné à mort, 350.

Arundel (le comte d'), chef d'une ambassade en Bourgogne, III, 357. — Un des chefs devant Compiègne, VI, 91. — Envoyé contre le sire de Barbazan, 112. — Défait le maréchal de Boussac, 146. — Massacre les Normands insurgés, 227. — Met le siége devant Saint-Célerin, 258. — Prend Sillé-Guillaume, 260. — Battu par Saintrailles, 287. — Sa mort, 288.

Asselin (Jean), épicier du connétable de Richemont, VI, 382.

Aterman (François) conduit les Gantois à Liége, en ramène six cents chariots de farine, I, 242. — Supplie la duchesse de Brabant de s'entremettre entre le comte de Flandre et les Gantois, 243. — A la tête de quatre cents hommes d'élite, s'empare d'Audenarde, 318. — S'empare d'Ardembourg, 338. — Se sauve à Gand, 340. — Choisit un des premiers pour aller traiter avec le duc de Bourgogne, 351. — Sa mort, 369.

Aubigné (le sire d'), XI, 60.

Aubriot (Hugues), prevôt de Paris, condamné comme hérétique, I, 223. — Délivré de sa prison par le peuple, 224.

AUDEBOEUF (Pierre) livre Louviers aux Bourguignons, VI, 190. — Sa mort, 191.

AUDRIGUET, avocat, se charge de soutenir l'accusation contre Juvénal des Ursins, II, 213.

AUFFEMONT (le sire d'), mis en prison par La Hire, VI, 336. — Fait prisonnier La Hire et refuse de le rendre aux ordres du roi, VII, 7.

AUGIER (Philippe d'), maître des comptes du conseil de tutelle de Charles VI, I, 210.

AUMALE (Jean de Harcourt, sire d') bat les Anglais, V, 157. — Sa mort, 159.

AUMONT (Pierre d'), chambellan de Charles v, admis au conseil de tutelle de Charles VI, I, 209.

AUMONT (le sire d'), nommé porte-oriflamme, III, 378.

AUMONT (le sire d') défend la forteresse de Chappes, VI, 110.

AUTERME (le bailli Roger d') refuse de relâcher un bourgeois de Gand qui était en prison, I, 169. — Est massacré, 171.

AUTERMES (Olivier d') envoie défier les gens de Gand, I, 188.

AUTRICHE (le duc d') arrive à Paris au secours du duc de Bourgogne, III, 44.

AUTRICHE (le duc Albert d') reçoit le duc Philippe à Ganzbourg, VII, 467.

AUTREY (le sire d'), chevalier du duc Jean lors de l'entrevue de Montereau, IV, 440. — Reçoit le duc Philippe, VII, 469.

AUTUN (l'évêque d') fait mettre en prison un officier de Philippe le Hardi, I, 154.

AUXERRE (le comte d'). Le duc de Bourgogne lui laisse le commandement de l'armée, I, 120.

AUXERRE (messire Louis d'), de l'illustre maison de Châlons, fait chevalier, I, 123.

AUXI (le sire d') combat avec le sire de Brimeu sous

la forteresse du Crotoi, VI, 453. — Gouverneur du comte de Charolais, VII, 159.— Reçu chevalier de la Toison-d'Or, 246.

Avaugour (Guillaume d') jure le traité du Ponceau, IV, 426. — Chevalier du Dauphin à l'entrevue de Montereau, 440. — Chassé du royaume, V, 212.

Avignon (Marie d'), visionnaire, vient trouver le roi Charles vii, V, 273.

Axèle (Philippe, seigneur d'), mentionné dans le traité de Philippe le Hardi avec les gens de Gand, I, 364.

Ay (Jean d'), avocat, admis au conseil de tutelle de Charles vi, I, 210.

Aydie (Odet d') aide à saisir le duc d'Alençon, VIII, 86. — Reçu dans les bonnes grâces de Louis xi, 474. — Son engagement avec Louis xi, IX, 214. — Obtient du duc de Bretagne, au nom du roi, qu'il renoncerait à l'alliance du duc de Bourgogne, 296. — Conduit cent lances bretonnes à Louis xi, 357. — Chef du parti des hommes à la cour du duc de Guyenne, 412. — Se retire en Bretagne, 422. — Traite avec Louis, X, 45.

Aydie (Odet d') le jeune, IX, 421.

B

Bacqueville (le sire de) se distingue au siége d'Harfleur, IV, 223.

Bade (Georges de), évêque de Metz, se trouve à la Haye auprès du comte de Charolais, VIII, 508; X, 76.

Bade (Jean de), archevêque de Trèves, se trouve à la Haye auprès du comte de Charolais, VIII, 508. — Assiste à l'entrevue de l'empereur et du duc Charles, X, 78.

Bade (le margrave Guillaume de) appelle les Armagnacs à son secours, VII, 181.

BADE (Christophe, margrave de) va au siége de Neuss, X, 273.

BADE (le margrave Rodolphe de) s'entremet entre le duc Charles et les ligues suisses, X, 467; XI, 3, 409.

BADE (Charles, margrave de), X, 76.

BAENGUERT (le sire de) querelle avec le sire Gosswin van Wilden, VII, 258.

BAILLET (Thibaut), maître des requêtes, XI, 338.

BAILLET (Jean), maître des requêtes, XI, 338.

BAJAZET, fils d'Amurath, II, 135. — Fait la guerre au roi de Hongrie, 250. — Remporte la victoire de Nicopolis, 300. — Met les chevaliers en liberté, son discours au comte de Nevers, 319.

BAJAZET II, empereur des Turcs, envoie une ambassade à Louis XI, XII, 340.

BALAGNY (le sire de), gouverneur de Beauvais, X, 6.

BALUE (maître Jean), évêque d'Evreux, défend Paris, VIII, 403. — Sa faveur auprès de Louis XI, IX, 48. — Envoyé à Bruxelles auprès du duc Charles, 52. — A la droite du roi aux états-généraux assemblés à Tours, 108. — Son procès, 218. — Délivré de prison, XII, 156.

BALTAZIN (Galéoto), chevalier italien, vient chercher des faits d'armes à la cour de Bourgogne, VII, 244. — Tournoi de la dame des Pleurs, 284.

BALZAC (le sire de), sénéchal de Beaucaire, commande une armée contre le comte d'Armagnac, X, 91. — Perd sa compagnie, XII, 48.

BAR (le cardinal de) reçoit les sermens des princes, III, 234. — Assiste au conseil tenu au Louvre par le roi, IV, 350.

BAR (le sire Guy de), prévôt de Paris, IV, 347, 349, 351. — S'efforce de calmer les séditieux, 355. — Combat dans l'armée du duc Philippe le Bon, V, 14.

BAR (le duc de) accompagne le roi Charles VI à son sacre, I, 127. — Se joint aux Français contre les

Flamands, 227.—Gagne l'amitié du duc de Guyenne, IV, 58. — Enfermé au Louvre par les Parisiens, 74.—Délivré, 113.— Gouverneur du Louvre, 114. — Conduit ses hommes d'armes au Dauphin contre les Anglais, 228. — Sa mort à Azincourt, 245.

Bar (le sire Henri de) est de la guerre de Hongrie, II, 255. — Meurt à Venise, 321.

Bar (le sire Philippe de) se met de la croisade contre les Sarrasins, II, 93. — Est de la guerre de Hongrie, 255. — S'y distingue, 299. — Sa mort, 300.

Bar (Jean de), magicien, brûlé, II, 334.

Barbazan (le sire de) court la campagne contre les Bourguignons, IV, 259, 333. — Tente de prendre Paris, 348. — Vient à Pontoise pour négocier avec le duc de Bourgogne, 413. — Jure le traité du Ponceau, 426. — Rend visite au Duc de la part du Dauphin, à Bray-sur-Seine, 436. — Chevalier du Dauphin à Montereau, 440. — N'est pas compté comme un des meurtriers du Duc, 448. — Défend Melun contre les Anglais, V, 46. — Prisonnier, 53. — Enfermé dans une cage de fer, VI, 41. — Nommé capitaine de la Champagne, 110. — Y gagne plusieurs batailles sur les Anglais, 110 et suiv. — Maréchal de l'armée du duc René, 156. — Sa mort, 160.

Barbazan (Arnault Guilhem de) à la tête de sept chevaliers français contre sept chevaliers anglais, II, 396.

Barbin (maître), avocat du roi, confisque les biens du comte d'Armagnac, VII, 233.

Bari (l'archevêque de), élu pape le 16 avril 1378, prend le nom d'Urbain vi, I, 158. — Fait prêcher une croisade en Angleterre contre la France, 310.

Barraud (maître Guillaume), orateur de l'Université, II, 222.

Barres (le sire des), envoyé pour prendre le connétable, II, 176.

Baruth (l'évêque de) persécute les Vaudois à Arras, VII, 23.

Baschi (Siffrein de), mis à mort devant Nanci, XI. 132.

Basrode (Girard de Raseghen, sire de), mentionné dans le traité du duc de Bourgogne avec Gand, I, 364.

Bassompierre (le sire) combat à la bataille de Nanci, XI, 147.

Bataille (maître), avocat, un des ambassadeurs de Louis XI à Senlis, X, 113.

Bataille (le sire de), un des chevaliers français qui combattirent contre les sept Anglais, II, 396.

Bateman, chef d'une troupe de paysans gantois, VII, 359.

Baudoin, bâtard de Bourgogne, part pour la croisade, VIII, 279. — Assiste aux funérailles du duc Philippe, 514. — Se retire en France, IX, 335. — Excepté de la trêve entre le roi et le duc, X, 409.

Baudricourt (le sire de), gouverneur de Vaucouleurs, traite Jeanne-d'Arc de folle, V, 278. — Fait la guerre de Lorraine, VI, 156; VIII, 428. — Envoyé en Bourgogne par Louis XI, XI, 329. — Combat à Guinegate, XII, 72, 327.

Baume (Guy de la) porte le dais à l'entrée du duc Charles à Dijon, X, 145.

Baume (le bâtard de la) surprend le fort de Crevant, V, 150.

Baume (le sire de la) compris dans le traité entre le roi et les états de Flandre, XII, 291.

Baussignies (le sire de) signe la trêve de Nevers, VI, 275.

Bavalan (le sire de), gouverneur du château de l'Hermine, sauve le connétable de Clisson, II, 27, 29.

Bavière (Albert, duc de), X, 76.

Bavière (Louis-Albert, duc de) combat au siége de Neuss, X, 272.

Bavière (le duc Albert de Bavière), frère de Guillaume l'Insensé, I, 327. — Mentionné dans les lettres de franchise du duc de Bourgogne pour les gens de Gand, 364. — Convoque les états de Hainault, 263. — Fait la guerre aux Frisons, 326.

Bavière (Guillaume de), fils aîné du duc Albert. Le duc de Lancastre veut le marier à sa fille, I, 328. — Epouse Marguerite de Bourgogne, *ibid.* — Promet secours au duc de Bourgogne, IV, 139.

Bavière (Robert de), élu archevêque de Cologne, X, 151.

Bavière (le duc Fréderic de) arrive de la haute Allemagne s'illustrer en combattant avec les Français, I, 315. — Fait un pèlerinage à Amiens, et y mène sa nièce Isabelle de Bavière, 333. — Fait une visite au Duc, VIII, 509. — Combat devant Neuss, X, 272.

Bavière (le duc Etienne de) refuse de laisser partir sa fille pour être présentée au roi de France, I, 332. — Ambassadeur de la diète d'Allemagne en France, II, 369.

Bavière (le comte Louis de), envoyé par le duc Jean au duc de Lorraine, III, 270.

Bavière (le duc Roger de) arrive devant Melun, V, 45.

Bavière (Jacqueline de), fille du comte d'Ostrenant, épouse Jean, duc de Touraine, III, 70.

Bavière (Isabelle de Bavière), fille du duc Étienne, vient en pèlerinage à Amiens, plaît au roi et devient son épouse, I, 334. — Fait son entrée à Paris, II, 75. — Accouche d'un fils, 129. — Promet sa protection au duc Jean, III, 5. — S'enfuit à Melun, 30. — Refuse de recevoir les députés que lui envoyait le duc de Bourgogne, 47. — Se montre furieuse contre toute sa maison, 48. — Accouche d'un fils qui ne vit pas, 82. — Part secrètement pour Melun, 146. — Mande des gens d'armes pour rentrer à Paris, 155. — Gouverne conjointement avec le Dauphin, 158. — Tient un grand conseil, *ib.*—Veut procéder vivement contre le duc de Bourgogne, 188. — Veut emmener le Dauphin hors de Paris, 221. — Se sauve à Tours, 222. — Traité de Chartres, 230.—Confirmée dans son autorité, 262. — Va trouver les ducs de Berri, d'Orléans et les autres princes qui marchaient sur Paris, 289. — Tient des conférences à Melun, 319. — Reprend le gouvernement, IV, 144. — Se rend à Compiègne vers le dauphin Jean, 282. — Reproche au duc de Bretagne d'avoir été trouver le duc de Bourgogne, 284. — Envoyée à Tours, 296. — Ecrit au duc de Bourgogne, 324. — Délivrée, 325. — Ecrit aux bonnes villes, 326. — Crée un parlement à Troyes, 332. — Paix de Charenton, 374. — Sa mort, VI, 342.

BAVIÈRE (Marguerite de) épouse Jean, comte de Nevers, fils aîné de Philippe le Hardi, I, 328.

BAVIÈRE (le duc Louis de) emmène le Dauphin à Melun, III, 30.—Doit siéger dans le conseil de tutelle de Charles VII, 62. — Épouse la fille du roi de Navarre, 255. — Alliance avec le duc de Bourgogne, 255. — Gagne la confiance du duc de Guyenne, IV, 59. — Emprisonné, 83. — Mis en liberté, 113. — Gouverneur de la Bastille, 114. — Atteint de l'épidémie devant Arras, 172. — Chef d'ambassade au duc de Brabant, 193. — Reçoit le duc Philippe à son voyage en Allemagne, VII, 467.—Assiste à l'entrevue du Duc et de l'empereur, X, 27. —Propose le mariage de l'archiduc Maximilien avec Marie de Bourgogne, XI, 296.

BAVIÈRE (Jean de), évêque de Liége, amène un fort renfort à Philippe le Hardi, II, 381. — Arrive à Paris avec six mille hommes, III, 44. — Ses sujets se révoltent, 80. — Traite cruellement ses sujets révoltés, 210. — Fait la guerre des Armagnacs, 284. — Promet son secours au duc Jean sans Peur, IV, 139. — Se fait séculariser par le pape, V, 130. — Et épouse Elisabeth de Luxembourg, *ib.*—Sa mort, 187.

Baweüs (Pierre de) accusé d'avoir trahi les Gantois, VII, 341.

Bayeux (l'élu de), un des envoyés du roi de France à Bruges, I, 155.

Bazemont (Claude de) achève le duc de Bourgogne, XI, 162.

Beaufort (Payen de) accusé de vauderie, VIII, 163. — Condamné, 168.

Beaufremont (messire de), grand-prieur de France, jure le traité du Ponceau, IV, 426. — Périt à la bataille de Brawhershausen, V. 235.

Beauffremont (Charles de) porte le dais à l'entrée du duc Charles à Dijon, X, 145.

Beaufort (marquis de), sire de Canillac, XI, 342.

Beaujeu (Pierre de Bourbon, sire de), fils du duc de Bourbon, accompagne madame Catherine, comtesse du Charolais, VII, 17. — Fait ses premières armes en Luxembourg, 141. — Sert d'écuyer au sire de Ternant, 252. — Fait chevalier au sacre de Louis xi, VIII, 202. — Prend le parti du roi, IX, 103. — Envoyé par Louis xi pour soumettre les Armagnacs, X, 89. — Epouse une fille de Louis xi, 112. — Lieutenant du roi dans le procès du duc de Nemours, XI, 349. — Réception des ambassadeurs flamands, XII, 306. — Va recevoir Marguerite d'Autriche, 309. — Sa puissance, 325.

Beaujeu (le seigneur de) participe à la guerre contre les Navarrois, I, 118.

Beaumanoir (le sire de) se trouve au passage de la Lys en 1382, I, 274. — Empêche le duc de Bretagne de tuer le sire de Clisson, II, 24. — Amène des gens au secours du duc d'Orléans, III, 50. — Combat à la bataille de Patai, V, 356.

Beaumont (le comte de). Le roi d'Angleterre lui donne le comté de Boulogne, VI, 367. — Prisonnier, 372.

Beaumont (le comte de) tué par Tanneguy-Duchâtel, III, 9.

Beaumont (le sire Jacquemin de) perd la forteresse de Villi, VII, 142. — Envoyé par le roi aux Gantois, 388.

Beaumont (le sire Louis de), envoyé par le roi à l'assemblée de Nevers, VII, 104. — Nommé chevalier de Saint-Michel, IX, 146.

Beauvais (l'évêque de), député au duc de Bretagne, II, 39.

Beauveau (le sire de) jure le traité du Ponceau, IV, 426. — Chevalier du Dauphin à Montereau, 440.

Beauveau (le sire Pierre de), devant Libourne, VII, 481.

Beauveau (Jean de), évêque d'Angers, supplanté par le cardinal Balue, IX, 49.

Beauvoir (le sire de) suit les Bourguignons devant Paris, VIII, 391.

Beauvoisien (Jean le) tué à la bataille de Guinegate, XII, 75.

Bedfort (le duc de), frère du roi Henri V, entre avec lui à Paris, V, 56. — Secourt Cosne, 104. — Célèbre les funérailles de son frère, 111. — Cherche à se concilier le duc Philippe le Bon, 112. — Assiste aux funérailles du roi de France, 118. — Prévient une conspiration, 127. — Fait prêter serment à tous les gens de Paris, 128. — Épouse madame Anne de Bourgogne, fille du duc Jean, 134. — Met le siège devant Meulan, 138. — Alliance avec le duc de Bretagne, 139. — Prend Pont-sur-Seine, 147. — Refuse de laisser commander une armée au comte de Richemont, 172. — S'empare de la forteresse d'Ivry, 175. — Quitte Paris, et remporte la victoire de Verneuil, 179. — Revient à Paris pour apaiser une conjuration, 180. — Donne de grandes fêtes au duc de Bourgogne, 183. — Refuse au Duc la délivrance du duc de Bourbon, 199. — Va trouver le duc Philippe à son château d'Hesdin, 203. — Convoque une assemblée de tous les grands personnages de France, 204. — Quitte la France, 205. — Y revient, 237. — Fait partir, de Paris, un convoi, 262. — S'aigrit avec le duc de Bourgogne, 270. — Apprend la défaite de Patai, et écrit en Angleterre, 360, 361. — Cherche à apaiser le duc de Bourgogne, 362. — Défie Charles VII, VI, 18. — Met son armée en présence de celle des Français, 27. — Discours d'éloges aux Picards, 32. — Envoie au duc de Bourgogne pour lui rappeler ses sermens, 34. — Va à Rouen tenir les états de Normandie, 35. — Reçoit le duc de Bourgogne. — Accompagne le roi Henri VI à son entrée à Paris, 169. — Lève le siége de Lagny, 195. — Epouse la nièce de Louis de Luxembourg, 208.

BÉGARS (l'abbé de), IX, 298.

BÉGEAUX (les), brigands, IV, 270.

BÈGUE (maître Philippe le), conseiller des comptes, XI, 45.

BELÉE (serviteur du cardinal Balue) arrêté par les gens de Louis XI, IX, 218.

BELLEVILLE (Louis de) repousse les Bretons, IX, 101.

BELLOY (Robert du), riche marchand drapier, soutient les avantages de la paix de Pontoise, IV, 105. — Emprisonné par les Armagnacs, 266. — A la tête tranchée, *ibid*.

BELLOSERAIE (le sire Josselin de la), tué au siége de Saint-Denis, VI, 346.

BERGUES (le sire Philippe de), chargé de ravitailler Lintz, X, 276.

BERGHES (Jean de) combat à Guinegate, XII, 71.

BERGOBZOOM (le sire de), un des ambassadeurs du duc Philippe au pape Pie II, VIII, 122.

BERNARD (Guy), archidiacre de Tours, envoyé par le roi aux Gantois, VII, 388.

8.

BERNIER (Jean) du conseil de tutelle de Charles VI, I, 210.

BERNES (Gabriel de), envoyé à Charles VII par le Dauphin, VIII, 30.

BERRI, roi d'armes de France, figure à la cérémonie des funérailles du roi Charles VI, V, 120.

BERRI (le duc de), fils de Charles VII, fiancé avec la sœur du roi de Castille, VIII, 188. — Vient à Hesdin avec Louis XI, 289. — Chef de la ligue du bien public, 368. — Se trouve à l'assemblée de Tours, 371. — Manifeste adressé au duc de Bourgogne, 384. — Pourparlers avec les Parisiens, 431. — Chassé de Normandie, 475. — Réponse aux ambassadeurs de Bourg, 477.

BERRI (le duc de), frère du roi Charles V, ne laisse aucun espoir aux habitans de Paris qui s'étaient révoltés, I, 300. — Profite presque seul de l'argent provenu des impôts, 316. — Se rend aux conférences de Calais, 321. — Répond brusquement au comte de Flandre, 322. — Soupçonné d'avoir tué le comte de Flandre, 323. — Répond par des plaisanteries à l'ordre du roi de venir à l'Écluse, II., 11. — Se rend à l'Écluse, 12. — Veut se marier avec la fille du duc de Lancastre, 36. — Éloigné du gouvernement, 66. — Favorise le comte d'Armagnac contre le pape Urbain VI, 103. — Envoyé au duc de Bretagne, 115. — Ennemi violent du connétable, 121. — Replacé à la tête du gouvernement, 163. — Assemble les conseils du roi, 168. — Sa conduite envers les anciens conseillers du roi, *ib. et suiv.* — S'adoucit aux prières de sa femme, 188. — Redevient chaud partisan du pape d'Avignon, 220. — Se prononce pour Benoît XIII, 229. — Député au pape, 234. — S'unit d'amitié avec le comte de Derby, 352. — Se fait rétablir dans le gouvernement du Languedoc, 375. — Possesseur presque indépendant de plusieurs provinces, 423. — Tombe malade et fait faire des processions pour son rétablissement, 460. — Se range du parti du duc Jean sans Peur, III, 32. — Chargé de la garde du duc de Guyenne et de la ville, 45. — Envoyé au duc d'Orléans à Melun, 47. — Etablit une correspondance avec le pape Innocent VII, 59. — Doit siéger dans le conseil de tutelle de Charles VII, 62. — Accompagne la reine à Melun, 146. — Fait partie du conseil présidé par la reine, 158. — Accompagne la reine à Tours, 227. — Défend le sire de Montaigu, 250. — Reçoit la lieutenance de Guyenne, 263. — Quitte Paris par mécontentement, 264. — Pris pour arbitre entre le duc de Bretagne et le comte de Penthièvre, 267. — Décide les princes à marcher sur Paris, 269. — Traité de Chartres, 278. — Reçoit plusieurs ambassades de la part du roi et du duc Jean, 285, 293. — Traité de Bicêtre, 295. — Fait le duc Jean son héritier, 297. — Tient des conférences à Melun, 319. — Perd la lieutenance de Guyenne, 333. — On lui refuse de le laisser à Paris, *ibid.* — Sa réponse au roi, qui le sommait de lui ouvrir les portes de Bourges, IV, 6. — Vient à une entrevue avec le duc de Bourgogne, 16. — Conférences d'Auxerre, 21. — Paix de Pontoise, 101. — Reprend la charge de capitaine de Paris, 114. — Chargé de la garde de Paris, 151. — Répond brusquement aux gens de Paris qui se plaignaient qu'on eût fait la paix sans eux, 182. — Reçoit les ambassadeurs de Henri V, 200. — Marche contre les Anglais, 227. — Empêche le roi d'aller à la bataille d'Azincourt, 231. — Est d'avis qu'il faut accepter la paix offerte par le roi d'Angleterre, 272. — Sa mort, 281.

BERSAT (Robert), serviteur du sire de Croy, introduit les Français dans Luxembourg, VII, 148.

BERTRAND, chef de compagnie, nommé capitaine de Saint-Denis, IV, 363. — Assassiné, *ibid.*

BERTRANDEJA (la) prétend au royaume de Castille, X, 285.

BERTRANDON, écuyer du duc Philippe à la bataille de

Gavre, VII, 432. — Remontrances au sire de Bossut, IX, 58.

Bessarion (le cardinal) de concert avec le pape Pie II pour la croisade, VIII, 125.

Béthune (le sire de), armé chevalier, VI, 29. — Va au siége de Pontoise, VII, 89.

Béthune (Jacques de), bailli de Ham, fait courir sur les archers du duc Philippe, VII, 29. — Fait la guerre de Normandie, 295.

Bétizac, favori du duc de Berri, brûlé comme hérétique, II, 95.

Beudant (Jean), principal conseiller pour la fête du Faisan, VII, 446.

Beuil (le sire de), député au duc de Bretagne, II, 39. — Arrive au secours d'Orléans, V, 259. — Arrête le sire de la Trémoille son oncle, VI, 224. — Renvoyé de la cour, 226. — Armé chevalier, 260. — Fait partie de l'armée du siége de Pontoise, VII, 89. — Pris par les Anglais, 166, 191. — Disgracié, 287. — Embrasse le parti du Dauphin, 508. — Siége au conseil du roi, VIII, 183. — Entre dans la ligue du bien public, 378. — Traite avec le roi à condition d'être amiral, 459. — Demande à être capitaine de Rouen, 472. — Rend hommage à Louis XI, IX, 237. — Nommé chevalier de Saint-Michel, 246.

Béveren (Philippe de), fils du grand bâtard de Bourgogne, commande à Saint-Omer, XI, 287.

Beyllink (seigneur de) enterré tout vif par les Hoeks, V, 232.

Beytz (Arnold) décapité à Bruges, VI, 451.

Biche (Guyot), écuyer, très-puissant sur le comte de Charolais, VIII, 60.

Bidore (Jean de), XI, 290.

Bitche (le comte Guillaume de), XI, 307. — Ravage le Luxembourg, 60. — Combat à Nanci, 148. —

Capitaine de Péronne, ouvre la ville à Louis XI, 205, 407.

BLAINVILLE (le sire de), ambassadeur du roi au duc Philippe, VII, 294.

BLAISY (Jean de) prend et dépouille Lambert, seigneur de Rougemont, I, 147.

BLANCHARD (Alain), capitaine de la milice de Rouen, IV, 390. — Sa mort, 396.

BLANCHE, fille de Jean II, roi d'Aragon. Sa mort, VIII, 242.

BLANCHEFORT (le sire de) fait la guerre en Picardie, VI, 262. — Se révolte, VII, 50. — Se trouve au siége de Pontoise, 89. — Marche contre le comte d'Armagnac, 170. — Se trouve à la guerre contre les Suisses, 191; X, 45; XII, 106.

BLANMONT (le comte Ulrich de), de la maison de Neufchâtel, IX, 223.

BLANMONT (le seigneur de) fait la guerre au duc de Bourgogne, III, 271. — Commande à Azincourt, IV, 238. — Créé maréchal de Bourgogne, VII, 125. — Arrive à la guerre contre les Gantois, 410. — Un des chefs d'avant-garde à la bataille de Gavre, 425. — Armé chevalier, 427. — Apaise une sédition à Besançon, 470. — Amène un renfort au comte de Charolais devant Paris, 427. — Réprimande le comte d'une imprudence, 536.

BLANDELIN (maître Pierre), maître d'hôtel du duc Philippe le Bon. Sa faveur, VIII, 312.

BLANSTROEM (le bâtard de), nommé capitaine des chaperons blancs, VII, 406.

BLISSON (le commandeur de), XI, 293.

BLOIS (le comte de), de concert avec plusieurs seigneurs, empêche le pillage du Hainaut, I, 292. — Se fait traîner tout malade à la guerre de Flandre, 315. — Accusé par le duc de Bretagne, II, 119.

BLOT (Jean de), conseiller en la cour des Grands-Jours de Bordeaux, X, 8.

Blosset (le Moine de), X, 338.

Blosseville (le sire de), pris par les Français, VI, 350.

Bloquiel (Philippe), abbé de Saint-Aubert, à Cambrai, envoyé au sire de Ravenstein, XI, 256.

Blouet (Louis), maître des requêtes de M. de Guyenne, X, 8.

Boèle (Jean), doyen des tisserands de Gand, massacré, VI, 181.

Boessière (le sire de) commande les gens du comte du Maine, lors de la prise de Bordeaux, VII, 326.

Boestlaer (le sire de) commande les Hollandais à Rupelmonde, VII, 382.

Boissay (messire Robert de), premier maître d'hôtel du roi, entreprend de livrer son maître aux Orléanais, IV, 9. — Arrêté par les Parisiens, 74.

Boffile (le sieur), envoyé par Louis XI aux ambassadeurs d'Aragon, X, 221. — Interroge le duc de Nemours, XI, 335; 350. — Fait enfermer le fils du duc de Nemours, 355, 383; XII, 44.

Bois-Bailli (Josselin de), maréchal des logis de Louis XI, VIII, 339.

Bonne de Savoie (madame), épouse du duc de Milan, XII, 14.

Bonifazio (Jean de), chevalier italien, joute avec le sire de Lalaing, VII, 247. — Remporte le prix de la lance au tournoi de la Dame des Pleurs, 284.

Bonstetten créé chevalier à Granson, XI, 34.

Borda (le sire de), XII, 251.

Bordes (le sire des), éloigné du roi, II, 162.

Bornes (le sire Gabriel de), maître d'hôtel du Dauphin, envoyé par lui au roi, VIII, 7.

Borselle (Wolfart de), élu chevalier de la Toison-d'Or, XI, 399.

Borsèle de la Vère, amiral de Hollande, reçu chevalier de la Toison-d'Or, VII, 246.

Borsèle (le sire François de), gouverneur anglais à Gand, I, 344. — Épouse Jacqueline de Hainaut, VI, 213. — Reçu chevalier de la Toison-d'Or, VII, 246. — Se réunit au comte de Charolais à la Haye, VIII, 508.

Borsel (Jacques de) périt à la bataille de Brawhershausen, V, 235.

Bort (le sire de), écuyer de Louis xi, banni pour avoir introduit le comte de Dammartin chez le roi, VIII, 251.

Boscage (le sire du) jure le traité du Ponceau, IV, 426.

Bosredon (le sire de) s'enferme dans la citadelle d'Étampes, III, 363. — Tient la campagne dans le Gatinais, IV, 96. — Commande l'arrière-garde à Paris, 144. — Combat à Azincourt, 295. — Garde de la reine, 395. — Sa mort, 296.

Bosredon (Guitard de) jure le traité du Ponceau, IV, 426.

Bosqueaux (le sire de) se distingue à la prise de Luxembourg, VII, 149.

Bossut (le sire de) part pour la croisade, VIII, 279. — Un de ceux qui portent le corps du duc Philippe le Bon, 514. — Envoyé contre les Liégeois, IX, 56. — Entre au Quesnoy, XI, 413. — Surprend plusieurs châteaux, XII, 57.

Bossut (Théodore de) périt à la bataille de Brawhershausen, V, 235.

Botelaer (Eberhard), nommé chef des tisserands de Gand, VII, 340.

Boucicault (le maréchal) est de la guerre contre les Navarrois, I, 118. — Le Duc lui laisse une partie de l'armée à son commandement, 120. — Est envoyé contre les compagnies, 121. — Fait prisonnier du duc de Gueldres, II, 63. — Ce qu'il raconte de son voyage à la Terre Sainte, 135. — Député aux cardinaux, 227. — Va à la guerre de Hongrie, 255. — Se met du parti du connétable contre le sire de Coucy, 295. — Se distingue à la bataille de Nicopolis, 298. — Prisonnier, 303. — Va chez le seigneur de Mytilène et revient se remettre en prison, 318. — Envoyé au pape Benoît XIII, 340. — Envoyé au secours de l'empereur de Constantinople, 352. — Reçoit l'ordre d'emmener le Dauphin à Melun, III, 30. — Va surprendre les Armagnacs à Claye, 33. — Arme chevaliers plus de cinq cents jeunes seigneurs, IV, 237. — Prisonnier à Azincourt, 246. — Engage le Dauphin à se révolter contre son père, VII, 50.

BOUDENAY (Thomas) fait partie du conseil de tutelle de Charles VI, I, 210.

BOULARD, bourgeois de Paris, passe un marché avec l'armée française pour fournir du blé à cent mille hommes, I, 316.

BOUCHET (Guillaume), conseiller au parlement, envoyé au duc Philippe pour traiter de la juridiction du parlement, VIII, 150.

BOUFFLERS (Nicaise de), chargé de garder la Ferté pour le roi d'Angleterre, V, 73.

BOULANGER (maître Jean le), président au parlement de Paris, IX, 44. — Un des juges du cardinal Balue, 222; XI, 351; XII, 4. — Sa mort, 280.

BOULIGNI (Regnault de), trésorier de Charles VII, V, 254.

BOULERS (Louis, sire de), chevalier, mentionné dans le traité de Philippe le Hardi avec les gens de Gand, I, 364.

BOULOGNE (Jean de), comte de Montfort, hérite des comtés d'Auvergne et de Boulogne, I, 103.

BOULOGNE (Jeanne de), mère de Philippe de Rouvre, I, 101. — Femme du duc de Berri, s'emploie en faveur du sire de La Rivière, II, 186.

BOULOGNE (le comte de) porte le manifeste de Louis XI en Auvergne, VIII, 388.

BOURBON (le duc de) se trouve à Poitiers avec Philippe le Hardi, I, 150. — Va commander une armée contre les Anglais, 327. — Accompagne le roi Charles VI dans son voyage de Languedoc, II, 83. — Choisi pour commander une croisade contre les Sarrasins, 93. — Accompagne le roi en revenant de Tours, 128. — Accompagne le roi à la guerre de Bretagne, 157. — Fait hommage à saint Julien du Mans pour l'invoquer en faveur de Charles VI, 167. — Fait un voyage en Guyenne, 361. — Député au duc d'Orléans à Melun, III, 46. — Fait partie de l'avant-garde à Azincourt, 238. — Accompagne le roi à Tours, 221. — Reproche aux habitans de Paris l'accueil fait au duc Jean, 229. — Soumet le sire Aimé de Viry, 241. — Quitte Paris par mécontentement, 264. — Choisi pour arbitre par le duc de Bretagne, 267. — Sa mort, 283.

BOURBON DE THURY, IV, 420.

BOURBON (Jacques de), tué à la bataille de Brignay, I, 116.

BOURBON (Jacques de) signe le traité du Ponceau, IV, 426.

BOURBON (Isabelle de) présente le prix au comte de Charolais, au vœu du Faisan, VII, 459. — Fiancée au comte de Charolais, 462.

BOURBON (Jeanne de) refuse d'épouser le comte d'Armagnac, IX, 105.

BOURBON (Louis de), évêque de Liége, avertit le duc Philippe que les Liégeois marchent contre lui, VIII, 497 ; XI, 217, 231. — Sa mort, XII, 249.

BOURBON (Pierre de), sire de Caremi, défend Arras, X, 336.

BOURBON (le cardinal de) entre à Arras, XI, 236, 246.

BOURBON (Charles de), comte de Clermont, fils du duc de Bourbon, se trouve seul du sang royal à un grand conseil du Louvre, IV, 350. — Pris pour chevalier du duc Jean lors de l'entrevue de Montereau, 440.

Bourbon (Hector de), bâtard du duc de, défie les Bourguignons devant Compiègne, IV, 154. — Reçoit une blessure au siége de Soissons, 160. — Meurt, *id.*

Bourbon (le jeune bâtard de) s'emporte contre le connétable dans un conseil, IV, 213. — Se joint au duc d'Alençon devant Saint-Célerin, VI, 199. — Courses en Champagne, 355. — Se distingue à la prise de Paris, 372. — Combat au siége de Montereau (459. — Ravage les marches de Bourgogne, VII, 7. — Prend le fort de Lamothe, 34. — Sa mort, 82.

Bourbon (Jacques de), frère du duc de Bourbon, armé chevalier, VIII, 202. — Conduit le deuil à la mort du duc Philippe le Bon, 593. — Elu chevalier de la Toison-d'Or, IX, 94.

Bourbon (Louis, bâtard de) épouse Jeanne, bâtarde de Louis xi, VIII, 471. — Fait amiral et envoyé en ambassade à Calais, 498. — Excite le comte de Warwich contre le roi Edouard, IX, 42. — S'acquitte de son office avec zèle, X, 268. — Conservation de la paix avec les Anglais, 392. — Envoyé à Chambéry, XI. 108. — Chargé de soumettre l'Artois à Louis xi, 185, 329.

Bourbon (Gilbert de), comte Dauphin, vient rendre ses hommages à Louis xi, IX, 236. — Entre avec une armée dans le Charolais, 357. — Met le siége devant Mâcon, X, 335.

Bourbon (Gilbert de), fils du comte de Montpensier, gouverneur de Poitou, XII, 264.

Bourbon (Philippe de) veut épouser l'héritière de Dours, VIII, 324. — Au convoi du duc Philippe, 514.

Bourbon (messire Pierre de), seigneur de Préaux, commandant du château de Rouen, IV, 300. — Défend Melun, V, 43. — Prisonnier, 53.

Bourbon (Marie de) épouse Jean de Calabre, VII, 227.

Bourattier (maître Guillaume), secrétaire du roi, accompagne le dauphin d'Auvergne près du duc Jean, III, 194.

Bourdeilles (Hélie de), archevêque de Tours. Remontrances au roi, XII, 272.

Bourgeois. Se distingue à la prise et à la défense de Saint-Denis, VI, 289, 344. — Monte le premier à l'assaut de Montereau, 460. — Combat au siége de Meaux, VII, 23. — Tué devant Cherbourg, 317.

Bourges (Henri de) fait une sortie sur les Anglais, VI, 113.

Bourgogne (Antoine de), fils de Philippe le Bon. — Sa naissance, VI, 106.

Bourgogne (Jean, bâtard de), sa réception à Gand, VI, 446.

Bourgogne (Philippe de), fils du grand bâtard, élu chevalier de la Toison-d'Or, XI, 399.

Bourgogne (David, bâtard de), nommé évêque de Thérouanne, VII, 352. — Nommé évêque d'Utrecht, 502. — Se trouve à la réunion à la Haye, 508.

Bourgogne (la duchesse douairière de) s'emploie pour l'archiduc Maximilien, XI, 296. — Ecrit au roi d'Angleterre pour se plaindre de Louis XI, 388.

Bourgogne (Jeanne de), femme de Philippe de Valois, I, 102.

Bourgogne (Magdelaine), fille bâtarde de Philippe le Bon, mariée à un seigneur anglais nommé le sire de l'Aigue, VIII, 520.

Bourgogne (Nicolas de), envoyé du duc Philippe au roi pour le consulter sur la révolte des Gantois, VII, 348.

Bourgogne (Anne, bâtarde de), fille de Philippe le Bon, mariée au sire de Borselle, VIII, 520.

Bourgogne (le bâtard, Raphaël de), fils de Philippe le Bon, abbé de Saint-Baron, VIII, 520.

Bourgogne (Jean, bâtard de), fils de Philippe le Bon, prevôt de Bruges, VIII, 520.

Bourgogne (Corneille, bâtarde de), mariée au sire de Toulongeon, VIII, 520.

Bourgogne (Agnès de), promise au comte de Clermont, IV, 456. — Fiancée au comte de Clermont, V, 188. — Marraine de Charles le Téméraire, VI, 239. — Arrive aux conférences de Nevers, 262.

Bourgogne (Iolande, bâtarde de), fille de Philippe le Hardi, figure dans la fête du Faisan, VII, 453. — Mariée au sire de Pecquigni, 520.

Bourgogne (Anne de), fille de Jean sans Peur, 456. — Epouse le duc de Bedford, V, 132. — Obtient la grâce des prisonniers français, 146. — Sa mort, VI, 207.

Bourgogne (Isabelle de), épouse Jean, duc de Clèves, VII, 440.

Bourgogne (Antoine, bâtard de), armé chevalier devant Audenarde, VII, 360. — Prend le nom de Bâtard de Bourgogne, 381. — Un des chefs d'avant-garde à la bataille de Gavre, 425. — Favorise le mariage du comte de Charolais avec une fille du duc d'York, 463. — Fait un voyage secret à Paris, VIII, 176. — Soutient une joute à Paris, 220. — Part pour la croisade, 278. — Un des chefs devant Paris, 393. — Commande l'arrière-garde à Montlhéri, 408. — Conclut des traités à Londres, X, 451. — Prisonnier devant Nanci, XI, 40, 179, — Livré au roi, 290.

Bourgogne (Corneille, bâtard de) se trouve aux fêtes de Besançon, VII, 125. — Fait ses premières armes, 140. — Gouverneur de Luxembourg, 157. — Périt à Ruppelmonde, 381.

Bourgogne (Catherine de), mariée au fils aîné du roi de Sicile, III, 267.

Bourgogne (Catherine, bâtarde de), fille de Philippe le Bon, mariée au sire de Luxeuil, VIII, 520.

Bournezaux (Pierre de), envoyé en Écosse par le roi

Charles v, est arrêté par le comte Louis de Maile, I, 184.

Bournonville (Enguerrand de) se distingue à la bataille de Tongres, III, 205. — Tombe sur l'arrière-garde des Armagnacs, 338. — Envoyé à Dreux par Jean sans Peur, 363. — Accompagne le duc Jean à son départ de Paris, IV, 118. — Déploie la bannière de Bourgogne sur la butte des Moulins, 146. — Défend Soissons, 159. — A la tête tranchée, 163.

Bournonville (Robert de) combat à Azincourt, IV, 244.

Bournonville (Lyonnet de) aide le sire de l'Isle-Adam à prendre Paris, IV, 343. — Laissé en Hainaut par le duc Philippe pour y commander à sa place, V, 241.

Bournonville (le sire de), tué à Morat, XI, 84.

Boursier (Jean le) combat la flotte anglaise qui apportait des vivres à Bordeaux, et la met en fuite, VII, 324.

Boussac (le maréchal de) conspire contre le sire George de la Trémoille, V, 247. — Arrive au secours d'Orléans, 259. — Va à Blois pour voir la pucelle, 298. — Arrête le général Talbot lors de la prise de la Bastille Saint-Loup, 324. — Est du voyage de Reims, VI, 4. — Se distingue à la prise de Paris, 44. — Assiége la Charité, 72. — Fait lever le siége de Compiègne, 104. — Gagne un combat contre les Bourguignons, 108. — Bat le duc de Bedford, 146. — Entreprise sur Louviers, 190.

Boutillat, valet de chambre du comte de Nevers, gouverne son maître, IX, 26; XI, 307.

Bouton (messire Philippe), bailli de Dijon, ses conventions avec Louis xi, XI, 210.

Bouverie (Jean de la) répond pour le duc Maximilien au chapitre de la Toison-d'Or, XI, 398.

Brabant (le duc de) ferme les yeux sur l'esprit de sédition qui fermentait dans les états, I, 260. — Accompagne le roi de France Charles vi à son sacre, I, 214. — Se fait médiateur avec le comte de Hainault et l'évêque de Liége entre le comte de Flandre et ses sujets, 242. — Sa mort, 327.

Brabant (la duchesse de) veut marier les enfans de Bourgogne, I, 327. — Marie le roi de France, 333. — Appose son sceau sur les lettres de franchise du duc de Bourgogne pour les habitans de Gand, 364. — Sa mort, III, 80.

Brabant (Philippe, bâtard de). Son serment lors du vœu du Faisan, VII, 456.

Brabant (Antoine, bâtard de). Son serment au vœu du Faisan, VII, 456.

Brabant (le sire Pierre Clignet de), un des sept chevaliers français qui combattirent contre sept Anglais, II, 396. — Commande une des ailes de l'armée à Azincourt, 238. — Tient la campagne dans le Gatinais, IV, 95.

Brabant (le duc Philippe de). Sa mort, VI, 93.

Brabant (Jean de), frère de l'amiral, décapité, III, 367.

Brabant (le duc de, épouse Jacqueline de Haïnaut, V, 130. — Sa mort, 239.

Braine (le comte de) tombe entre les mains du Duc, III, 366.

Brandebourg (le margrave de) se rend à la diète de Ratisbonne pour la croisade, VII, 468. — S'empare de l'île du Rhin, X, 329.

Braque (Nicolas), maître des comptes, fait partie du conseil de tutelle de Charles vi, I, 210.

Braquemont (le sire Robert de) favorise l'évasion du pape Benoît xiii, II, 452.

Braquemont (le sire de) fait partie d'une ambassade à Londres, IV, 202. — Surprend la ville de Rhue, VI, 285.

Brède (le sire de), un des parlementaires de Bordeaux envoyés au comte de Dunois, VII, 324.

Brederode (Guillaume de), amiral de madame Jacquelinc, vaincu par le duc de Bourgogne, V, 241. — Amène mille hommes à Ruppelmonde à ses frais, VII, 38.

Brederode (Regnault, comte de), reçu chevalier de la Toison-d'Or, VII, 246.

Brederode (Ghisberd de), nommé évêque d'Utrecht, VII, 502.

Bressant (Pierre le), inquisiteur de la foi, persécute les Vaudois à Arras, VIII, 151 *et suiv.*

Bresse (le comte de), fils du duc de Savoie, rebelle contre son père, VIII, 281. — Arrive à Péronen, IX, 157, 253.

Bresse (de), XII, 241. — Contraint de se réfugier en Allemagne, 316.

Bressin, secrétaire du roi de Sicile, trouvé dans un cachot à Angers, X, 301.

Bressuire (Jacques de Beaumont, sire de), IX, 258. — Commande en Normandie, X, 271. — Son caractère, 304. — Fait les honneurs du festin entre le roi Louis et le roi Edouard, 383 ; XI, 240.

Brest, héraut de Bretagne, X, 227.

Bretagne (François de) succède à son père Jean v., VII, 166. — Réclame le secours du roi contre les Anglais, 292.

Bretagne (Pierre, duc de) fait emprisonner son frère Gille, VIII, 35.

Bretagne (le duc de) insulte Pierre de Bournezaux, ambassadeur de France en Ecosse, que le comte de Flandre avait fait arrêter, I, 184. — Se joint à l'armée française, 315. — Fait agréer au roi de France le traité avec les Anglais en 1383, 319. — Fait emprisonner le connétable, II, 23. — Refuse de comparaître au parlement de Paris, 42. — Assemble les gens de son conseil, 44. — Consent à venir à Paris, 52. — Condamné à rendre les villes et châteaux au connétable, 53. — N'accomplit rien de ce qu'avait prescrit la sentence du roi, 106. — Fait

grand accueil au sire de Craon banni de la cour, 112.
— Répond aux envoyés du roi, 116.— Se réconcilie avec le roi, 121. — Reçoit le sire de Craon après sa tentative d'assassinat sur le connétable, 147. — Se réconcilie avec le connétable, 232. — Célèbre les fiançailles de son fils avec Jeanne de France, 272. — Sa mort, 366.

Bretagne (Jean v, duc de) parle au conseil des princes, III, 13. — Amène ses hommes à la reine, 155. — Fait partie du conseil, 158. — En guerre avec le comte de Penthièvre, 245. — Refuse de venir à un conseil assemblé par les soins du duc de Bourgogne, 260. — Fait poursuivre la comtesse de Penthièvre, 266. — Guerre contre le duc de Bourgogne, 297. — Revêtu d'un pouvoir égal à celui du duc Jean, n'en fait aucun usage, 322. — S'entremet pour une alliance entre la France et l'Angleterre, IV, 125. — Se retire après une querelle avec le duc d'Orléans, 126. — Amène six mille Bretons à la bataille d'Azincourt, 230. — Arrive à Paris pour s'entremettre de la paix, 283. — Obligé de partir de Paris, 311. — Conclut une trêve avec le roi d'Angleterre, V, 142. — Vient aux conférences d'Amiens avec le duc de Bedfort et le duc de Bourgogne, 144. — Entrevue de Saumur avec Charles VII, 215. — Traite de nouveau avec les Anglais, 247. — Guerre avec le duc d'Alençon, VI, 197. — Reçoit l'ordre de la Toison-d'Or, VII, 73. — Sa mort, 166.

Bretagne (Gilles de). Sa mort, VIII, 36.

Bretagne (madame Catherine de) épouse Jean de Châlons, VII, 126.

Bretagne (Pierre de), ambassadeur du duc de Bretagne aux états d'Orléans, VII, 35.

Breteilles (Louis, sire de), X, 401.

Bretenous (le sire Castelnau de), X, 95.

Brézé (Jean de), capitaine de Louviers, s'empare de Pont-de-l'Arche, VII, 293.

Brézé (Pierre de), sire de la Varenne, devient puissant près de Charles VII, VII, 173. — Ambassadeur de France aux conférences de Tours, 174. — Sa faveur, 239. — Sa disgrâce, 287. — Gouverneur de Rouen, 306, 312. — Envoyé aux Gantois, 388. — Seconde disgrâce, 519. — Saisit le duc d'Alençon, VIII, 86. — Mis en jugement, 223. — Conduit deux mille hommes au secours du roi Henri VI, 243. — Périt à Montlhéri, 409.

Brichanteau (le sire) commande à la tour du Venin, VI, 372. — Sa mort, 384.

Briçonnes (Jean), maire de la ville de Tours, fait au nom de Louis XI un traité avec les Suisses, IX, 300. — Prête de grandes sommes à Louis XI, X, 107.

Bridoul (maître), secrétaire du roi, jeté dans la rivière, IV, 74.

Brienne (le comte de) se trouve à la Haye avec le comte de Charolais, VIII, 508.

Brienne (le comte de) fait partie du conseil de tutelle de Charles VI, I, 209.

Brimeu (Guy de), élevé avec le comte de Charolais, VII, 160.

Brimeu (le bâtard de), envoyé au secours de Rouen, IV, 378; VI, 154.

Brimeu (Florimond de) meurt à la bataille de Tongres, III, 280.

Brimeu (Robert), tué à la bataille de Brawhershauven, V, 235.

Brimeu (le sire de), chassé de Paris, IV, 140. — Conseiller intime de Philippe le Bon, accompagne le Duc à Troyes, V, 14. — Envoyé par le duc de Brabant aux conférences d'Amiens, 145. — Assiste aux conférences de Compiègne pour le duc Philippe, VI, 39. — Secourt les Anglais devant Pont-l'Évêque, 81. — Prisonnier, 81. — Envoyé pour réprimer les séditieux d'Amiens, 359. — Se sauve de Calais pour se soustraire à la fureur des Gantois, 403. — Battu devant le Crotoi, 452. —

Ambassadeur de Bourgogne aux états d'Orléans, VII, 35.

Briquebec (le sire de), XI, 415.

Brixen (Stassart), scoutète de Bruges, massacré par les habitans, VI, 413.

Brochausen (Regnier sire de) commande à Nimègue, X, 62.

Brosse (Paule de), XII, 101.

Brosse (Jean-Tiercelin, sieur de) ambassadeur de Louis XI auprès de l'empereur, X, 311.

Brosse (Jean de), fils du maréchal de Boussac, XII, 101.

Brosses (le sire de), donné pour otage au duc de Bretagne, IX, 231.

Bruges (Henri de), sire de Dixmude et de Heyne, mentionné dans le traité du duc Philippe le Hardi avec Gand, I, 364.

Brulard (Jacques), conseiller au Parlement, rassemble chez lui une troupe de conjurés, IV, 331.

Brunswick (Henri de) s'arrête en Bourgogne en revenant d'un pèlerinage, VII, 125.

Brunswick (Frédéric de) se met à la tête des gens de Nimègue, XII, 100.

Brunswick (le duc de), X, 275.

Brussac (le sire de) surprend Dieppe, VI, 350. — Courses en Picardie, 355. — Conduit les compagnies en Allemagne, VII, 11. — Au siége de Pontoise, 89.

Brussay (le sire Jean de) surprend la ville de Rhue, VI, 285. — Prisonnier, 286.

Bruyères (Jean des), médecin du comte d'Étampes, VIII, 255.

Bubenberg (Adrien de), capitaine de Morat, XI, 54. — Chef de l'ambassade des Suisses à Louis XI, 115. — Seconde ambassade, 316.

Buchan (le comte de) commande dans l'Anjou pour le dauphin Charles, V, 68. — Connétable de France, il marche au secours de Meulan, 139. — Tué à Verneuil, 179.

Buchan (le comte de) assiste aux funérailles du duc Philippe, VIII, 514.

Buckingam (le duc de), dernier fils d'Édouard III, débarqué à Calais, I, 194. — Envoie défier les seigneurs français par Chandos et Aquitaine, 195.

Bucq (Jean, amiral de Flandre), fait prisonnier, II, 17.

Bulle (Georges), accusé d'avoir trahi les Gantois, VII, 341.

Burdett (sir Thomas). Sa mort, XI, 393.

Burdett (sir Nicolas), fait prisonnier à la prise de Pontoise par Charles VII, VII, 101.

Bureau (Maître Jean) commande l'artillerie au siége de Meaux, VII, 24. — Trésorier de France, 288. — Envoyé contre le comte d'Armagnac Jean V, VIII, 136. — Armé chevalier au sacre de Louis XI, 202. — Est de l'expédition de Catalogne, 242.

Bureau (Gaspard), maître de l'artillerie, VII, 288. — Maire de Bordeaux, 325. — Met le siége devant Castillon, 480. — Fait partie de l'expédition de Catalogne, VIII, 242.

Bursen (le sire de), du pays de Luxembourg, blessé par un archer des gardes du corps du roi, VII, 157.

Busseul (Jacques de), membre du Parlement de Beaune, V, 114.

Bussi (Jacques de) négocie un traité entre Louis XI et le comte de Bresse, XII, 36.

Bussi (Oudard de), XI, 238. — Sa mort, 240.

C

Caboche, associé aux Legoix pour la garde de Paris, III, 323. — Echauffe le peuple contre Pierre Déssarts, maître de la Bastille, IV, 67. — Nommé commandant de Charenton, 80 — Nommé commis à la recette, 88. — Adresse la parole aux princes,

95. — Demande qu'on lise les conditions de paix de Pontoise, 104.

Cachtele (Jean de) commence une révolte à Gand, VI, 436.

Cade (Jean) se donne pour descendant du duc de Clarence, VII, 318.

Calabre (le duc Nicolas de) recherche en mariage mademoiselle de Bourgogne, IX, 408; X, 2. — Lui signe une promesse de mariage, X, 69.

Calabre (Charles d'Anjou, duc de), fils du comte du Maine, X, 303.

Calabre (Jean de), fils du roi René, épouse Marie de Bourbon, VII, 227. — Choisi pour capitaine par les Florentins, VIII, 124. — Entre dans la ligue du bien public, 379. — Amène les Lorrains au secours des Bourguignons, 425-426. — Traite avec le roi, 458. — Gagné aux intérêts du roi, 482. — Entreprend la conquête de la Catalogne, IX, 99. — Pris pour arbitre entre Louis xi et son frère, 106. — Commence la guerre contre la Bourgogne, 358. — Amène les Lombards au duc Charles, X, 135.

Calixte iii (pape). Sa mort, VIII, 121.

Cambray (maître Adam de), envoyé au duc Philippe par Charles vii, VI, 165.

Cambout (le sire du), chevalier breton, fait partie d'une troupe de chevaliers qui passent la Lys, I, 274.

Campo-Basso (le comte de), chef des Italiens devant Paris, VIII, 428. — Commande les Italiens au service du duc Charles, X, 150. — Commande en Lorraine, 419, 450. — Guerre contre les Suisses, XI, 15. — Quitte le Duc, 157. — Offre ses services au roi, 126. — Combat devant Nanci, 152, 161.

Campo-Frégoso (Jean-Baptiste de), doge de Gènes, XII, 34.

Canard (Jean), chancelier du duc de Bourgogne, accompagne Philippe à Arras, II, 6.

Candie (Pierre de), archevêque de Milan, élu pape, III, 238.

CANDORIER (Jean), maire de la Rochelle, livre la ville aux princes français, I, 150.

CANET (Jean), barbier du duc de Suffolk, va trouver les ambassadeurs de France, VI, 234.

CANNY (Robert le Flamène de), accusé de l'assassinat du duc d'Orléans, III, 87.

CANNY (le sire Albert de), envoyé en ambassade au Duc, IV, 305. — Mis à la Bastille, 312. — En est nommé capitaine, 350.

CAPELUCHE, bourreau de Paris, chef de séditieux, IV, 365. — Sa mort, 369.

CARDONNE (le comte de), ambassadeur du roi d'Aragon près de Louis XI, X, 221.

CARMOISEN (le sire de), envoyé par le connétable de Richemont au roi, V, 351.

CARNIER (le sire de) se met à la tête des communes de Normandie révoltées, VI, 351.

CARONDELET (maître) expose l'état des affaires à l'assemblée de Gand, XII, 113.

CAROUÏS (le sire de), un des sept chevaliers français contre sept Anglais, II, 396.

CARRIEUX (Pierre), accusé de vauderie et brûlé, VIII, 168.

CASSEL (Robert de), savant astronome français, X, 268.

CASSIGNI (le seigneur de), accusé de conspiration contre le duc Philippe, VI, 186.

CASTEL (Jean), religieux de Saint-Denis, chargé d'écrire les chroniques du royaume, XII, 255.

CASTELBON (le vicomte de) hérite du comte de Foix, II, 124.

CASTELLANE (les), XI, 44.

CASTELLAN (Othon) cabale contre Jacques Cœur, VIII, 12.

CASTILLE (l'infant de) épouse la fille du duc de Lancastre, II, 102.

CASTILLON (Hugues de), fils du grand-maître des arbalétriers, fiancé à la fille du sire de la Rivière, II, 189.

Castres (le comte de), fils du comte de la Marche, commande au combat de Formig, VII, 312. — Se trouve à la prise de Bordeaux, 326. — Va trouver le comte d'Armagnac Jean v. à Lectoure, VIII, 212.

Catherine, de la Rochelle, visionnaire, VI, 70. — Brûlée à Paris, 144.

Catherine de France, fille de Charles VII, fiancée au comte de Charolais, VII, 10. — Envoyée au duc de Bourgogne, 17. — Sa mort, 261.

Catherine de France épouse le roi d'Angleterre, V, 24.

Catherine, sœur du roi de France, destinée à Jean, comte de Nevers, I, 328.

Catho (Angelo), médecin du Duc, IX, 51. — Décide le prince de Tarente à quitter le Duc, 78.

Catzenellebogen (le comte de), seigneur de Darmstadt, X, 76.

Cauchon (Pierre), évêque de Beauvais, s'empresse de faire mourir une foule d'ecclésiastiques pour plaire aux Anglais, V, 94. — Chassé de la ville par les habitans, VI, 28. — Entreprend la mort de la Pucelle, 89. — Juge la Pucelle, 115. — Accompagne le roi Henri VI à son entrée à Paris, 169. — Accusé par les Parisiens d'être un des auteurs de leurs maux, 369.

Cerisais (Guillaume), greffier du parlement, X, 113.

Cervolles (messire Pierre de), envoyé en Flandre par Jean sans Peur, III, 67. — Envoyé par le duc Jean pour saisir le comte des Vertus, 362. — Chassé des places qu'il occupait, VII, 81.

Cervolles (Arnaud de), surnommé l'Archiprêtre, célèbre chef de compagnies, passe au service du roi de France, I, 120. — Le roi de France lui emprunte de l'argent, 124.

Cérizais (maître Guillaume), greffier du parlement,

gouverneur d'Angers pour Louis xi, X, 414. — Envoyé au Duc par le roi Louis, 418. — Pille Arras, XI, 245.

Chabannes (le sire de) arrive au siége d'Orléans, V, 259. — Nommé capitaine de Creil, VI, 53. — Va au siége de Pont-l'Évêque, 80.—Marche sur Mont-Didier, 108. — Ravage le Nivernais, 149. — Fait la guerre en Picardie, 262. — Défend Belleville, 269.— Met le siége devant Clermont en Beauvoisis, 336. — Arrive en Normandie, 350. — Courses en Picardie, 355. — Combat au siége de Montereau, 459. — Sa magnificence à l'entrée du roi à Paris, 459. — Conduit les compagnies en Allemagne, VII, 11. — Se met en pleine désobéissance, 50. — Se trouve au siége de Pontoise, 89.— Se querelle avec le sire de Granson, 133. — Va à la guerre contre les Suisses, 190. — Refuse d'entrer dans le parti du Dauphin, 508.

Chabannes (Gilbert de), sire de Curton, nommé chevalier de Saint-Michel, IX, 246. — Traite pour Louis xi à Bovines, XI, 206, 342. — Combat à Guinegate, XII, 75.

Chabot (le sire de) périt à la journée des Harengs, V, 264.

Chailly (le sire de), à l'attaque de la Bastille des Tournelles, V, 333. — Propose de surprendre Saint-Denis, VI, 289. — Va au siége de Montereau, 459. — Se trouve au siége de Meaux, VII, 23.

Challant (Jacques de), un des douze chevaliers nommés dans le défi du sire de Charny, VII, 127

Chalons (Jean de), allié de Marguerite de France, I, 114. — Philippe le Hardi contracte alliance avec lui, 144.—Pris par les ordres du duc de Bourgogne, II, 90. — Propose un défi au milieu d'un conseil des princes, III, 43. — Porte les plaintes du duc Jean au conseil, 75.

Chalons (Louis de), comte de Tonnerre, fait la guerre au comte Philippe de Nevers, III, 339. — Poursuivi par le parlement de Dôle, IV, 61. —

Menace Châtillon, 158. — Accompagne le roi à son entrée à Dijon, X, 145.

CHALONS (Jean de), seigneur d'Arguel, fils du prince d'Orange, épouse Catherine de Bretagne, VII, 126. — Conduit l'armée du duc d'Orléans en Italie, 274. — Porte une lance au-dessus du cercueil du duc Philippe, VIII, 514.

CHALONS (Jean de), prince d'Orange, chargé de la défense de Saint-Denis, III, 344. — Envoyé en Languedoc, IV, 333. — Sa mort, 372.

CHALUS (le sire Robert de) soutient l'honneur français en Guyenne, III, 74

CHAMBON (Jean), maître des requêtes, XII, 45.

CHAMBRE (le comte de La), nommé gouverneur de Savoie, XII, 95.

CHAMPAGNE (le sire de), un des sept chevaliers français contre sept Anglais, II, 396. — Porte le défi du duc d'Orléans au roi d'Angleterre, 399.

CHAMPS-DIVERS (messire Guillaume de) signe le traité du Ponceau, IV, 427. — Nommé dans le défi du sire de Charny, VII, 127.

CHAMPS-DIVERS (Odette de), maîtresse de Charles VI, mise en prison pour avoir tramé, avec les gens du roi, une attaque contre la Bourgogne, V, 171.

CHANDÉE (le sire de), XII, 36.

CHANDOR (Jean), tué auprès de Poitiers, I, 152.

CHANDOS, écuyer du duc de Buckingam, envoyé à Troyes, I, 195.

CHANGEUR (maître Guillaume Le), membre du parlement de Beaune, V, 114.

CHANTEREINE (le commandeur de) défend Saint-Omer, XI, 287. — Commande à Douai, XII, 66, 123.

CHAPERONS BLANCS (les), noms que se donnaient les révoltés de Gand, 1, 167.

CHARLES LE TÉMÉRAIRE, fils du duc Philippe le Bon, sa naissance, VI, 239. — Son entrée à Arras, 295. — Épouse madame Catherine de France, VII, 18. —

Vient au-devant de son père, arrivant à Bruxelles, 159. — Son premier tournois, 346. — Secourt son père à la bataille de Gavre, 432. — Serment au vœu du Faisan, 455. — Fiancé avec madame Isabelle de Bourbon, VIII, 464.—Demande une audience à son père pour accuser le sire de Croy, 182. — Assiste au sacre de Louis XI, 200. — Soutient une joute à Paris, 220. — Se rend en Bourgogne, 226. — Fait gouverneur de Normandie, 227. — Sa tristesse pendant la maladie de son père, 234. — Refuse de se rendre auprès de son père, 260. — Écrit à tous les membres des états de se trouver à Anvers pour le réconcilier avec son père, 271. — Se réconcilie, 278. — Veut répondre au chancelier de Morvilliers, 341. — S'empare de tout le gouvernement, 367. — Bataille de Montlhéri, 410. — Traite avec le roi, 457. — Retourne en Flandre, 465. — Assemble une armée, 487.—Lettre au roi, 489. — Prise de Dinant, 497. — Différens avec le roi, 506.—Cherche à réconcilier le duc de Gueldres et son fils, 507. — Son désespoir à la mort de son père, 512. — Son entrée à Gand, IX, 1. — Forme une nouvelle ligue contre le roi, 71. — Son administration, 90. — Chapitre de la Toison-d'Or, 93. — Refuse de traiter avec Louis XI, 148.— Soumet les Liégeois, 185. — Conclut un traité avec le roi de Bohème, 205. — Envoie le sire de Comines à sir John Wenloch, 262. — Écrit au roi, au parlement, etc., 263. — Son discours aux ambassadeurs de Louis XI, 285. — Ses embarras en apprenant la fuite du roi Edouard dans la Hollande, 309. — Lettre au comte de Dammartin, 347. — S'empare de Péquigny, 367.—Fait une trêve avec le roi, 374. — Entre en France, X, 5.—Acquiert le duché de Gueldre, 56.— Veut s'emparer de la Lorraine, 72. — Entrevue avec l'empereur, 76. — Est excommunié, 118. — Passe en Alsace, 139. — Son entrée à Dijon, 144. — Quitte la Bourgogne, 177. — Écrit aux Suisses, 197.—Traite avec le roi d'Angleterre,

228. — Assiége Neuss, 236. — Lève le siége, 330. — Reçoit le roi Edouard à Calais, 352. — Retour chez le roi Edouard, 379. — Traité contre le connétable, 415. — Prend possession de la Lorraine, 451.—Se met en marche contre les Suisses, 467. — Sa fuite après la bataille de Granson, XI, 28. — Ce qu'il fit après sa défaite, 48. — Fait saisir la duchesse de Savoie, 90. — Bataille de Nanci, 142.

Charles, dauphin de Viennois, ajourné devant le parlement, à raison de l'assassinat du duc de Bourgogne, V, 63. — Reçoit les instructions de Louis xi, XII, 257, 261.

Charles iv (l'empereur) fait un voyage en France, I, 162.

Charles v se retire à la bataille de Poitiers, I, 103. — Paraît ne pas hâter la délivrance de son père, 104. — Sacré à Reims, 105. — Publie les lettres de donation du duché de Bourgogne au duc de Touraine, *ib*. — Médiateur entre le duc de Touraine et Marguerite de France, 115. — Ajourne le prince de Galles devant le parlement de Paris, 139, puis déclare la guerre au roi d'Angleterre, *ib*. — Se prépare à porter une forte armée en Angleterre, 140. — Licencie son armée, 142. — Sa mort, 206.

Charles vi, roi de France, est sacré à Reims, I, 214. — Décide la guerre contre la Flandre, 263. — Fait raser la ville de Courtrai, 291. — Après une cérémonie imposante, pardonne aux habitans de Paris, 305. — Épouse Isabelle de Bavière, 334. — Quitte Paris pour suivre l'expédition d'Angleterre, II, 9.— Effrayé par un saint ermite veut ôter les aides, 15. — Se prépare à faire la guerre au duc de Gueldres, 53. — Assemble un conseil à Reims ; déclaré capable de régner par lui-même, 66. — Donne de grandes fêtes, 71 *et suiv*.—Fait célébrer un service mortuaire au connétable Du Guesclin, 73. — Se déguise avec le sire de Savoisy pour voir l'entrée de la reine à

Paris, 79 — Remporte le prix de la joute, 80. — Se décide à visiter le Languedoc, 81. — Prépare la guerre contre le pape Urbain vi, 99. — Promet sa fille au fils du duc de Bretagne, 122. — Conférences d'Amiens, 130. — Y tombe malade, 137. — Sa visite au connétable qui venait d'être assailli par messire de Craon, 143. — Poursuites qu'il ordonne à ce sujet, 144. — Se décide à faire la guerre au duc de Bretagne, 148. — Donne le duché d'Orléans à son frère, 151. — Tombe en délire, 158. — Conjecture que fait le peuple sur la cause de sa maladie, 164. — Ordonne au parlement de lui apporter les pièces du procès des anciens conseillers, 191. — Apporte au parlement l'ordonnance qui règle l'administration du royaume, en cas de mort du roi, 192. — Mascarade de l'hôtel Saint-Paul, 193. — Retombe malade, 208. — Fait mettre en liberté les sires de Noviant et de la Rivière, 216. — Ecrit aux cardinaux, 226. — Donne sa procuration pour le mariage de sa fille avec le roi d'Angleterre, 248. — La marie, 272. — Ordonne la soustraction d'obéissance, 338. — Ordonnance sur l'administration des finances, 376. — On le laisse se livrer à des débauches honteuses, 391. — Donne la direction des affaires au duc de Bourgogne, 393. — Ordonne la formation d'un nouveau conseil d'état, 433. — Ecoute le sermon de Jacques Legrand, III, 21. — Assemble un conseil solennel, 29. — Défend que les princes aient recours aux armes, 46. — Abandon où il était laissé, 55. — Ordonnance qui défend de rien prendre chez les marchands sans payer, 79. — Voyage de Tours, 221. — Retour à Paris, 237. — Apprend la mort de sire de Montaigu, 260. — Tient un solennel lit de justice, 261. — Sa réponse aux envoyés des ducs d'Orléans et de Berri, 282. — Se décide à aller en personne combattre les Armagnacs, 288. — Fait défendre à tous les seigneurs, sous peine de confiscation, de prendre les armes, 303. — Va s'enfermer au Louvre, 325.

— Revient à la raison, 370. — Confirme toutes les confiscations contre les Armagnacs, *ibid.* — Pleure quand il apprend que les Orléanais veulent le détrôner, 377. — Part de Paris contre les Orléanais, IV, 1. — Met le siége devant Bourges, 6. — Revient à Melun, 24. — Va en procession à Notre-Dame, 80. — Donne des lettres qui traitent de loyaux sujets les séditieux de Paris, 85. — Annule tous les actes contraires au duc d'Orléans, 120. — Signe des lettres contre le duc de Bourgogne, 148. — Marche contre le Duc, 151. — Siége de Compiègne, 153. — Va en pèlerinage à Notre-Dame-de-Liesse, 165. — Refuse d'accorder la paix au duc Jean, 167. — Revient à Paris très-malade, 181. — Marche contre les Anglais, 223. — Prononce une absolution générale et offre une pension au duc Jean, 251. — Permet à ses sujets de courir sus aux gens des compagnies, 270. — Son conseil envoie des ambassadeurs au dauphin Jean et au comte de Hainaut, pour faire revenir le jeune prince, 280. — Confirme le traité de Ponceau, 428. — Constitue le roi d'Angleterre son héritier, V. 16. — Traité de Troyes, 23. — Sa mort, 115.

CHARLES VII, roi de France, apprend la mort de son père, V, 121. — Couronné à Poitiers, 122. — Fait remettre aux commandans de l'armée l'argent pour la part des hommes d'armes, 139. — Est blessé à la Rochelle par la chûte d'un plancher, 141. — Paye la rançon de Saintraille, 159. — Reçoit d'Ecosse des renforts considérables, 163. — Son conseil ne veut pas qu'il assiste à la bataille de Verneuil, 177. — Se réconcilie avec le duc de Bretagne, 215. — Fait proposer la paix au duc Philippe le Bon, 217. — Ordonne qu'on poursuive les meurtriers du conseiller Beaulieu, 245. — Abandonné d'une grande partie des seigneurs, 253. — Mauvais état de ses finances, 254. — Etablit son séjour à Chinon, 258. — S'engage à céder le comté d'Evreux au roi d'Ecosse, 259. — Consent à ce que Jeanne d'Arc lui soit pré-

sentée, 287. — S'entretient souvent avec elle, 289.
— Arrive à Poitiers avec elle, 290. — Retourne à
Chinon, 297. — Va au siége de Troyes, VI, 5. —
Paye la rançon des habitans qu'on emmenait prisonniers, 10. — Fait son entrée à Reims et y est
sacré, 11. — Va en pèlerinage à Corbeny, 16. —
Va à Soissons, *ib.* — Arrive à Provins, 17. — Reçoit un défi du duc de Bedfort, 18. — Commande
l'armée à Senlis, 29. — Traite avec le duc de Bourgogne, 35. — Refuse de donner des otages pour la
sûreté du traité, 40. — Attaque Paris, 43. — Retourne vers la Loire, 52. — Entame de nouvelles
négociations avec le duc de Bourgogne, 162. — Envoie des renforts à la garnison de Cagny, 194. —
Protecteur du concile de Bâle, 247. — Quitte la
Loire pour tenir les états de Languedoc, 256. —
Envoie des ambassadeurs aux conférences de Nevers, 276. — Aux conférences d'Arras, 293. — Fait
assembler les trois états du royaume, 337. — Tient
les états de Languedoc à Vienne, 455. — Commande
en personne au siége de Montereau, 459. — Monte
un des premiers à l'assaut, 461. — Défend le pillage des églises, *ib.* — Fait son entrée à Paris, 462.
— Quitte Paris, VII, 1. — Ordonne qu'on rende
la liberté à La Hire, 8. — Envoie madame Catherine
au duc de Bourgogne, 17. — Va à Orléans pour y
tenir les états du royaume, 34. — Ordonnance qu'il
rend concernant les gens d'armes, 38. — Envoie le
sire de Gaucourt et Saintraille secourir le connétable devant Avranches, 47. — Montre beaucoup de
fermeté contre le Dauphin, 52. — Va à Poitiers, 53.
— Refuse de voir le Dauphin, 59. — Lui pardonne,
60. — Réponse sévère qu'il fait à son fils, 62. —
Lui donne le gouvernement du Dauphiné, 63. —
Se rend à Bourges, 79. — Secourt Louviers, 80. —
Se rend sur les marches de Bourgogne, 81. — Reçoit la visite de la duchesse de Bourgogne à Laon,
84. — Va mettre le siége devant Creil, 87. — Se
montre dans toute sa puissance, 89. — Assiége Pon-

toise, 90. — Se rend à Poissy, 96. — Vient à Saint-Denis, 97. — Retourne au siége de Pontoise, 99. — Commande lui-même les attaques, 100. — Prend la ville et distribue des récompenses, 101. — Revient à Paris, 102. — Remontrances qui lui sont faites par les princes, 103 *et suiv.* — Témoigne l'intention de soulager son peuple, 112. — Réponses qu'il fait aux remontrances des princes, 113 *et suiv.* — Réception qu'il fait au duc et à la duchesse d'Orléans, 119.— Va passer l'hiver à Montauban,161. — Se rend à Toulouse, 162. — Va à Poitiers, 165. — Nomme le Dauphin son lieutenant dans les pays entre la Seine et la Somme, *ib.* — Trvée avec l'Angleterre, 172. — Rassemble une grande armée pour assiéger Metz et faire la guerre aux Suisses, 193. — Faveur d'Agnès Sorel, 217. — Conférence avec la duchesse de Bourgogne, 224. — Demande réparation aux Anglais du dommage causé au duc de Bretagne, 292. — Envoie une ambassade au duc de Bourgogne, 294. — Rassemble une armée pour faire la conquête de la Normandie, 297. — Fait son entrée à Rouen, 304. — Met le siége devant Harfleur, 308. — Est très-affligé de la mort d'Agnès Sorel, 311. — Commande en personne au siége de Caen, 316. — Assiége Falaise, 317. — Nomme le comte de Dunois son lieutenant général à l'armée de Guyenne, 323. — Réponse qu'il fait aux envoyés de Bourgogne, 348. — Reçoit une lettre des Gantois, 382. — Leur envoie des ambassadeurs, 388. — Donne son consentement au mariage du comte de Charolais, 472. — Conclut un traité avec le duc de Savoie, 479. — S'occupe des biens publics de son royaume, 491. — Discorde entre le roi et le Dauphin, 507. — Refuse de donner son consentement au mariage du Dauphin avec madame Charlotte de Savoie, VIII, 2. — Très-offensé de ce que son fils conclut ce mariage, 4. — Déclare la guerre au duc de Savoie, 5. — Voyage en Guyenne, 6. — Ordonne que tout ce qui reste des biens de Jacques Cœur soit remis à ses enfans, 20. — Prend en faveur madame de Villequiers, 22. — Use de toute sa puissance pour faire rentrer son fils dans l'obéissance, 28. — Entre en Dauphiné, 60. — Convoque son parlement pour procéder au jugement du duc d'Alençon, 96. — Reçoit l'hommage du duc de Bretagne, 109. — Envoie des troupes contre le comte d'Armagnac qui s'était révolté contre lui, 136. — Envoie une nouvelle ambassade au Dauphin, 137. — Nouvelles négociations avec le Dauphin, 186. — Apporte tous ses soins à la paix du royaume, 189. — Sa maladie, 191. — Sa mort, 193.

Charles le Bouteiller fait prisonnier le duc de Clarence à la bataille de Baugé, V, 68. — Y périt, *ib.*

Charles le Mauvais, roi de Navarre, fait la guerre au roi de France, I, 116. — Soupçonné de toutes sortes de crimes, 163.

Charlemagne, I, 96.

Charlotte de Savoie, épouse Louis xi, VIII, 1. — Se rend en Brabant auprès de son mari, 63. — Rend visite au duc Philippe, 294.

Charluz (Monsieur de), X, 223.

Charny (le sire de) assiste aux conférences de Compiègne de la part du duc Philippe, VI, 39. — Joute à Arras, 66. — Fait maréchal de Bourgogne, 184. — Assiége Villefranche, 268. — Signe la trêve de Nevers, 274. — Assiste aux conférences de Nevers, 275. — Amène un secours au duc Philippe pour réduire les Gantois, 417. — Se trouve aux fêtes de Besançon, VII, 125. — Fait publier un tournois par toute la chrétienté, 127. — Est fait prisonnier, 428.

Chartier (maître), poëte, secrétaire de Charles vi, à qui la dauphine Marguerite d'Ecosse donne un baiser dans son sommeil, VII, 235.

Chartier (maître Guillaume), évêque de Paris; remontrances à Louis xi, VIII, 424.

CHARTRES (Régnault de), archevêque de Reims, chancelier de France, interroge la Pucelle, V, 291.

CHARTRES (Hector de), massacré à Paris, IV, 365.

CHASTELLUX (le seigneur de) aide le sire de l'Ile-Adam à prendre Paris, IV, 343. — Assiste à un conseil tenu au Louvre, 350. — Nommé maréchal de France, 353. — Défend Saint-Denis, 432. — Combat avec le duc Philippe-le-Bon à Crespy, V, 15. — Défend le fort de Crevant, 150. — Se trouve au combat de Chappes, VI, 111. — Assiste aux conférences d'Auxerre, 179.

CHASSA (Jean de). Son serment au vœu du Faisan, VII, 457. — Se retire en France, IX, 430.

CHASSAIGNE (Jean de), président au parlement de Bordeaux, IX, 430.

CHASTELLIER (Jacques du), évêque de Paris, VI, 369.

CHATEAU-MORAND (le sire de) envoyé pour prendre le connétable, II, 176. — Envoyé à Bajazet, 310.

CHATEAUBRIANT (le sire de) fait la guerre aux Anglais, III, 7.

CHATEAUNEUF (Antoine de) favori de Louis XI, VIII, 221.

CHATEAU-VILLAIN (le sire de) traite avec le roi de France, VI, 183. — Tient la campagne en Bourgogne, 211. — Ravage la Bourgogne, 228.

CHATEAU-GUYON (Hugues de) commande à Morat, XI, 77. — Prisonnier devant Nanci, 154. — Fait prisonnier devant Gray, 311. — Rend Poligni, XII, 62.

CHATELET (le sire du) fait la guerre de Lorraine, VI, 156. — Se porte garant pour le duc René, 178. — Armé chevalier à Gavre, VII, 427.

CHATELLERAULT (le sire de) amène ses gens au secours du duc d'Orléans, III, 50.

CHATILLON (le sire de) fait grand-amiral de France, III, 147. — Quitte Paris pour n'être pas témoin des désordres des bouchers, IV, 86. — Veut défendre Reims contre Charles VII, VI, 11. — Se renterme à Château-Thierry, 17. — Envoyé contre le sire de Barbazan, 112. — Se trouve au siége de Meaux, VII, 23. — Vient au siége de Pontoise, 89. — Envoyé contre le comte d'Armagnac, 170. — Suit le parti du Dauphin, 508. — Nommé gouverneur du Dauphiné par le roi, VIII, 60.

Chancey (maître de), envoyé de Bourgogne aux conférences d'Auxerre, VI, 179.

Chaudion (l'écuyer), XII, 87.

Chaumergis (Jean de) nommé dans le défi du sire de Charny, VII 127. — Presse le duc de Bourgogne d'arriver à la prise de Luxembourg, 152.

Chaumergis (la dame de), maîtresse de Louis XI, XII, 65.

Chaumont (Louis d'Amboise, sire de), gouverneur de Champagne, XI, 110. — Entre en Bourgogne, 187. — Nommé gouverneur de Bourgogne, 328. — Sa conduite, 417. — Siége de Dôle, XII, 59. — Marche contre le Luxembourg, 108, 111. — Reprend Virton, 122.

Chaumont (Denis de) cherche à soulever le peuple de Paris, IV, 67. — Nommé commandant de Saint-Cloud, 80. — Entre dans le conseil du roi pour s'opposer à la paix, 95, 187. — Arrête le sire de La Trémoille, VI, 224. — Chassé de la cour, 226. — Armé chevalier, 260. — Engage le Dauphin à se révolter contre son père, VII, 50. — Entre dans la ligue du bien public, VIII, 378.

Chauvet (maître Jean), procureur général, ambassadeur du roi aux Gantois, VII, 388.

Chauvin, chevalier de Bretagne ; sa mort, XII, 328.

Chazeron (Oudard de) assiste à l'entrée de Philippe le Hardi à Arras, II, 6.

Cheinie (sir John), grand-écuyer, reçoit une pension de Louis XI, X, 276. — Laissé pour otage par le roi d'Angleterre, 396 ; XI, 253.

Chesnay (Régnault des), mentionné dans les instructions du roi, X, 290.

Chevalier (maître) siége au conseil du roi. VIII, 185. — Trésorier de France, prend possession des villes de la Somme pour Louis XI, 335.

Chevalart (Louis de); son serment au vœu du Faisan, VII, 457.

Chevreuse (le seigneur de) chargé par Charles VI de faire une enquête sur les exactions du duc de Berri en Languedoc, II, 87. — Aide le sire de l'Ile-Adam à prendre Paris, IV, 343.

Chevrot (Jean), archidiacre de Rouen, conseiller du Duc, nommé évêque de Tournay, VI, 216. — Engage le comte de Charolais à se réconcilier avec son père, VIII, 273. — Excite le duc Philippe à partir pour la croisade, 309.

Chiseval (le sire de) envoyé par le duc Charles pour confirmer les traités avec l'Angleterre, IX, 312.

Chizé (le sire Guichard de), capitaine de Meaux, V, 81. — Refuse les offres de services que lui fait faire le roi d'Angleterre, 94.

Choiseul (le sire de) se bat en Flandre, III, 67. — défend la duchesse de Bourgogne, IV, 158.

Chosat (Jean), maître des comptes de Bourgogne, membre du parlement de Beaune, V, 114.

Chouart (maître Jean), lieutenant civil de Paris, député aux Parisiens, VIII, 433.

Chrétien Ier, roi de Danemarck, fait un pèlerinage à Rome, X, 273.

Chypre (le cardinal de) rapporte que les Français persistent dans leur proposition, VI, 302.

Chypre (le roi de) s'entremet auprès de Bajazet pour traiter de la rançon des prisonniers français, II, 316.

Cirasse (Guillaume), charpentier, se prononce fortement pour la paix devant les bouchers, IV, 106. — Nommé échevin, 114.

Citaux (l'abbé de) est chargé d'une commission près du roi, I, 145.

Clamecy (Gilles de), élu prevôt de Paris, IV, 430.
Clarence (le duc de), fils de Henri IV, roi d'Angleterre, fait la guerre en Normandie, IV, 21. — Vient aux conférences de Meulan, 407. — Nommé capitaine de Paris, V, 55. — Battu à Baugé, 68. — Y périt, *ib.*
Clarence (le duc de), frère du roi Édouard, épouse la fille du comte de Warwick, IX, 256. — Se réfugie en France, 263. — Trahit Warwick, et passe du côté du roi Edouard, 379 — Assiste à l'entrevue de Péquigny, X, 388; XI, 253. — Sa mort.
Clarence (le bâtard de) arrive trop tard au secours des Anglais à la bataille de Baugé, V, 69.
Claret (Pierre), maître d'hôtel de Louis XI, passe en Angleterre, XI, 257.
Clary (le sire de), chevalier languedocien, défie le sire de Courtenay, chevalier anglais, I, 308.
Claux le Canonnier, envoyé par Louis en Roussillon, X, 224.
Clémengis (maître Nicolas), docteur de l'Université, fait un traité sur le schisme qui désolait l'Eglise, II, 225.
Clément VII, cardinal de Genève, élu pape à Fondi, établit le siége pontifical à Avignon, I, 157. — Ses excès et ses déprédations, 365. — Sa colère quand il lit les remontrances de l'Université. Sa mort, II, 26.
Clermont (le comte de), fils du duc de Bourbon, fait ses premières armes en Limousin, III, 11. — Amène ses gens au duc d'Orléans, 50. — Quitte son armée pour aller aux fêtes de Paris, 68. — Met en déroute le sire Aimé de Viry, révolté contre son père, 240. — Assiste aux noces du duc de Brabant, 244. — Guerre contre le duc de Bourgogne, 269. — Ses serviteurs refusent de laisser chasser le roi, 275. — Prend le titre de duc de Bourbon après la mort de son père, 300. — Va au-devant du duc d'Orléans,

aux conférences d'Auxerre, IV, 22. — Assiste à une assemblée des trois royaumes, 32. — Est dans l'armée du roi devant Compiègne, 156. — Jeté en bas des échelles au siége de Soissons, 162. — Signe avec répugnance la paix d'Arras, 180. — Fait échouer un complot des Bourguignons, 188. — Marche contre les Anglais, 227. — Prisonnier à Azincourt, 246. — Meurt en Angleterre, VI, 256.

Clermont (le comte de), fils du duc de Bourbon, se trouve aux conférences de Saumur, V, 215. — Entre dans la cabale du sire du Giac, 221. — Conspire contre le sire George de La Trémoille, 248. — Mandé au secours d'Orléans, 257. — Entre dans Orléans et s'y fait armer chevalier, 265. — Battu par les Anglais, 264. — Assiste aux conférences de Compiègne, VI, 39. — Reste en bataille pendant l'attaque de Paris, 49. — Rencontré devant Senlis avec le duc Philippe, 54. — Laisse le commandement, sur les bornes de la Champagne, au comte de Vendôme, 67. — Marche sur Montdidier, 108. — Ravage le Charolais, 148. — Trêve conclue avec le duc Philippe, 164. — Reprend les armes et rentre dans le Charolais, 255. — Prend le titre de duc de Bourbon après la mort de son père, traite de nouveau, 269. — Conférences de Nevers, 271. — Ambassadeur du roi de France aux conférences d'Arras, 293. — Vient trouver le duc Philippe à Lille pour traiter de la liberté du roi René, 423. — Va aux états d'Orléans, VII, 36. — Tient le parti du Dauphin dans la guerre de la Praguerie, 49. — Se réconcilie avec le roi, 62. — Se rend à l'assemblée de Nevers, 104. — Chargé de porter des secours à la ville de Valognes, 311. — Entre dans le pays de Médoc à la tête d'une armée, VII, 489. — Louis XI lui donne le revenu des greniers à sel de Bourbonnais et d'Auvergne, IX, 215. — Nommé chevalier de Saint-Michel, 246. — Assiste à l'entrevue de Péquigny, X, 388. — Information contre lui, XII, 104.

CLÈVES (Engelbert de), frère du roi Jean, capitaine d'Utrecht, XII, 234.

CLÈVES (le duc de) vient à la cour de Bourgogne, IX, 203. — Promet son appui au Sanglier des Ardennes, XII, 251.

CLÈVES (Jean, fils du duc de), lieutenant du duc Charles dans le comté de Bourgogne, XI, 190, 217.

CLÈVES (le damoiseau de) aux conférences d'Arras, VI, 292. — Gagne le prix dans une joute, VII, 75. — Figure aux fêtes de Besançon, 125.

CLÈVES (Adolphe de) fait ses premières armes au Luxembourg, VII, 141. — Accompagne la duchesse de Bourgogne à Châlons, 227. — Reçu chevalier de la Toison-d'Or, 344. — Tenant d'une joute à la fête du Faisan, 448. — Assiste au sacre de Louis XI, VIII, 200. — Soutient une joute à Paris, 220. — Un des chefs devant Paris, 392. — Est mandé par le duc pour marcher contre les Liégeois, 466. — Conduit le deuil du duc Philippe, 514.

CLÈVES (Marie de) épouse le duc d'Orléans, VII, 70.

CLÈVES (Jean de) fait ses premières armes au Luxembourg, VII, 141. — Querelle avec l'archevêque de Cologne, VII, 261. — Reçu chevalier de la Toison-d'Or, 344. — Vient au secours du duc Philippe contre les Gantois, 352. — Fait partie de l'arrière-garde à Rupelmonde, 375. — Épouse madame Isabelle de Bourgogne, 440. — Son serment au vœu du Faisan, 455. — Un des ambassadeurs du duc Philippe au pape, VIII, 122. — Assiste au sacre de Louis XI, 200. — Suit le duc Philippe contre les Liégeois, 466.

CLIFFORD (le comte de), envoyé par le roi Henri V à Paris, V, 72. — Périt devant Meaux, 89.

CLIFTON (sir Gervais) fait prisonnier, VII, 101.

CLINTON (Thomas) pris par les Français, V, 157.

CLISSON (le sire de) déconseille l'expédition de Charles V pour l'Angleterre, I, 141. — Admis au conseil de tutelle de Charles VI, 209. — Commande le festin du sacre de Charles VI, 215. — Dirige l'armée du roi de France contre la Flandre, 271, 266. — La garde du jeune roi lui est confiée, 284. — Député aux Parisiens au retour de la guerre de Flandre, 96. — Conseille une grande entreprise contre les Anglais, 343. — Assemble une flotte en Bretagne, II, 3. — Prisonnier du duc de Bretagne, 23. — Délivré, fait ses plaintes au roi, 33 *et suiv.* — S'empare de Saint-Malo et de Saint-Mathieu, 44. — Devient puissant près du roi, 67. — Se fait justice à main armée dans le duché de Bretagne, 107. — Tient un état pompeux à Tours, 120. — Blessé par le sire de Craon, 140. — Propos qu'on tient sur lui, 153. — Se retire à Montlhéri, 175. — Condamné comme traître à la couronne, 179. — Refuse d'envoyer l'épée de connétable, 182. — Fait la guerre au duc de Bretagne, 211. — Montre son désintéressement à l'occasion d'un propos de sa fille, 367. — Fait la guerre aux Anglais, 440. — Bat les Anglais, III, 9.

Clugny (maître Jean de), maître des requêtes, envoyé à Charles VII, par le duc Philippe au sujet du dauphin, VIII, 45.

Clugny (messire Guillaume), envoyé par le comte de Charolais au roi Edouard, VIII, 424.

Cluni (le protonotaire de), XI, 213. — Emprisonné par les Gantois, 225, 407.

Coaraze (le sire) se distingue à la délivrance d'Orléans, V, 329.

Coesmerel (Tanneguy), bâtard de la maison de Tanneguy-Duchâtel, porte un des éperons du duc Jean en souvenir de sa mort, IV, 447. — Est écartelé, V, 65.

Coétivi (messire Olivier de), frère de l'amiral, nommé sénéchal de Guyenne, VII, 327. — Capitaine de Bordeaux. Il est livré aux Anglais par les habitans, 479.

Coétivy (le sire de), amiral. Envoyé pour arrêter le sire

George de La Trémoille, VI, 223. — Armé chevalier, 260. — Combat au siége de Montereau, 459. — Se trouve au siége de Meaux, VII, 23. — Vient avec le roi au siége de Pontoise, 89. — Éloigné de la cour, 174. — Combat à Formigni, 312. — Tué devant Cherbourg, 317.

COETMEN (Olivier de), gouverneur d'Arras, XII, 285.

COEUR (Jacques) gouverne les finances de Charles VII, VII, 288. — Exécuteur testamentaire d'Agnès Sorel, 311. — Son procès, VIII, 12.

COEUR (Jean), archevêque de Bourges, implore la clémence du roi pour son père, VIII, 13.

COHEN (le sire de) part pour la croisade, VIII, 279. — Veut la soumission d'Aire, XII, 243.

COHENS (le seigneur de) emmène les parisiens au siége de Montlhery, IV, 368. — Capitaine d'Amiens, assailli par les gens de la ville en faisant sa ronde, V, 74.

COITTIER (Jacques), médecin de Louis XI. Comment il agit avec le roi, XII, 331, 351.

COL (Gontier) envoyé au duc de Berry, III, 276. — En Angleterre, IV, 126. — De nouveau, 202.

COLÉONE (Barthélemi), chef de l'armée de Venise, refuse de s'engager au service de Bourgogne, X, 150.

COLOMBIER (Henri de), envoyé en Suisse par le comte de Romont, X, 163.

COLLINET, tailleur d'habits, dépêché par Jean de Chassa, au bâtard Beaudoin, IX, 338. — Mis à mort, 339.

COLINET, maître de cuisine du roi, X, 154.

COLOGNE (l'archevêque de), frère du duc de Juliers, présente celui-ci au roi de France, II, 59.

COLONNA (Jacques-Baptiste) dirige la recherche du corps du duc Charles, XI, 157.

COLWERLIE (sire Hugues de), un des principaux chevaliers de l'armée de l'évêque de Norwich. Sa remontrance à l'évêque, I, 312.

COMBOUR (le sire de) défend Saint-Cloud, III, 357.

Combronne (le sire de) commande l'armée d'Auvergne, XI, 313.

Comines (Nicolas de), banni de Flandre par les gens de Bruges, VI, 416.

Comines (le sire Jean de) accompagne le duc à Troyes, V, 14. — Commande les gens d'Ipres au siége de Calais, 391.

Comines (le sire Colard de) commande les Gantois au siége de Calais, VI, 391. — Capitaine de Gand, 418. — Fait son entrée à Bruges, 448. — Un de ceux qui portent le corps du duc Philippe le Bon, VIII, 514.

Comines (Philippe de) adoucit la colère du duc Charles à l'entrevue de Péronne, IX, 159. — Envoyé à Calais, 309. — Passe au service du roi, X, 37. — Ses conseils à Louis XI, 204. — Envoyé à Montdidier pour parlementer, 320. — Son entrevue avec le valet du sieur des Halles, 361. — Averti le roi que les Anglais entrent en foule à Amiens, 385. — Chargé de soumettre l'Artois à Louis XI, XI, 185, 201. — Envoyé en Bretagne, 207, 256, 355, 406. — Envoyé au pape, XII, 14. — Sa manière de penser sur Louis XI, 355.

Commarin (le seigneur de), membre du parlement de Beaune, V, 113.

Commerci (le damoiseau de) offre ses services à Charles VII, VI, 16. — Fait la guerre en Lorraine, 156. — Ravage la Bourgogne, 228, 354. — Va au siége de Dieppe, VII, 165.

Comminges (le maréchal de) fait partie des troupes envoyées en Catalogne, VIII, 242.

Comminges (le sire de) garde son indépendance contre les Anglais, I, 138.

Comminges (Marguerite de), unique héritière du comte de Comminges, VII, 161.

Comnène (David), empereur de Trébisonde, envoie un ambassadeur en France avec frère Louis, VIII, 180.

ALPHABÉTIQUE. 155

Compaing (Guillaume), conseiller au parlement, envoyé par Louis XI au comte de Charolais, VIII, 490.

Conches (le seigneur de), appelé à un conseil par la duchesse de Bourgogne, III, 271.

Concressault (le sire de), chargé par Louis XI de parler au comte de Warwick, IX, 275.

Condé (Michel de), prisonnier à Guinegate, XII, 76.

Condé (le bâtard de), XI, 399, 401.

Condé (la dame de), XI, 399.

Conflans (le sire de), prisonnier à la bataille de Mons en Vimeu, V, 80. — Bat les Anglais à La Croissette, VI, 112.

Connecte (Thomas), moine, se rend célèbre par ses sermons, V, 301. — Brûlé comme hérétique, 302.

Constantinople (prise de), VII, 441.

Contai (le sire de), rend Corbie, X, 320. — Défend Arras, 337. — Traite pour le duc Charles, 408. — Envoyé au roi Louis, XI, 49. — Combat devant Nanci, 151.

Contes (Louis de) mis au service de la Pucelle comme page, V, 296.

Coolbrant (Éloi) cherche à exciter le trouble chez les Gantois, VII, 337.

Coperel (maître Oudard), ambassadeur de Bourgogne à Tours, VII, 174.

Coperole, syndic des chaussetiers de Gand, favorable à Louis XI, XII, 238.

Coquel (Mahiot), tué dans un combat judiciaire, VII, 500.

Corbie (Arnaud de), président au parlement, admis au conseil, etc., I, 209. — Chancelier de France, donne son avis sur le mariage d'Isabelle de France, avec le roi d'Angleterre, II, 240. — Destitué, 349. — Dispute avec le sire de Ollehain, IV, 59.

Corbie (maître Philippe de), accusé par le duc Jean, IV, 309.

Corneille (Martin), échevin d'Arras, accusé comme Vaudois, se sauve à Paris, VIII, 164.

Cornouaille (Jean de), beau-frère du roi d'Angleterre, combat en champ clos, III, 241.

Cornwallis (le seigneur de) poursuit la garnison de Roye, V, 12. — Blessé au siége de Meaux, 89. — Accompagne le duc d'Orléans retournant en France, VII, 68.

Cossa (Jean de), gouverneur pour le roi René du duché de Bar, arrive à Paris, X, 303. — Repartie au roi Louis, XI, 42.

Cothebrune (le sire de) joute devant Arras, IV, 173. — Signe le traité du Ponceau, 427. — Se déclare contre Louis xi, XI, 251. — Prisonnier à Verdun, 421.

Coucy (Enguerrand, sire de) vend des pierreries pour onze mille francs à Philippe le Hardi, I, 135. — Brille aux noces du Duc, *ib.* — Se trouve à l'armée devant Troyes, 195. — Admis au conseil de tutelle de Charles vi, 209. — Apaise le peuple de Paris, 225. — Donne des conseils pour le passage de la Lys, 271. — Chargé de remplir la place de connétable, 284. — Envoyé aux Parisiens au retour de la guerre de Flandre, 296. — Fait des courses contre les Anglais, II, 16. — Envoyé au duc de Bretagne, 48. — A une grande part dans le gouvernement, 67. — Se croise contre les Sarrasins, 93. — Se range à l'avis du duc de Berri, 121. — Choisi par le duc de Touraine pour négocier auprès du comte de Blois, 127. — Suit le roi à la guerre de Bretagne, 157. — Envoyé pour prendre le connétable, 176. — Refuse l'épée de connétable, 182. — Va en Hongrie, 257. — Fait un coup de main sur les Turcs, 291. — Répond à une insulte du connétable, 296. — Fait prisonnier à Nicopolis, 302. — Meurt à Burse, 315.

Coucy (le seigneur de) assiste à la guerre contre les Navarrois, I, 118.

Coucy (la demoiselle de) épouse le comte Philippe de Nevers, III, 238.

Coulon (Guillaume de Casenove, dit), vice-amiral de France, X, 268. — Bat les Hollandais, XII, 90.

Coulonges (le baron de) assiste à la prise de la bastille Saint-Loup, V, 324.

Coupigny (le duc de) promet de gagner le sire de Beveren au moyen de fortes sommes, XII, 243.

Courcelles (maître Thomas de), ambassadeur de France au concile de Mantoue, VIII, 125.

Courcillon (Guillaume de), fauconnier du Dauphin Louis XI, envoyé au roi par le Dauphin, VIII, 28. — Envoyé au roi Réné, IX, 99. — Envoyé en ambassade au duc de Bourgogne, 278.

Courcy (la dame de) accompagne la reine Isabelle de France en Angleterre, II, 277. — Revient d'Angleterre, 358.

Courtebotte (maître), musicien du duc d'Aquitaine, massacré, IV, 74.

Courtecuisse (maître), docteur en théologie, déclare Benoît XIII hérétique, III, 151. — Prêche contre le duc Jean, IV, 190.

Courte-Heuse (Scaz de), valet de la reine Isabelle, avertit le duc d'Orléans de se rendre chez le roi, III, 82.

Courtemisse (maître), célèbre docteur en théologie, élu évêque de Paris, V, 120.

Courtenay (le sire de), chevalier anglais, passe la mer pour défier le sire de La Trémoille, I, 308. — Est blessé par le sire de Clavey, chevalier languedocien, *ib.*

Courtiamble (le sire de), va à la guerre contre les Liégeois, III, 200. — Appelé à un conseil de la duchesse de Bourgogne, 371.

Courtois (Simon), décapité XII, 48.

Cousinet (maître Pierre), avocat au parlement, assiste à une assemblée des princes au Louvre, III, 160.

Coussinot (Guillaume), maître des requêtes. Son crédit près du roi, VII, 288. — Armé chevalier devant Rouen, 300.—Bailli de Rouen, 305.— Aide à saisir le duc d'Alençon, VIII, 86. — Ambassadeur du roi au concile de Mantoue, 126. — Emprisonné par ordre de Louis XI, 223. — Attaque Gannat, 401. — Envoyé auprès du duc Charles, IX, 111. — Un des juges du cardinal Balue, 221. — Ambassadeur à Rome, 224.

Cramault (messire Simon), patriarche d'Alexandrie, harangue les princes français, II, 337. — Se retire de Paris, III, 324.

Craon (Jean de), seigneur de Montbazon, épouse une fille du sire de Montaigu, III, 247.

Craon (messire Pierre de), parent du duc de Bretagne, en grande faveur auprès de Charles VI, II, 107. — Révèle les amours du duc de Touraine à la duchesse, 109. — Banni de la cour, 112. — Se réfugie chez le duc de Bretagne, id. — Conçoit le dessein de tuer le connétable, 138. — L'exécute, 141. — Obtient son pardon, 249. — Obtient une ordonnance qui permet la confession aux condamnés à mort, 358. — Combat au siége de Soissons, IV, 161. — Manifeste l'intention de se soumettre au roi, 164. — Prisonnier à Azincourt, 246.

Craon (Georges de La Trémoille, le sire de) veut répondre à l'insulte que le sire de Jacqueville faisait au duc de Guyenne, IV, 92. — Epouse la duchesse de Berri, 304. — Conseille la paix, 339. — Tient prisonnier maître Martin Gouge, 386. — Etabli conseiller du roi Charles VII, V, 245. — Discussion avec le connétable, 247. — Refuse de laisser venir le connétable à Reims, VI, 2. — Court un grand danger près l'abbaye de la Victoire, 31. — Assiste aux conférences de Compiègne, 39. — N'est point d'avis qu'on attaque Paris, 43. — Sa disgrâce, 225.

— Principal conseiller du Dauphin en Brabant, VIII, 53. — Chef d'une ambassade de Louis xi au duc Philippe, 499. — Accompagne Louis xi à son entrevue avec son frère, IX, 236. — Nommé chevalier de Saint-Michel, 246. — Désigné pour recevoir les lettres d'alliance du duc Charles, 403 — Assemble le ban, etc., par ordre de Louis xi, X, 83. — Un des ambassadeurs du roi à Senlis, 413. — Fait les honneurs du festin d'Amiens, 383. — Lettres au roi après la bataille de Nanci, XI, 179. — Entre en Bourgogne, 187. — Nommé gouverneur de Bourgogne, 247. — Réception des ambassadeurs suisses, 317. — Siége de Dôle, 322. — Sa mort, 378.

Crécy (bataille de), I, 124.

Créqui (le sire de), armé chevalier, VI, 29. — Prisonnier devant Compiègne, 104. — Commande l'arrière-garde du duc Philippe à son arrivée en Bourgogne, 229. — Tenant d'une joute à Cambrai, VII, 18. — Ambassadeur de Bourgogne aux états d'Orléans, 35. — Lit le billet de madame Grâce-de-Dieu, au vœu du Faisan, 458. — Se trouve à l'assemblée de Tours, VIII, 371. — Porte le corps du duc Philippe à son convoi, 514.

Crète (l'archevêque de) célèbre la messe pour le traité d'Arras, VI, 337.

Crévant (Guillaume de) se distingue au siége de Luxembourg, VII, 149. — Etabli butinier à la prise de Luxembourg, 154.

Crèvecoeur (le sire de) accompagne le Duc en Flandre, VI, 430. — Conseiller de la duchesse aux conférences de Calais, VII, 18.

Crèvecoeur (Philippe de, sire d'Esquerdes), élevé avec le comte de Charolais, VII, 160. — Un des commissaires pour juger les Vaudois, VIII, 164. — Soutient une joute à Paris, 220. — Combat à Montlhéry, 411. — élu chevalier de la Toison-d'Or, IX, 94. — Va à la tête des archers au-devant de Louis xi à Péronne, 154. — Défend et sauve Abbeville,

344. — Commande l'avant-garde au siége de Beauvais, X, 12. — Combat à Morat, XI, 77. — Défend Arras, 202. — Sert Louis XI, 232, 408; XII, 58. — Commande les Français à Guinegate, 71. — D'intellignce avec les Flamands, 238, 244. — Recommandé au Dauphin par le roi, 262. — Chargé des pouvoirs du roi pour le mariage du Dauphin, 285, 320.

Crèvecœur (Antoine de), XI, 407.

Crèvecœur (la comtesse de); de la suite de madame de Charolais à Cambrai, VII, 18.

Croissec (Roland du) interroge Henri de La Roche et l'abbé de Saint-Jean-d'Angely, IX, 429.

Croissy (le sire de) tient le parti du duc de Bourbon à Nevers, VI, 275.

Croutes (Jean de), sa mort, VI, 378.

Croy (le sire de), envoyé au conseil de France par le duc de Bourgogne, 101. — Se distingue à la guerre contre les Liégeois, III, 205. — Mis en prison par le duc d'Orléans, 300. — Nommé grand-bouteiller, 371. — Quitte Paris, IV, 86. — Commande une armée contre le duc de Glocester, V, 189. — Signe la trève de Nevers, VI, 274. — Mis en déroute par la garnison de Calais, VI, 395. — Quitte le siége de Calais pour se soustraire à la fureur des gens de Gand, 403. — Fuit honteusement devant la forteresse du Crotoy, 454. — Défend le Hainaut contre les compagnies, VII, 6. — Protége les pionniers au second siége de Calais, 9. — Massacre une compagnie, 84. — Combat au siége de Pontoise, 89. — Fait la guerre en Guyenne, 323. — Chargé de repousser le sire de La Marck, 242. — Excepté de la trève entre le roi et le duc, X, 409.

Croy (Jean de, sire de Chimay) envoyé à Tours, VII, 174. — Chargé de repousser le sire de La Marck, 242. — Commandant d'une des armées du Duc contre les Gantois, 351. — Reprend Grammont sur les Gantois, 357. — Un des chefs d'avant-garde de la bataille de Gavre, 425.— Différent avec le comte de Saint-Pol, 461. — Conseiller du comté de Charolais, 364. — Envoyé au roi au sujet du Dauphin, VIII, 44. — Discorde avec la maison de Luxembourg et le comte de Charolais, 55. — Chargé d'assister au jugement du duc d'Alençon, 100. — Un des ambassadeurs du Duc à Pie II, 122.— Parrain de l'enfant du Dauphin, 130.— Ambassade au roi, 239. — Réponse à l'évêque de Tournay qui conseillait la croisade, 310. — A toute la faveur de Louis XI, 322. — De plus en plus haï de toute la cour de Bourgogne, 330.— Son orgueil et son gouvernement dans le Luxembourg, 358. — Fait condamner Jean Vanderiesche, 485.

CROY (le bâtard de) pille la garnison de Roye, V, 62.

CROY (Olivier), prisonnier à Guinegate, XII, 76.

CROY (Marie de), femme du comte Vernembourg, se défend dans son château, XII, 124.

CROY (Charles de), fils du comte de Chimay, élu chevalier, XII, 74.

CROY (le fils du sire de) enlève les enfans d'Orléans, III, 366. — Renfermé à Montlhéry, IV, 140. — Délivré, 147. — Défend Château-Thierry, VI, 17. — Armé chevalier, 29.— Se distingue dans une escarmouche contre les Anglais, 33. — Fait la guerre contre les Liégeois, 92. — Commande l'avant-garde de l'armée du Duc, 229. — Parrain de Charles le Téméraire, 239. — Signe les conventions à l'entrevue de Nevers, 275. — Reçoit le serment de Charles VII, 333. — Envoyé pour réprimer les gens d'Amiens, 359.

CROY (Antoine de) combat avec Philippe le Bon au siége de Crespy, V, 14. — Nommé grand-maître au sacre de Louis XI, VIII, 202. — Louis XI se l'attache par ses promesses, 254. — Excepté de la trêve avec le duc de Bourgogne, X, 409.

CROY (Philippe de), seigneur de Quiévrin, élevé avec le comte de Charolais, VII, 160. — Fait sa première entreprise d'armes, 348. — Nommé chambellan du comte de Charolais par le duc Philippe, VIII, 56. — Quitte la cour de Bourgogne, 365. — Louis XI lui donne le revenu des greniers à sel de Château-Porcien, IX, 215. — Ambassadeur du Duc à Senlis, X, 113, 451. — Conduit une armée en Lorraine, XI, 106, 121. — Blessé à la bataille de Nanci, 154, 302, 403, 412. — Prend Verton, XII, 68.

Crubecke (Guy, seigneur de), bâtard du duc Jean, IV, 456.

Crussol (Charles de), créé chevalier de Saint-Michel, IX, 246.

Crux (le seigneur de) participe à la guerre contre le Navarrois, I, 118.

Culant (le sire de), amiral de France, secourt Orléans, V, 262, 298, 333. — Va au siége de Montereau, 459. — Fait maréchal au siége de Pontoise, VII, 89. — Marche contre le comte d'Armagnac, 170. — Contre les Suisses, 191. — Se rend en Guyenne, 321. — Entre à Bordeaux, 325.

Culdoé (Charles), prevôt des marchands, III, 254. — Quitte Paris dont il ne peut plus répondre, 324.

Cullembourg (le sire de) s'enferme dans Avesnes, XI, 276. — Seigneur du Hainaut, II, 329.

Cuningham, capitaine des Ecossais, au service de France, arrêté comme suspect dans le différend entre le Dauphin et le roi, VII, 516.

Cuningham (sir Thomas) fait des représentations à lord Talbot à Libourne, VII, 484. — Y est tué, 485.

D

Daidie (Odet), serviteur du Dauphin Louis XI, porte des présens au duc Philippe, VIII, 42.

Daillon (le sire Jean de) se met du parti du Dauphin, VII, 508. — Conseiller du duc Charles de Berri, 474. — Envoyé en Picardie, IX, 262. — Chef des troupes envoyées contre le comte d'Armagnac, X,

92. — Chef de l'armée devant Perpignan, 104. — Lettre du roi, 221. — Envoyé à Chambéry, XI, 108.

DAM (Jean de) condamné au bannissement par les Gantois, VI, 416.

DAMAS (le sire de) de Digoin, élu chevalier de la Toison-d'Or, IX, 94. — Prisonnier à Guipy, X, 335. — Prête serment à Louis XI, XI, 210. — Arrive en Bourgogne, 313.

DAMMARTIN (le comte de) va chercher la duchesse de Bourgogne à Sens, I, 143. — Refuse de casser le mariage de son fils avec la fille du sire de La Rivière, II, 190. — Commande l'arrière-garde à Azincourt, IV, 238 — Accusé par le duc Jean, 309. — Lettre au roi contre le Dauphin, VIII, 36. — Envoyé contre Jean V, comte d'Armagnac, 136. — Siége au conseil où il s'agit d'examiner la demande du comte de Charolais, 185. — Disgracié à l'avénement de Louis XI au trône, 204 — Condamné à un bannissement perpétuel, 250. — Entre dans la ligue du bien public, 379. — Recouvre ses biens, 458. — Rentre dans les bonnes grâces du roi, 474. — Commande l'armée envoyée contre le duc Charles, IX, 41. — Nommé chevalier de Saint-Michel, 248. — Apaise les troubles du Languedoc, 248. — Prend Roye et Montdidier, 344. — Réponse au duc Charles, 349. — Harcèle son armée, X, 111. — En ambassade à Senlis, 113. — Assiége Avesnes, XI, 274. — Le roi n'ose lui ôter le commandement, 360. — Perd sa compagnie, XII, 48.

DAMPIERRE (le sire de) envoyé par le roi au duc Jean, IV, 126. — S'excuse d'aller au secours du duc Jean, 157. — Commande l'avant-garde à la bataille d'Azincourt, 238. — Y meurt, 245.

DAULON (Jean sire de) placé auprès de la Pucelle comme son écuyer, V, 296. — Commis à la garde d'un pont, lors de l'attaque de la bastille des Tournelles, 329. — Tient le cheval du roi par la bride à son entrée à Paris, 463.

Dauvet (Jean), procureur général, destitué par Louis xi, VIII, 222. — Discours à l'assemblée de Tours, 371.— Député de Louis xi à La Grange-aux-Merciers, 441. — Nommé premier président de Paris, 471.— Donné pour otage au duc de Bretagne, IX, 230.

Denis (Gervais) veut tuer Jean de Troyes, IV, 113.

Deniselle, femme brûlée à Arras comme Vaudoise, VIII, 150.

Derby (le comte de), fils du duc de Lancastre, se croise contre les Sarrasins, II, 93. — Accuse le duc de Nottingham d'avoir tenu des discours injurieux au roi, 351. — Banni d'Angleterre, *id.* — Recherche en mariage la fille du duc de Berri, 353. — S'adresse au roi de France, 355. — Se rend en Angleterre, 357. — Reconnu roi sous le nom de Henri iv. Fait accueil aux envoyés de France, 363.— Répond au duc d'Orléans, 402. — Deuxième réponse, 410. — Épouse la duchesse douairière de Bretagne, 418. — Envoie une ambassade au duc Jean de Bourgogne, III, 349, — Traite avec le duc d'Orléans, IV, 3.— Écrit aux villes de Flandre, *id.* — Sa mort, 124.

Desbordes (Bernard sire de) repoussé par la garnison de Senlis, III, 356.

Deschamps (maître Pierre), docteur de l'université, mandé par le pape Clément vii, II, 220.

Deschamps (maître Gilles), docteur de l'université, fait un discours au pape, II, 235. — Déduit les motifs de la soustraction d'obéissance, 339.

Desessarts (le sire Pierre) fait prisonnier par les Anglais, II, 438. — Fait prevôt de Paris, III, 151. — Arrête le grand-maître de Montaigu, 250. — Emploie la violence pour lever les impôts, 288. — Quitte Paris avec le duc Jean, 298. — Rentre à Paris, 321. — Remis dans sa charge de prevôt de Paris, 337. — Se détache du duc Jean, IV, 61. — Destitué, 64. — S'empare de la Bastille, 67. — Exécuté, 91.

Deshayes (Antoine), révèle un complot contre la vie de Louis xi, IX, 139.

Desmarets (Charles) surprend Dieppe, VI, 349.

Desmarets (l'avocat général) soutient les droits du duc d'Anjou, I, 211. — Sa mort, 302.

Desnier (Jean), XI, 338.

Desselles (Jacques), arrêté par ordre du duc Charles, X, 263.

Destrennes (Jean de) remporte le prix de la joute à Cambrai, I, 330.

Devonshire (le comte de), envoyé contre les rebelles du comté d'York, IX, 256. — Sa mort, 257.

Diesbach (Nicolas de), gentilhomme de Berne, pensionnaire de Louis xi, X, 137. — Conclut un traité avec lui, 158. — Obtient un grand ascendant à Berne, 244. — Élu chevalier, XI, 34.

Diest (le comte Guillaume de), évêque de Strasbourg, livre passage aux compagnies françaises, VII, 12.

Dietrich an-der-Halden, landamman de Schwitz, envoyé à la cour de Bourgogne, XI, 317.

Digni (Jean) annonce au comte de Charolais qu'il avait été chercher du poison à Rome pour l'empoisonner, VIII, 235.

Digoine (Érard), de la noble maison de Damas; son serment au vœu du Faisan, VII, 456.

Digoine (Chrétien), de la maison de Damas; son serment au vœu du Faisan, VII, 456. — Se déclare contre Louis xi, XI, 251.

Dimmoch (sir Thomas). Sa mort, IX, 259.

Dittlinger (Henri) ne peut réussir à secourir Granson, XI, 9.

Divonne (le sire de), fait partie d'un armement en Flandre, III, 67.

Dogat (Jean) accuse le duc de Bourbon, XII, 102. Recommandé au dauphin par le roi, 263.

Dolé (Jean) tient le château de Selles, XII, 56.

Dom Julien (le sire de) combat devant Nanci, XI, 147.

Dombourg (Jean de), dénoncé au duc Philippe, comme le principal auteur des troubles en Zélande, VII, 260.

Doriole (Pierre), général des finances, saisi à Moulins par le duc de Bourbon, VIII, 380. — Un des juges du cardinal Balue, IX, 221. — Ambassadeur près du duc de Bourgogne, 405. — Fait chancelier, X, 113. — Disgracié, XII, 327.

Dormans (Miles de), évêque de Beauvais, de concert avec d'autres commissaires du roi écrit à Artevelde, I, 265.

Dorset (le marquis de), fils du premier lit de la reine, égorge le prince de Galles, IX, 387. — Reçoit une pension du roi de France, X, 376.

Douglas (le comte), prisonnier des Anglais, II, 438. — Chef des Écossais au service de France, créé duc de Touraine et lieutenant général de tout le royaume, V, 163. — Bataille de Verneuil, 174. — Tué à Verneuil, 179.

Douglas (messire Jacques, fils du comte), périt à la bataille de Verneuil, V, 179.

Dourdan, héraut d'armes du comte d'Étampes, pose la couronne de fleurs sur la tête du duc Philippe à la fête du Faisan, VII, 447.

Dours (l'héritière de), fille de Jean de La Trémoille; son mariage, VIII, 324.

Dreux (le sire Perceval de), XII, 110.

Dubiet (le sire de) joute à Arras, VI, 66.

Dubois (Nicolas), conseiller au parlement, admis au conseil de tutelle de Charles VI, I, 210. — Évêque de Bayeux, élu chancelier de France, II, 349.

Dubois (Pierre), capitaine gantois, après une défaite des Flamands, ramène les restes de l'armée, I, 232. — Va trouver Pierre Artevelde, et lui propose de se mettre à la tête du peuple de Gand, 234. — Propose ce choix à l'assemblée, 235. — Comme il

voyait la paix près de se conclure, il va trouver
Artevelde pour l'en dissuader, 240. — Tue un bourgeois qui venait de développer des propositions de
paix, 241. — Range son armée en bataille pour attendre les Français, 275. — Il est blessé, 277. —
Se fait transporter à Bruges, 281. — Rend le courage aux habitans de Gand, 293 — Se prépare à
se défendre contre une conspiration, 349. — Conseille à Arteman de passer en Angleterre avec lui,
367. — Y est fort bien reçu lui-même par les oncles
du roi, 368. — Conseille aux Anglais d'attaquer
l'Écluse, II, 17.

Dubois (Jacques), doyen du chapitre d'Arras, persécute les Vaudois, VIII, 153.

Dubois (Jean), lieutenant de Van-Speck à la forteresse de Gavre, VII, 422.

Dubois (Mansard), commande la garnison de Saint-Cloud, III, 356. — Décapité, 367.

Dubouchage (le sire), envoyé contre les gens de Bourges, XI, 217. — A Perpignan, 288. — Au sire de
Chaumont, XI, 110. — En Bourgogne, 329. —
Visite au Dauphin, 253. — Recommandé au Dauphin par le roi, 263. — Reçoit le serment du duc de
Bretagne, 366; XII, 6.

Duchatel (Pierre), maître des comptes du conseil de
tutelle de Charles vi, I, 210.

Duchatel (Guillaume), tué devant Pontoise, VII, 96.

Duchatel (Tanneguy), grand-écuyer, fait célébrer les
funérailles de Charles vii, VIII, 211. — Se retire
en Bretagne, 223. — Ambassadeur du duc de Bretagne près de Louis XI, 248. — Le roi lui promet
de le faire grand-écuyer, 458. — Mortellement blessé
devant Bouchain, XI, 268.

Duchatel (Jean), archevêque de Vienne, VIII, 8.

Duchatel (le sire Guillaume) commande une attaque
de Bretons contre les Anglais, II, 440. — Fait une
entreprise contre les Anglais, III, 7. — Il y périt,
idem.

Duclos (Bertrand), du conseil de tutelle de Charles vi, I, 210.

Dudeley (lord), X, 345.

Dugast (Louis) défend Meaux, V, 81.—Exécuté à Paris, 93.

Duguesclin (Bertrand) marche contre les Navarrois, I, 117. — Fait connétable, 150. — Sa mort.

Duguesclin (Olivier), chevalier breton, se trouve au passage de la Lys en 1382, I, 274.

Dumesnil (Jean), conseiller, jure le traité du Ponceau, IV, 426.

Dunois (le bâtard d'Orléans) exigé pour otage par le comte de Richemont, V, 186. — Epouse la fille du président Louvet, 213. — Force les Anglais à lever le siége de Montargis, 246. — Se distingue pendant le siége d'Orléans, 256. — Y amène de nouveaux renforts, 259. — Blessé à la journée des Harengs, 264. — Va chercher un renfort à Blois, 318. — Combat à l'attaque de la bastille des Tournelles, 230. — Retourne vers le roi, 341. — Conduit un renfort à l'armée qui partait pour Reims, 344. — Combat à la bataille de Patai, 356 — Assiste aux conférences de Compiègne, VI, 39. — Surprend Chartres, 192. — Va au secours de Lagny, 194. — Soumet Libourne et Fronsac, 344—Arrive au siége de Paris, 374. Va assiéger Creil, 387. — Va au siége de Montereau, 459. — Se fait remarquer par sa magnificence à l'entrée du roi à Paris, 464. — Accompagne madame Catherine, comtesse de Charolais, à Cambrai, VII, 17.—Reçoit en don du Duc son frère le comté de Dunois, 19. — Ambassadeur pour le duc d'Orléans aux états d'Orléans, 35. — Tient le parti du Dauphin dans la guerre de la Praguerie, 49. — Vient demander pardon au roi, 55. — Jure le traité d'Arras, 70. — Se trouve à l'assemblée de Nevers, 104. — Secourt le pays chartrain et Dieppe contre lord Talbot, 164. — Intercède pour le comte d'Armagnac, 232.—Conclut une alliance avec le duc de Bretagne, 293. — Nommé capitaine de Rouen, 305. — Combat à la prise de Bordeaux, 323. — Saisit le duc d'Alençon, VIII, 86. — Jure de réconcilier le Roi avec le Dauphin, 192. — Conduit le deuil de Charles VII, 210. — Se trouve à l'assemblée de Tours, 371. — Se rend auprès du duc de Bretagne, 378. — Fait partie de l'armée de Lorraine, 429. — Expose les griefs des mécontens aux pourparlers du Château de Beauté, 431. — Traité avec le roi, 458. — Reçu dans les bonnes grâces du roi, 474. — Préside un conseil dans la ville d'Étampes, 490. — Nommé commissaire par les états de Tours, IX, 109. — Tient les tables au nom du roi, lors des fiançailles du dauphin avec Marguerite d'Autriche, XII, 324.

Dupeschin (Jacques) reçoit des présens du ducJean,IV, 428. — Vient proposer au duc Jean l'entrevue du pont de Montereau, 436.

Duplessis (Bourré), serviteur de Louis XI, IX, 270.

Dupont (Hervé), frère des chartreux, rapporte à ses frères le désespoir du connétable, VII, 21. — Prieur d'une chartreuse à Nantes, 22.

Duras (le sire de) prête serment au roi de France, VII, 327. — Prend du service en Angleterre, 477. — Est condamné à un bannissement perpétuel, 490 — Commande la garnison de Calais, IX, 262. — Descend à Brest, X, 43.

Durfé, seigneur bourguignon, X, 155, — En faveur auprès du duc Charles, 409.

Durfort (le sire de), un des parlementaires de Bordeaux envoyés au comte de Dunois, VII, 324.

Durfort (Gaillard de), principal négociateur du roi Edouard avec le duc Charles, X, 201.

Durfort (Bertrand de), seigneur de Duras, autre négociateur, X, 201.

Dusie (Guillaume), jeune écuyer jouissant d'un grand ascendant sur le comte de Charolais, VIII, 60.

Dussie (Guillot), chargé de faire les messages de Louis XI et du comte de Charolais, VIII, 451.

Duvivier (Antoine), ennemi de Louis XI, X, 298.

E

Éberstein (Jean, comte d'), ambassadeur de Louis XI à Constance, X, 179.

Écluse (Hector de l'), X, 432. — Entre au service de Louis X, 473. — Se présente devant Cambrai avec des lettres de Louis XI, XI, 265.

Édouard d'York, nommé régent de France, VI, 360. — Envoie des secours à Pontoise, VII, 91. — Ses prétentions au trône d'Angleterre, 292. — Se fait nommer protecteur du royaume, VIII, 77. — Epouse Elisabeth Woodville, 332. — Son imprévoyance, IX, 301. — Sa fuite, 304. — Recouvre son royaume, 375. — Traite avec le roi de France, X, 228. — Entrevue avec le duc Charles, 352. — Traite avec la France, 390; XI, 252.

Édouard III, roi d'Angleterre. Ses paroles à Philippe le Hardi, prisonnier chez lui, I, 104. — Avait demandé pour son fils Edmond, duc de Cambridge, la fille du comte Louis de Flandre, 132.

Egmont (le sire Guillaume), nommé chevalier de la Toison-d'Or, XI, 399. — Fait prisonnier, XII, 109.

Egmont (Jean d') massacré par les hoecks, V, 241.

Egmont (le sire d') se trouve à la réunion de la Haye, VIII, 508. — Prend le parti d'Arnould de Gueldres, X, 57.

Élisabeth, duchesse douairière de Luxembourg, accorde ses états à Philippe le Bon, VII, 131.

Élisabeth (mademoiselle), fille du roi d'Angleterre, fiancée avec le Dauphin, XII, 41.

Elne (l'évêque d') conclut un traité avec l'Angleterre, XII, 116.

Elsener (Henri) de Lucerne, XI, 22.

ENGHIEN (le sire d') vient au siége de Pontoise, VII, 89.

ENGHIEN (le jeune sire d') prend Grammont, et se distingue par de beaux faits d'armes. Tombe dans une embuscade et périt, I, 237, 238.

ENGHIEN (le sire d') secourt l'évêque de Liége, III, 153.

ENJORRAUD, désigné par Louis comme suspect, lors des troubles de Bourges, X, 217.

EPERNON, prevôt des marchands, IV, 123.

EPOISSE (le seigneur d') assiste au conseil de la duchesse de Bourgogne, III, 271.

EPTINGEN (Hermann d'), nommé landvogt de l'archiduc Sigismond, X, 187, 190. — Marche contre les Bourguignons, XI, 17.

ERNEST, duc de Saxe, combat au siége de Neuss, X, 272.

ESCAILLON (le sire d') conduit Jacqueline de Hainaut à Calais, V, 132.

ESCLAT (Pierre d') arrêté avec le sire de Montaigu, III, 250.

ESCOURNAY (le sire d') se saisit à l'improviste de la ville d'Audenarde, I, 326. — Mentionné dans le traité de Philippe le Hardi avec ceux de Gand, 364. — Capitaine d'Audenarde, VI, 417. — Défend Audenarde contre les Gantois, VII, 353.

ESCORAILLE (le sire d') envoyé par le Dauphin au duc de Bourgogne, IV, 418. — Vient proposer une entrevue sur le pont de Montereau au duc Jean, 436.

ESPAGNE (Roger d'), député par le vicomte de Castelbon au roi de France, II, 124.

ESPINASSE (Philibert l'), chevalier, fait partie du conseil de tutelle de Charles, I, 210.

ESPINASSE (Béraud de l'), seigneur de Combronde, X, 334. — Victoire de Guipy, *ibid*.

Espinoit (messire d'), chevalier du Hainaut, joute contre le roi, I, 330.

Esquemines (le sire d'), chevalier flamand, veut mettre Valenciennes à feu et à sang, I, 293.

Estaing (le sire d'), ambassadeur du comte d'Armagnac aux états d'Orléans, VII, 35.

Esteuille (d'), envoyé de Louis XI en Languedoc, X, 223.

Estivet, chanoine, promoteur dans le procès de la Pucelle, VI, 120.

Estouteville (le sire d'), grand-maître des arbalétriers, va trouver le dauphin de la part du roi, VIII, 8. — Nommé prevôt de Paris; destitué de sa charge, 176. — Rétabli, 471. — Défend Beauvais, X, 20.— Refuse de se charger de la réconciliation de Louis XI et du duc Charles, X, 117.

Estouteville (le seigneur d') chargé de faire une enquête sur le Languedoc, II, 87. — Empêche la guerre entre la France et la Savoie.

Etampes (le comte d'), de la maison de France, envoyé au duc de Bretagne, II, 43. — Envoyé au duc de Bretagne, 116. — Envoyé par le duc Philippe pour installer Jean Chevrot à l'évêché de Tournay, VI, 217. — Commande une armée en Picardie, 264. — Se rend aux conférences d'Arras, 292. — Envoyé d'Arras contre les sires de La Hire et Saintrailles, 307. — Envoyé pour réprimer la sédition d'Amiens, 359. — Accompagne le Duc en Flandres, 430. — Combat au second siége de Calais, VII, 9. — Va au-devant de madame Catherine, comtesse de Charolais, 18. — Se trouve avec le duc de Bourgogne à l'assemblée de Nevers, 104. — Chargé de soumettre Regnault de Vignolle, 122. — Chef de l'armée contre le Luxembourg, 141. — Envoie défier le comte de Gleichen, 148. — S'oppose à la marche des compagnies qui veulent traverser la Bourgogne, 192. — Sert d'écuyer au seigneur Galéoto Baltazin, 253. — Commande les Picards à la guerre contre les Gantois, 351. — Fait lever le siége d'Audenarde, 359. — Commande l'arrière-garde à Rupelmonde, 375. — Son serment au vœu du Faisan, 455.—Persécute les Vaudois, VIII, 155. — Assiste au sacre de Louis xi, 200. — Accusé de sortilége par le comte de Charolais, 256. — Mandé par le Duc, 318. — Hérite du comte de Nevers, *ib.* — Se trouve à l'assemblée de Tours, 371. — Lève des troupes pour s'opposer aux Bourguignons, 391. — Fait prisonnier à Péronne, 461. — Prétend au duché de Brabant, IX, 27. — Rayé du chapitre de la Toison-d'Or, 94.

Étampes (mademoiselle d') présente le prix au comte de Charolais au vœu du Faisan, VII, 459.

Étang (le sire l') combat devant Nanci, XI, 147.

Eu (le comte d') se trouve devant Troyes avec le duc Philippe le Hardi, I, 195. — Accompagne le roi Charles vi à son sacre, 214. — Se met de la croisade contre les Sarrasins, II, 93. — Fait connétable, 182. — Fait la guerre aux Turcs, 251. — Commande l'armée de Hongrie, 255. — Tient un discours injurieux au sire de Coucy, 296. — Se distingue à la bataille de Nicopolis, 300. — Prisonnier, 302. — Sa mort, 318.

Eu (le comte d'), fils du connétable d'Eu, marie sa sœur au comte de Nevers, IV, 93. — Se met du parti des Orléanais, *ib.* — Commande la garnison de Paris, 143. — Est de l'avant-garde à Azincourt, 238. — Joute devant Arras, 173. — Va au-devant d'une ambassade anglaise, 201. — Commande une partie de l'avant-garde à la bataille d'Azincourt, 238. — Prisonnier, 246. — Se trouve aux états d'Orléans, VII, 36. — Vient annoncer au roi que le Dauphin veut se remettre en ses mains, 59. — Se trouve au siége de Pontoise, 89. — Blessé à la prise de la Réole, 161. — Commande une partie des troupes au siége de Caen, 316. — Assiste au sacre de Louis xi, VIII, 201. — Conduit le deuil de Charles vii, 210. — Va à Hesdin avec le roi, 289. — Chef d'une ambassade au duc Philippe, 340. — Nommé capitaine de Paris, 426. — Nommé commissaire par les états assemblés à Tours, IX, 109.

Eck (Philippe de Massénée, sire d'), mentionné dans le traité de Philippe le Hardi avec les gens de Gand, I, 364.

Eudes iii confirme les libertés de Dijon, I, 127.

Eudes iv tient le duché de Bourgogne de Philippe le Long, roi de France, I, 114.

Eugène iv (le pape) s'emploie à la paix entre le roi de France et le duc Philippe, VI, 164. — Veut dissoudre le concile de Bâle, 246. — Confirme le traité d'Arras par une bulle, 338. — Nie l'autorité du concile de Bâle et en assemble un à Florence, VII, 12.

Éveringham (sir Thomas), blessé devant Neuss, X, 237.

Évertbourg (Jacques), compagnon de Roger Éverwin, l'aide à délivrer Gand des chaperons blancs, I, 344.

Évreux (Guillaume d') accompagne le roi Henri iv à son entrée à Paris, VI, 169.

Evervin (Roger), commerçant sur mer, de Gand, conçoit le dessein de délivrer sa ville de la tyrannie de Pierre Dubois et des chaperons blancs, I, 344.

Exeter (le comte d'), exilé en Irlande, IX, 37. — Combat à Barnet, 382.

Exeter (le duc d'), chef d'ambassade à Paris, IV, 201. — Capitaine de Paris, V, 63. — Fait emprisonner le maréchal de l'Ile-Adam, 71. — Erre en mendiant dans les états de Flandre, VIII, 224.

F

Falcombridge (lord) ravage la Picardie, VI, 408. — Bat les Français près du Crotoy, 454. — Secourt Meaux, VII, 24. — Défend Pontoise, 92. — Prisonnier, 293.

Fallerans (Jacques de) monte le premier à l'assaut de la forteresse de Schendelbeke, VII, 418.

Famechon (Pierre), décapité, III, 367.

Famée (maître Adam), XII, 329.

Faucille (Jean de la), le plus riche et le plus notable bourgeois de Gand, I, 190.

Farmarlt (Martin) fait prisonnier René d'Anjou, à Bullegneville, VI, 161.

Fastolf gagne la bataille de Rouvray, V, 264. — Fuit à Patai, 358. — Se joint au duc de Bretagne contre le duc d'Alençon, VI, 198.

Faussigni (Pierre de), avoyer de Fribourg, marche contre les Bourguignons, XI, 16.

Fauquemberg (le comte de) commande à Azincourt, IV, 238.

Fauveau (maître Geoffroi) envoyé par Louis XI au roi René, X, 304.

Favre (Jourdan), dit Versois, religieux bénédictin, accusé d'avoir empoisonné le duc de Guyenne, IX, 415.

Favre (maître Gratien), président du parlement de Toulouse, envoyé aux Suisses, X, 244.

Fay (le sieur du), lieutenant du Duc dans le Luxembourg, X, 323. — Envoyé au-devant de l'empereur Frédéric et de l'archiduc son fils, XI, 300; XII, 68.

Fay (le sire du), prisonnier à la guerre de Hongrie, II, 302.

Fenestranges (le sire de) sert d'interprète au duc Philippe le Bon et au comte de Gleichen, VII,

144. — Soumis de se conformer au traité d'alliance fait avec le Duc, X, 353.

Ferdinand (don), X, 105. — Roi de Castille, XI, 368. — Traite avec Louis xi, XII, 37. — Refuse d'écouter les propositions du comte de Narbonne, 9.

Ferdinand, roi de Naples, fils naturel d'Alphonse, roi d'Aragon, X, 300. — Guerre avec les Florentins, XII, 9, 317.

Ferrare (le marquis de) porte le corps du duc Philippe à son convoi, VIII, 514.

Ferry Cassinel, docteur de l'Université, nommé archevêque de Reims, II, 85.

Ferrier (Boniface) pris par le maréchal Boucicault, II, 346.

Fétigny (Jean de), évêque de Chartres, défend Chartres contre les Français, VI, 195.

Fienne (le sire de), un des conteurs aux festins du Dauphin, en Brabant, VIII, 132. — Un des partisans du comte de Charolais contre les Croys, 364. — Brille à sa cour, IX, 90, 321. — Élu chevalier de la Toison-d'Or, XI, 399, 417. — Commande à Douai, XII, 66, 71.

Fiennes (le connétable Moreau de) envoyé contre les compagnies établies à la Charité, I, 121.

Fiesque (messire Hector de) envoyé près de Louis xi, XII, 96.

Fiesque (Urbain de), évêque de Fréjus, envoyé par le pape à Louis xi, XII, 24.

Fisher (Guy) livre l'Écluse aux Anglais, VI, 409.

Fitz-Walter (lord) commande trois mille Anglais envoyés au secours de Jacqueline de Hainaut, V, 232.

Fitz-Water, maréchal des Anglais, répond au défi d'un écuyer français, nommé Cauvin Micaille, I, 198.

Flamand (maître Gilles), docteur en droit, juge

choisi par l'évêque dans l'affaire des Vaudois à Arras, VIII, 255.

Flamand (Nicolas), marchand drapier de Paris, périt, I, 300.

Flavy (Guillaume de), laissé pour capitaine à Compiègne, par Charles vii, VI, 52.—Refuse de donner entrée au duc Philippe, 53. — Siége de Compiègne; ses cruautés, 81. — Accusé d'avoir livré la Pucelle aux Anglais, 86. — Se distingue au siége de Compiègne, 103. — Marche sur Montdidier, 108. — Mandé devant Paris, 289. — Fait des courses dans l'Ile-de-France, 355. — Arrête le maréchal de Rieux, VII, 3. — Assassiné par sa femme, 329.

Flavy (Raoul de), accusé de l'assassinat de Pierre Louvain, VII, 330.

Flavy (Charles de) se trouve au siége de Pontoise, VII, 89.

Floquet, mandé devant Paris pour en former le siége, VI, 289. — Se trouve au siége de Pontoise, VII, 89. — Mène sa compagnie contre les Suisses, 191. — S'empare du Pont-de-l'Arche, 263.

Floquet (Jacques), tué à Montlhéri, VIII, 421.

Florei (Jean de) fait une brèche à la forteresse de Schendelbeke, VII, 419.

Flour (frère Pierre) fait un beau sermon au service funèbre du duc Jean, V, 8.

Florsheim (Frédéric de) périt devant Nanci, XI, 154.

Fontaine (Regnaud de) combat à Germigny, VI, 108. — Fait prisonnier dans une tentative sur Rouen, 452.

Fontenailles (le sire de) s'enferme à Beauvais, X, 18.

Fontenay (Pierre de), accusé par le duc d'Orléans d'être son ennemi, III, 304.

Foix (mademoiselle Éléonore de). Projet de mariage avec le duc de Guyenne, IX, 395.

Foix (Bernard de Béarn, bâtard de) jouté avec le

seigneur de Hautbourdin, VII, 278. — Suit l'armée du comte de Clermont en Médoc, VII, 489.

Foix (Catherine de) hérite du royaume de Navarre, XII, 315.

Foix (Archambault de), seigneur de Navailles, signe le traité du Ponceau, IV, 426. — Envoyé par le duc Jean, pour saluer le Dauphin, 438. — Chevalier du même duc à l'entrevue de Montereau, 440. — Y périt, 442.

Foix (le comte de), célèbre par ses connaissances et sa courtoisie, II, 81. — Meurt sans héritier, 123.

Foix (le comte de) entre dans la cabale du sire de Giac, V, 221. — Chasse l'évêque de Béziers de son diocèse, 253. — Mandé au secours d'Orléans, 258. — Paraît aux fêtes de Nanci, VII, 217. — Fait la guerre aux Anglais en Guyenne, 297. — Entre dans le pays de Médoc avec le comte de Clermont, VII, 489. — Siége dans le conseil du Roi, VIII, 185. Jure de se réconcilier avec le Dauphin, 192. — Commande des troupes envoyées en Catalogne, 242. — Se trouve à l'assemblée de Tours, 371.

Forbin (Palamède, le sire de) gagne la faveur de Louis XI, XI, 43.

Forli (l'évêque de), légat du pape devant Neuss, X, 312.

Forme (Jean), secrétaire du comte d'Étampes, un des commissaires dans la persécution des Vaudois, VIII, 164.

Fortépice, fameux chef de compagnies, s'empare d'Avalon, VI, 238. — Rend la forteresse de Coulanges, 279.

Fortin, envoyé à Calais par le duc d'Alençon, VIII, 92. — Assassiné, 363.

Fosseuse (le bâtard de) arrive à Paris dans l'espoir du pillage, IV, 350. — Fait la guerre de Lorraine, VI, 156.

Fosseuse (le sire de) marche avec le duc Jean sur

Saint-Cloud, III, 357. — Commande une compagnie, IV, 269. — Va secourir Senlis, 334. — Revient à Paris, 350. — Sa mort, 372.

Fitz-Hugh (lord) annonce à Henri v qu'il lui est né un fils, V, 91.

Fou (Yves du), envoyé en Picardie, IX, 263. — Chargé de traiter avec le comte d'Armagnac, X, 92. — Nommé capitaine de Perpignan, 109. — Envoyé contre les gens de Bourges, 216, XI, 135, 239.

Foucault (Jean), gentilhomme limousin, commande les archers pour Charles vii, VI, 30. — S'introduit dans Saint-Denis, 289. — Défend vaillamment Saint-Denis, 344.

Foucquesolles (Jacques de) secourt le duc Philippe à la bataille de Gavre, VII, 432.

Fouquerolles (le sire de) tient le château de Selles, XII, 56.

Fournier (maître Jacques), ambassadeur près du duc Charles, IX, 279.

Foy (le sire de), chevalier de Rhodes, combat avec le sire de Brimeau dans le Ponthieu, VI, 453.

Fox (Jean), capitaine anglais, entraîne les Gantois au secours de Gavre, VII, 424.

Fradin (frère Antoine). Ses sermons à Paris, XII, 2.

Franberge (maître), XII, 110.

Frédéric d'Autriche, élu empereur d'Allemagne, fait un voyage à Besançon, VII, 122. — Son entrevue avec le duc de Bourgogne, X, 76. — Passe à Bâle, 137. — Arrive au secours de Neuss, 272.

Fréron (maître Renaut), médecin de Charles vi, II, 265.

Fretard (Olivier) introduit les gens du comte de Richemont dans la chambre du sire de La Trémoille, VI, 224.

Fretel (le sire Robinet de) donne l'exemple du pillage à l'abbaye Saint-Denis, III, 360.

Fretun (Gilbert de) refuse de prêter serment de fidélité à l'Angleterre, II, 440. — Défie le roi d'Angleterre, *id*.

Fribourg (Jean de), chevalier du duc Jean, à Montereau, IV, 440. — S'emploie pour la paix entre la France et les Suisses, VII, 209.

Fribourg (le comte de), envoyé contre le damoiseau de Commerci, VI, 230. — Nommé gouverneur de Bourgogne, 279.

Frottier (Pierre), écuyer d'écurie du Dauphin, jure la paix du Ponceau, IV, 426. — Chevalier du Dauphin à l'entrevue de Montereau, 440. — Chassé du royaume, V, 212.

Fugger (Jacques) achète un diamant du duc Charles, XI, 31.

Fumée (Adam), médecin de Charles VII, mis en prison, VIII, 191.

G

Gaguin (maître Robert), général des Mathurins, envoyé par Louis XI à l'empereur, XI, 299.

Galéas de Milan (le seigneur) envoie se plaindre au roi de France du traitement fait à sa fille, II, 267. — S'attire la haine du roi de France, 281. — Envoie cinq cents lances à Charles VII, V, 162.

Galéas, duc de Milan, fils de François Sforza, amène cinq cents lances à Louis XI, VIII, 438, XI, 46. — Sa mort, XI, 359.

Galéotto (le seigneur Jacques) commande les Italiens du duc de Calabre devant Paris, VIII, 428.

Galles (le prince de), fils d'Édouard III, est envoyé en France pour y gouverner les provinces qui appartiennent à son père, I, 137. — Ajourné devant le parlement de Paris, il répond qu'il y viendra à la tête de soixante mille lances, 139. — Meurt peu de temps après son père, 161.

Gallet (Aimon), envoyé du duc d'Alençon au duc d'York, VIII, 94.

Gamaches (Philippe de), abbé de Saint-Pharon, défend Meaux, V, 81. — Pris par les Anglais, 93. — Se distingue au siége de Compiègne, VI, 103.

Gamaches (le sire de), fait prisonnier à Mons, V, 80. — Fait une guerre vigoureuse contre les Anglais, 124. — Prisonnier à Crevant, 155. — Périt à la bataille de Verneuil, 179.

Gamaches (le sire de) s'irrite de la soumission qu'on montre à la Pucelle, V, 317. — Lui porte secours, 334.

Ganay (maître Guichard de), membre du parlement de Beaune, V, 114.

Gand (l'abbé Jean de). Ses reliques sont exhumées, XII, 341.

Garay (Guillaume de), avocat général, XII, 307.

Garguesalle (le sire de), premier écuyer, envoyé par Louis XI au comte de Bresse, VIII, 283.

Gari (Louis de), docteur de Bologne, prouve au duc Philippe qu'il doit faire la paix malgré ses sermens avec les Anglais, VI, 308.

Gascelbèque (Philippe de Horn, sire de) soutient le parti de Charles le Téméraire, IX, 28.

Gaston du Lion (le sire de), capitaine de compagnie, IX, 41. — Reçoit ordre de Louis XI de saisir la duchesse douairière de Bourbon, 104. — Défend Beauvais, X, 19. — Commande l'armée contre le comte d'Armagnac, 91. — Lettre aux officiers de sa sénéchaussée, XI, 323.

Gaucourt (le sire de) se rend maître de Saint-Cloud par surprise, III, 345. — Commande l'arrière-garde de l'armée des princes, IV, 144. — Envoyé contre les Bourguignons, 184. — Se défend dans Harfleur, 223, 272. — Nommé gouverneur d'Orléans, V, 256. — Arrive à Blois pour voir la Pucelle, 298. — Résiste à la volonté de la Pucelle, 331. — Aux conférences de Compiègne, VI, 39. — Nommé gouverneur du Dauphiné, 96. — Marche sur Mont-Didier, 108. — Assiste au combat de Chappes, VI, 111. — Secourt Lagny, 195. — S'introduit dans Saint-Denis, 289, 344, 346. — Fait prisonnier, 147. — Complot contre le sire de La Trémoille, 224. — Combat au siége de Montereau, 458. — Secourt le connétable devant Avranches, VII, 47, 165. — Capitaine de Paris, X, 23. — Reçoit les ambassadeurs d'Aragon, 225, 418. — Un des juges du connétable, 429.

Gaucourt (le sire Raoul de), bailli du roi, essaie d'apaiser la populace de Rouen, IV. 299. — Assassiné, 300.

Gault (Jean), écartelé, V, 65.

Gavre (Secret de), armé chevalier, VII, 427.

Gélu (Jacques), archevêque d'Embrun, soutient que la Pucelle est envoyée de Dieu, V, 294.

Genède (le comte de) se joint aux Français à la guerre contre la Flandre, I, 319.

Genève (le comte de), fils du duc de Savoie. Son mariage, VI, 243. — Repousse une compagnie française, VII, 14. — Visite le duc Philippe à Châlons, 136. — Prétend au duché de Milan, 277. — Rend visite au duc Philippe à Hesdin, VIII, 300.

Genlis (le sire de) fait la guerre de Normandie, VII, 295. — Accompagne le comte de St.-Pol près du duc de Bourgogne, VIII, 64. — Ajourné devant le parlement par ordre de Louis xi, 260. — Chargé par le même de négocier avec le connétable, X, 125. — Passe du côté du roi, 335. — Envoyé en Angleterre, XII, 41.

Genouillac (Jacques Ricard de) commande la garnison de Valenciennes, XI, 363. — Passe du côté du roi, XII, 123.

Gentien (maître Benoît), religieux de Saint-Denis, orateur de l'Université dans l'assemblée des trois états du royaume, IV, 34. — Démontre la monstruosité de la doctrine de maître Jean Petit, 151.

Gentien (Pierre), nommé prevôt des marchands, III, 325; IV, 123.

Gerbevilliers (le sire de) combat à Nanci, XI, 148.

Gerson (Jean), curé de Saint-Jean, chancelier de Notre-Dame, à qui l'on attribue l'Imitation de Jésus-Christ, harangue les princes, III, 54. — Condamne la doctrine de maître Jean Petit, IV, 150. — Prêche contre le duc Jean, 190.

Ghisbert (Mathieu), riche bourgeois de Gand, ennemi personnel de Jean Hyons, I, 167.

Ghistelles (messire Jean de), chambellan du roi de France, accuse Bourneseaux de faire un faux récit, I, 185. — Mentionné dans les lettres de franchise du duc de Bourgogne pour les gens de Gand, 364. — Apaise les gens de Bruges, II, 12. — Malade au siége de Bourges, IV, 13. — Périt en combattant contre les Gantois, VI, 92.

Ghistelles (le sire Gérard de) commande les gens de Courtrai au siége de Calais, 391. — Nommé capitaine de Courtrai, 417.

Giac (la dame de) réconcilie le duc Jean avec le Dauphin, IV, 418. — Va trouver le Dauphin à Melun, 417. — Passe dans le parti du Dauphin, V, 3.

Giac (maître Pierre de) commande la garde de la reine, IV, 295. — Envoyé au Dauphin à Melun, 477. — Signe le traité du Ponceau, 427. — Reçoit le serment des serviteurs du Dauphin pour l'entrevue du pont de Montereau, 437. — Chevalier du duc Jean à Montereau, 440. — Mis à la tête du conseil de Charles vii, V, 215. — Assassiné, 222.

Giac (le sire de), fils du chancelier de France, prisonnier du duc de Gueldres, II, 64.

Gié (le maréchal de) est laissé sans force contre le duc Maximilien, XII, 68.

Giffart (Jean), chancelier de la reine Isabelle de Bavière, mène son deuil, VI, 343.

Gigonne (la), maîtresse de Louis xi, XI, 45.

Gillet (Thomas), prêtre, porte une lettre du duc d'Alençon au duc d'York, VIII, 92.

Giresme (le commandeur de) aborde le premier la bastille des Tournelles, V, 336. — Appelé par les habitans de Melun pour lui livrer leur ville, VI, 73. — Se trouve au siége de Meaux, VII, 23. — Garde les passages de la Loire contre les Bourguignons, VIII, 400. — Attaque Gannat, 401.

Gladesdale (Guillaume), chef anglais, commande le fort des Tournelles, V, 319. — Se noie en défendant le fort, 338.

Glandor (Owen), descendant des princes de Galles, se révolte contre Henri, roi d'Angleterre, III, 8.

Gleichen (le comte de) défend Luxembourg pour Ladislas, roi de Bohème, VII, 132, 151.

Glocester (le duc de) se déclare contre la paix avec la France, II, 199. — Reste froid à toutes les propositions de paix de Robert l'Ermite, 206. — Reste inflexible, 246. — Étranglé en prison, 350.

Glocester (le duc de), frère du roi Édouard, depuis roi sous le nom de Richard iii, l'accompagne à son entrée à York, IX, 378. — Combat le dessein de faire la paix avec les Français, X, 366. — Refuse d'aller à l'entrevue de Péquigny, 388. — Excite la colère du roi contre le duc de Clarence, XI, 394. — Usurpe la couronne, XII, 312.

Glocester (le duc de), de la maison de Lancastre, vient à Saint-Omer en otage chez le comte de Charolais, IV, 275. — Vient joindre son frère devant Rouen, 380. — Vient aux conférences de Meulan, 407. — Épouse Jacqueline de Hainaut, V, 133. — Débarque à Calais avec six mille Anglais, 183. — Lettre de défi au duc Philippe le Bon, 190. — Démêlés avec l'évêque de Winchester, 204. — Épouse Aliénor de Cohen, 250. — Nommé comte de Flan-

'dre, VI, 366.—Amène une armée au secours de Calais, 397. — Débarque avec dix mille Anglais, 407. — S'oppose à la paix avec la France, VII, 9, 66. — Sa mort, 266.

Goche (sir Mathieu) se joint au duc de Bretagne contre le duc d'Alençon, VI, 198. — Prisonnier, 201. — Vient au secours de Paris, 290. — Prisonnier de nouveau, 348. — Marche avec les compagnies contre les communes de Suisse, VII, 188. — Battu à Formigni, 312. — Sa mort, 319.

Godefroi (Jean), nommé évêque d'Arras, VII, 502. —Un des ambassadeurs du duc Philippe à Pie II, VIII, 122. — Répond aux ambassadeurs du roi pour le Dauphin, 138.—Travaille à l'abolition de la pragmatique sanction, 223.

Godescale délivré de prison par les mutins de Gand, VI, 181.

Goldi (Henri), bourgmestre de Zurich, XI, 16. — Envoyé à la cour de Bourgogne, 317.

Genas (maître François), XII, 100.

Gontaut (le sire de) combat devant Orléans, V, 333.

Gorgia (Pierre) tue le comte d'Armagnac, X, 94.

Gossuin (maître) expose aux Gantois les griefs du duc Philippe contre les Anglais, VI, 365

Gosswin van Wilden, gouverneur de Hollande, décapité, VII, 259.

Gouffier (le sire de) se met à la tête d'une cabale pour perdre Jacques Cœur, VIII, 13.

Gouge (maître Martin), nommé chancelier de France, IV, 187. — S'oppose au traité de Bray-sur-Seine, 342. — S'enfuit à la Bastille, 345. — Maître du conseil du roi, V, 212. — Son avis devant Troyes, VI, 6. — Conférences de Compiègne, 39. — Conférences d'Arras, 320. — Etats d'Orléans, VII, 36. — Discours aux états d'Orléans, *ibid.* — Aux états de Clermont, 57. — Conférences de Nevers, 104. — Sa mort, 173.

Goux (maître Pierre), armé chevalier à Gavre, VII, 427. — Donné pour conseiller au comte de Charolais, 464.—Se rend à Gand auprès du comte de Charolais, VIII, 273. — Gouverne les finances du Duc avec maître Pierre Blaudelin, 313. — Ses avis lors de l'entrevue de Péronne, IX, 164.

Goux (Guillaume de), XII, 81.

Gouy (Daniel de) empêche les Armagnacs de se réfugier à la Bastille, IV, 345.

Gouzoles (le sire de), X, 291.

Gradenigo (Dominique), ambassadeur de Venise près de Louis xi, XI, 368.

Grailly (Jean de), captal de Buch, prisonnier, I, 152.

Grailly (Mathieu de), frère du comte de Foix, épouse Marguerite de Comminges, VII, 162.

Grammont (Robert de) suit le Dauphin dans sa fuite en Brabant, VIII, 53.

Grancey (le sire de) attend le duc de Bourgogne à son passage à Langres, I, 120.—Etabli gouverneur du duché de Bourgogne par Philippe le Hardi, 144.

Grange (Étienne de La), président au Parlement, admis au conseil de tutelle de Charles vi, I, 209.

Granson (le sire de) querelle avec le sire de Chabannes, VII, 133. — Sa mort, 505.

Granville (le bâtard de) injurie la Pucelle, V, 319.

Grasset (Jacques de), un des appointés du roi Louis, X, 359.

Grasset (Perrin), chef de compagnie, surprend la Charité, V, 163. — Refuse de rendre la Charité, 211. — Refuse une seconde fois, et se défend vaillamment, VI, 69. — Quitte la Charité, 274. — Se sauve de Villeneuve-le-Roi, 110.

Grassie (sir Martin), tué devant Bayonne, VII, 330.

Graville (le sire de), commandant de la garde de la

reine, IV, 302. — Surprend Meulan, V, 128. — Rend la forteresse aux Anglais, 140. — S'oppose à Talbot, qui voulait secourir la bastille de Saint-Loup, 324. — Combat à la prise de la bastille des Tournelles, 333. — Tente de reprendre Montargis, VI, 206. — Ouvre la marche à la tête des archers à l'entrée de Charles vii à Paris, 464. — Vient avec le roi au siége de Pontoise, VII, 89 ; XI, 350.

Gray (sir Jean), premier mari d'Élisabeth Woodwill, VIII, 332.

Grégoire xi (le pape), parrain du fils du duc de Bourgogne, I, 148.

Grey (lord), amiral d'Angleterre, fait partie d'une ambassade à Paris, IV, 201.

Grimberghe (Jean, sire de), mentionné dans le traité du duc Philippe le Hardi avec ceux de Gand, I, 364.

Grimberghe (le sire de), tué à Morat, XI, 84.

Grollée (Imbert de), bailli de Lyon, bat les Bourguignons, V, 101. — Prend le château de la Bussière, 160. — Combat d'Authon, VI, 96. — Se saisit du prince d'Orange, X, 345 ; XI, 109.

Gruel (Pierre), premier président du parlement du Dauphiné, va demander au pape des excommunications contre la ligue du bien public, VIII, 388. — Envoyé en ambassade à Rome, IX, 225. — Un des commissaires pour juger Henri de La Roche et l'abbé Favre, 429.

Gruthuse (Jean de La), capitaine de Bruges, tâche d'apaiser les séditieux, VI, 413. — Capitaine de la noblesse de Flandre, VII, 351. — Empêche les Gantois d'entrer à Bruges, 378. — Un des chefs d'avant-garde à la bataille de Gavre, 425. — Armé chevalier, 427. — Soutient une joute à Paris, VIII, 220. — Se trouve à la réunion de la Haye, 508. — Envoyé aux Gantois révoltés, IX, 18. — Commande les troupes de la flotte de Bourgogne sur les côtes de Normandie, 277. — Reçoit le roi Édouard, 306 ; XI, 211, 302. — Prisonnier, XII, 76, 337.

Gruyère (le comte de), XI, 72.

Gueldres (le duc de) fait la guerre à la duchesse de Brabant, et défie le roi de France, II, 19. — Se réconcilie avec le roi de France, 63. — Épouse mademoiselle d'Harcourt, III, 16. — Se rend aux conférences d'Arras, VI, 292. — Conspire contre le duc Philippe, VII, 506. — Discorde avec son fils Adolphe, 507. — Vient se rendre au duc Charles, IX, 204. — Détrôné par son fils, X, 63.

Gueldres (le jeune duc de), X, 56 ; XI, 283.

Gueldres (madame Catherine de), régente du duché, XII, 109.

Gueldres (Arnould, duc de), détrôné par son fils, X, 56.

Gueldres (Charles de), fils du duc Adolphe, X, 63.

Guerrard (Thomas), chef anglais devant Orléans, V, 320. — Rend Montereau aux Français, VI, 461.

Guérin (Jean), maître d'hôtel du roi, XII, 285.

Guerre (Raimonet de la) court la campagne, IV, 259. — Charge tous les arbres des environs de Noyon de Bourguignons qu'il y fait pendre, 271. — Défend Evreux contre les Anglais, 337. — S'oppose au traité de paix de Bray-sur-Seine, 342. — Saisi par les Bourguignons, 347. — Son corps est promené sur une claie, 359.

Guervadan (maître Olivier) porte le poison à la comtesse d'Armagnac, X, 95.

Gueten (le sire de), bailli d'Évreux, rend aux Français la forteresse de Beaugency, V, 354.

Gui, archevêque de Vienne, chef d'ambassade à Londres, XI, 368.

Guichard, dauphin d'Auvergne, porte la décision du conseil au duc Jean, III, 194. — Va au secours du duc de Bourbon, 240. — Choisi pour recevoir le serment des princes, 297. — Raconte que les princes ont juré de détrôner le roi, 377. — Engage un de ses cousins à rendre la forteresse de Sancerre, IV, 10. — Envoyé au duc Jean, 203. — Envoyé au roi d'Angleterre pour l'engager à renoncer à ses prétentions sur la couronne de France, 239. — Périt à Azincourt, 245.

GUICHE (le sire de la) défend la duchesse de Bourgogne à Rouvres, IV, 158.

GUICHE (le sire Claude de la), XII, 94.

GUILHEM (ARNAUD), magicien, mandé pour guérir Charles VI, II, 210.

GUILLAUME LE BOUTEILLER, chevalier du Dauphin à l'entrevue de Montereau, IV, 440.

GUILLAUME, seigneur de l'Ecluse, fils aîné du comte de Namur, mentionné dans le traité de Philippe le Hardi avec les Gantois, I, 364.

GUILLAUME LE BÈGUE, principal gouverneur du duc de Brabant, assassiné, V, 131.

GUILLAUME L'INSENSÉ, comte de Hainaut, etc., I, 327.

GUILLAUME LE PASTOUREL pris par les Anglais, VI, 147.

GUISAY (Huguet de) imagine une mascarade pour Charles VI; il y périt, II, 198.

GUISE (le comte de), fils du comte du Maine, donné pour otage par Louis XI au duc de Bretagne, IX, 231.

GUITRY (le sire de), commandant de Montereau pour le Dauphin, V, 41. — Soutient vigoureusement le siége, 43. — Se renferme dans Orléans, 256, 333. — Tente de reprendre Montargis sur les Anglais, VI, 206.

GUYENNE (Charles, duc de), frère de Louis XI, IX, 231. — Elu chevalier de Saint-Michel, 246. — Quitte Louis XI et retourne en Bretagne, 392. — Sa mort, X, 5.

Guyenne, placé au service de la Pucelle, V, 296. — Porte une lettre de la Pucelle aux Anglais, 314. — Découvre une conspiration contre Dijon, VI, 185.

Guyenne (Louis, dauphin, duc de), fils de Charles vi, fiancé avec Marguerite, fille aînée du comte de Nevers, II, 435. — Préside une assemblée des princes, III, 160. — Ne se montre point contraire au duc de Bourgogne, 189. — Assemble un nombreux conseil et écrit au duc de Bourgogne, 328. — Assiége Etampes, 365. — Affirme au roi que les princes veulent le détrôner, 377. — Se prononce pour la paix au siége de Bourges, IV, 14. — Indique des conférences à Auxerre, 21. — Contracte une amitié étroite avec le duc d'Orléans, 26. — Fait son entrée à Paris, 28. — Convoque une assemblée des trois états du royaume, 32. — Destitue le sire de Ollehain, son chancelier, 58. — Adresse la parole aux Parisiens révoltés, 71. — Adopte le chaperon blanc, 76. — Ecrit aux ducs d'Orléans, de Bretagne, etc., de venir le délivrer, 79. — Insulté par le sire de Jacqueville, 92. — Se déclare gouverneur de la Bastille, 114. — Billet au duc de Bourgogne, 138. — Dément par une lettre publique le billet adressé au duc Jean, 140. — Commande le corps de bataille de l'armée devant Paris, 144. — Chiffres qu'il fait mettre sur son étendard, 152. — Reçoit les députés des états de Flandre, 168. — Se décide à faire la paix, 175. — Tient le gouvernement, 181. — S'empare de toute l'autorité, 185. — S'échappe de Paris et va à Bourges, 189. — N'assiste point au service du duc d'Orléans, 191. — Rend visite à la comtesse de Hainaut, 192. — Se rend tout-à-fait maître du gouvernement, 195. — Ordonne aux princes de s'en retourner chacun chez eux, 197. — Relègue sa femme à Saint-Germain-en-Laye, 198. — Reçoit les députés du duc Jean, *ibid.* — Joute contre le duc d'Alençon, 201. — Fait expédier au roi des lettres de pardon pour le duc Jean, 205. — Reçoit durement les envoyés du duc Jean, 255. — Sa mort, 258.

H

HAGENBACH (Étienne de) demande vengeance de la mort de son frère, X, 19.

HAGENBACH (le sire Pierre de), gouverneur du pays de Ferette, X, 129. — Offense les Suisses, 134. — Conseils au Duc, 155. — Son procès, 190.

HAINAUT (le bailli de) conseille aux Gantois de se soumettre au comte de Flandre, I, 244.

HAINAUT (le comte de) permet à ses chevaliers de faire la guerre aux gens de Gand, I, 191. — Interdit à ses sujets tout commerce avec Gand, 249. — Accompagne le duc Jean à la guerre contre les Liégeois, III, 193. — Est de moitié dans le traité que le duc Jean propose aux Liégeois, 211. — Envoyé à Tours, 227. — Réconcilie le duc Jean avec Isabelle de Bavière, 255. — Fait la guerre des Armagnacs, 284. — Ecrit au duc Jean de venir trouver le Dauphin, IV, 238. — Suit la reine à Paris, 283. — Sa mort, 310.

HAINAUT (Jacqueline de), fille du comte de Hainaut, en guerre avec Jean-sans-Pitié, V, 129. —. Épouse le duc de Brabant, 130. — Quitte son mari, 132. — Epouse le duc de Glocester, 133. — Revient en Flandre pour recouvrer ses états, 183. — Ecrit de Mons au duc de Glocester, 226. — S'échappe de Gand, 230. — Met le siége devant Harlem, 236. — Traite avec le duc Philippe, 250. — Epouse le sire François de Borsèle, VI, 213. — Sa mort, 216.

HALLÉ (François), avocat du roi au parlement, XII, 45.

HALLWYL (Thurnigde), envoyé par l'Autriche au roi de France pour presser l'arrivée des compagnies, VII, 185.

Hallwyl (Hauns de) commande l'avant-garde des Suisses à Morat, XI, 74. — Ambassadeur suisse à Louis xi, 115.

Hallwin (le sire d'), envoyé à Audenarde par Philippe le Hardi, I, 258. — Mentionné dans le traité du duc de Bourgogne avec Gand, 364. — Fait trancher la tête aux chefs des révoltés de Grammont, VI, 66.

Hallwin (Antoine d') périt à Guinegate, XII, 80.

Hallwir (la dame d'), gouvernante de Marie de Bourgogne, XI, 196.

Halsalle (sir Gilbert), nommé pour surveiller l'armée anglaise à la bataille de Crevant, V, 152.

Hamelin (Jacques) prête de l'argent à Louis xi, XII, 65.

Hangest (le sire d'), grand-maître des arbalétriers, tombe entre les mains du Duc, III, 366. — Envoyé en ambassade en Angleterre, II, 363. — Tué au siége de Pontoise, VII, 99.

Hanns-In-der-Grub de Berne, XI, 23.

Happart, confesseur de la reine Isabelle, assiste à ses funérailles, VI, 343.

Harancourt (Guillaume de), évêque de Verdun, mis en prison, IX, 220.

Harancourt (André de), frère de l'évêque de Verdun, IX, 221.

Harchies (le sire) fait la guerre en Flandre, XII, 57.

Harcourt (Christophe d'), évêque de Castres, tente un accommodement entre le dauphin Charles et le duc Jean-sans-Peur, IV, 373. — Dit le premier que la Pucelle est envoyée de Dieu, V, 294.—Demande à Jeanne comment son conseil lui a parlé, 342. — Assiste aux conférences de Compiègne, VI, 39. — Signe la trêve de Nevers, 275.

Harcourt (le sire d'). Ses fils marchent auprès du jeune roi Charles vi à son sacre, I, 214. — Se croise contre les Sarrasins, II, 93. — Remplit l'office de connétable, 273.

Hardi, domestique d'Ithier, chargé d'empoisonner le roi, X, 154. Écartelé, 156.

Hardoyen (Jacques de), doyen des métiers à Bruges, arrache le duc Philippe à la fureur du peuple, VI, 434. — Décapité, 435.

Harlai (Nicolas de), sieur de Sanci, XI, 31.

Harpedenne (le sire de), sénéchal de Saintonge, publie un défi des Anglais, II, 395. — Juge dans le combat de sept Anglais contre sept Français, 396.

Harselle (Rasse de), capitaine gantois. Sa mort, I, 232.

Harsely (Guillaume de), médecin, soigne le roi Charles VI, II, 168. — Meurt à Laon, 181.

Hasle (Louis de la), bâtard de Flandre, mentionné dans le traité de Philippe le Hardi avec les gens de Gand, I, 364.

Hassli (le sire du) abat la bannière du grand bâtard à Morat, XI, 85.

Hassfurter, avoyer, XI, 17. — Va faire la guerre en Lorraine, 138.

Hautbourdin (la dame de), de la suite de madame de Charolais à Cambrai, VII, 18.

Hautbourdin (le sire de). Son serment au vœu du faisan, VII, 455. — Partisan du comte de Charolais contre les Croys, VIII, 364.

Haugest (le sire d') envoyé en Angleterre, II, 363.

Haussonville (le sire d') combat à Nanci, XI, 148.

Havart (le sire de) devient la terreur d'Arras par ses cruautés, VIII, 82.

Heidelberg (le seigneur d') fait la guerre en Lorraine, V, 156.

Helly (messire Jacques de) apporte les nouvelles de la défaite des Français en Hongrie, II, 284. — Prisonnier de Bajazet, 301. — Retourne en Turquie, 309. — Commande les Bourguignons contre les Liégeois., se distingue contre les Liégeois, III, 205. — Arrête Montaigu, 250. — Envoyé en Guyenne pour saisir les terres du connétable d'Albret, 363. — Protège les convois au siège de Bourges, IV, 9. — Fait la guerre en Guyenne, 32. — Annonce qu'il ne peut se soutenir en Guyenne contre les Anglais, 89. — Envoyé au roi d'Angleterre à Azincourt, 239. — Périt à Azincourt, 245.

Hennequin (le sire de). Son serment au vœu du faisan, VII, 455.

Henri v, prince de Galles, monte sur le trône, IV, 124. — Rappelle ses droits à la couronne de France, 200. — Bataille d'Azincourt, 239. — — Sa réponse au défi du duc Jean, 253. — Offre une trêve de trois ans, 273. — Confie le commandement de ses troupes au duc de Clarence, ibid. — Dresse un projet de traité entre lui et le duc Jean, 275. — S'empare de Caen, d'Alençon et de beaucoup d'autres villes, 313. — Exige des Français qu'ils reconnaissent ses droits à la couronne de France, ibid. — Conquiert la Normandie sans obstacle, 337. — Conférences du Pont-de-l'Arche, 384. — Sa réponse aux députés de Rouen, 391. — Entre à Rouen, 393. — Prend le titre de roi de France, 397. — Traité avec le Dauphin, 405. — Conférences de Meulan avec le duc de Bourgogne, 407. — Prend Pontoise, 433. —Traité avec Philippe le Bon, V, 10. — Epouse madame Catherine, fille de Charles vi, 23. — Traité de Troyes, 24. — Siége de Sens, 41. — Siége de Montereau, ibid. — Siége de Melun, 44. — Se montre cruel, 54. — Entre à Paris, ibid. — Assemble les députés des trois états du royaume, 57. — Affaiblit les monnaies, 58. — Ne laisse point mettre en justice le sire de Barbazan, 65. — Retourne en Angleterre, ib. — Revient en France, 72. — Marche contre le Dauphin, ib. — Bataille de Mons-en-Vimeu, 74. — Met le siége devant

Meaux, 81. — Paroles remarquables qu'il prononce en apprenant la naissance de son fils, 91. — Sa mort, 109.

Henri, landgrave de Hesse, va au siége de Neuss, X, 272.

Henri vi naît à Windsor, V, 91. — Débarque à Calais, VI, 114. — Ecrit à tous les princes de la chrétienté pour rendre compte du procès de la Pucelle, 143. — Fait son entrée à Paris, 168. — Est sacré à Notre-Dame, 170. — Reçoit l'ambassade du duc Philippe, 340. — Montre un grand chagrin de la paix d'Arras, 341. — Perd la bataille d'Exetan. Tombe entre les mains de ses ennemis, VIII, 292.

Herbet (Geoffroi), évêque de Coutances; son procès, XII, 104.

Hertensten (Gaspard), de Lucerne, XI, 75.

Herter (Guillaume), capitaine suisse à Morat, XI, 75. — Commande à la bataille de Nanci, 147.

Hesselin (Denis), maître d'hôtel du roi, XI, 351, XII, 4.

Heuse (le sire de la), maître d'hôtel du roi, chargé d'aller chercher Robert Retortillo, XII, 348.

Heylle (messire Jean de), chevalier flamand, va trouver le duc de Bourgogne pour lui faire des propositions d'accommodement, I, 347.

Hochberg (le sire de), maréchal de Bourgogne, conserve Châlons à Louis xi, XII, 313.

Hohenburg (Frédéric), envoyé en France pour presser l'arrivée des compagnies, VII, 186.

Honfroy (le sire de), fait prisonnier devant Avranches, VII, 46.

Horn (Jean de) commande la flotte du duc Philippe devant Calais, VI, 399. — Mis à mort par les gens de Bruges, 410.

Howelt (Enguerrand) condamné au bannissement par les Gantois, VI, 416.

HUGUES CAPET, premier roi de la troisième race, I, 97.

HUGUEVILLE (le sire de) envoyé au roi d'Angleterre Henri IV, II, 363. — Envoyé au secours des Gallois, III, 63.

HUMBERT, boulanger de Nanci, soupçonné d'avoir porté le premier coup au duc de Bourgogne, XI, 161.

HUMBERT, seigneur de Rougemont, dépouillé et pris par Jean de Blaisy, I, 147.

HUMIÈRES (le sire de) accompagne le duc Philippe en Flandre, VI, 430. — Butinier à la prise de Luxembourg, VII, 154. — Accompagne la duchesse de Bourgogne aux conférences de Châlons, 227. — Reçu chevalier de la Toison-d'Or, 246. — Court un grand danger au village de Lokeren, 367.

HUNGERFORT (lord) se rend prisonnier à la bataille de Patay, V, 359.

HUNT (Jean), capitaine anglais, excite les Gantois à secourir Gavre, VII, 424.

HURTER (Gaspard), héraut de l'empereur, dégrade le sire de Hagenbach, X, 194.

HYONS, favori du comte Louis de Flandre, excite le peuple à la révolte, I, 168. — Rassemble les chaperons blancs au nombre de dix mille. — Meurt subitement, 174.

I

ILLIERS (Ives d'), envoyé en Languedoc, X, 223.

ILLIERS (le sire d') combat à la prise de la bastille des Tournelles, V, 333. — Défend Louviers avec La Hire, VI, 145. — Surprend Chartres, 192.

IMHOF, landamman de Uri, envoyé près de Louis XI, XI, 316.

INNOCENT VII, élu pape, envoie une bulle à l'Université, III, 58.

INVENGEN, surnommé le grand Frison; ses conseils aux Frisons, II, 324. — Tué, 327.

IOLANDE DE FRANCE (madame), épouse le prince de Piémont, VIII, 6; XII, 106.

ISABELLE DE FRANCE, fille de Charles VI, épouse le roi d'Angleterre, II, 277. — Mariée avec le fils aîné du duc d'Orléans, III, 70.

ISABELLE DE PORTUGAL, fille de Pierre Ier. et de madame Philippe de Lancastre, VI, 58. — Accouche de Charles le Téméraire, 239. — Son arrivée aux conférences d'Arras, 294. — Se sauve de Bruges, 415. Se rend aux conférences de Gravelines, VII, 10. — Va au-devant du duc d'Orléans qui revient de sa captivité, 68. — Visite le roi à Laon, 84. — Réception de l'empereur à Besançon, 124. — Se rend auprès du roi à Châlons, 226. — Signe une trêve de quatre ans avec les Anglais, 267. — Réception du Dauphin, VIII, 140. — S'attire l'inimitié du Duc, 156.

ISABELLE DE CASTILLE, sœur du roi de Castille, demandée en mariage pour le duc de Guyenne, IX, 360.

ISAMBART (frère) s'intéresse pour la Pucelle, VI, 126.

ISELIN (Henri), X, 190.

ISELSTEIN (le sire d'), fait prisonnier, XII, 109.

ILE-ADAM (le seigneur de l') devient bourguignon, IV, 305. — Livre Pontoise au duc Jean, 314. — En garnison à Pontoise, 332. — S'empare de Paris, 344. — Capitule avec la Bastille, 350. — Fait tenir un grand conseil au Louvre, ib. — Combat vaillamment lors de la prise de Pontoise par les Anglais, 432. — Combat avec le duc Philippe le Bon, V, 14. —Altercation avec le roi d'Angleterre, 51. — Enfermé à la Bastille, 71. — Mis en liberté, 113. — Commande les Bourguignons en Hainaut, 241. — Laissé à Paris par le duc de Bedford pour le défendre, 364. — Laissé pour gouverneur de Paris, par le duc Philippe, VI, 58. — Arrête la conspiration des prisonniers de la Bastille, 75. — Envoyé contre le sire de Barbazan, 112. — Blessé au combat de la Croisette, 113. — Commande le siége de Lagny, 194. — Se soumet à Charles vii, 348. — Soumission de Paris, 367, 372. — Va mettre le siége devant Creil, 387. — Rejoint le duc Philippe en Flandre, 431. — Périt à Bruges, 434.

Ithier, marchand, conçoit le projet d'empoisonner le roi, X, 154.

Ivry (le baron d'), fait partie d'une ambassade à Londres, IV, 202.

J

Jacquelin (Jean), XI, 407.

Jacques, fils du célèbre Poggio. — Sa mort, XII, 11.

Jacques iii, roi d'Écosse, XII, 98.

Jacqueville (le sire de) se met à la tête des séditieux de Paris, IV, 68. — Nommé gouverneur de Paris, 80. — Parcourt avec fureur les appartemens de l'hôtel Saint-Paul, 84. — Tue le sire Jacques de La Rivière, 86. — Monte chez le duc de Guyenne tout en armes, et le réprimande au milieu d'un bal, 92. Entre au conseil du roi, et défend de parler de paix, 95. — Marche contre le sire de Bosredon, 98. — Suit le duc Jean en son duché, 183. — Commet toutes sortes de ravages à la tête des compagnies, 314. — Assassiné, 329.

Jaille (le sire Bertrand de la), XII, 107.

Jaille (le sire de La), chevalier poitevin, fait partie d'une troupe de chevaliers qui passent la Lys, I, 274. — Fait une descente en Angleterre, III, 7. — Envoyé au connétable de Richemont, pour lui défendre d'avancer, V, 350.

Jarretière, héraut d'Angleterre, X, 261.

Jaucourt (Philibert de) secourt le duc Philippe à la bataille de Gavre, VII, 432.

Jaucourt (le seigneur de) est de la guerre contre les Navarrois, I, 118.

ALPHABÉTIQUE. 199

Jaucourt (le sire de) député à Charles VII par le duc de Bourgogne, VI, 162.

Jean surnommé Jean sans Peur, fils aîné de Philippe le Hardi, nommé lieutenant de son père, force le clergé à payer les impôts. Signe le testament de son père, II, 8. — Tenant de la joute à une fête donnée par Charles VI, 72. — Obtient de commander l'armée pour la Hongrie, 255. — Sa conduite pendant cette guerre, 286. — Armé chevalier par le roi de Hongrie, 299. — Ordonne la bataille, 293. — Prisonnier, 302. — Mis en liberté, 321. — Visite toutes les bonnes villes de son père, 322. — Hérite des états de son père, 461. — Rend hommage au roi de France, III, 2. — Abandonne les meubles de son père aux créanciers, ib. — Fait son entrée à Dijon, 4. — Retourne à Paris pour célébrer le mariage de sa fille Marguerite avec Louis, duc de Guyenne, ib.—Parle à un grand conseil des princes sur la taille, 12.—Va prendre possession des états que lui laisse sa mère, 15. — Publie que ses sujets ne paieront point la taille, 16. — Veut entreprendre le siége de Calais, 19. — Vient à Paris à la tête de huit cents chevaliers, 28. — Arrête le Dauphin, qu'emmenait le duc de Bavière, et le ramène à Paris, 31. — Ses remontrances, où il accuse l'administration du duc d'Orléans, 32. — Se prépare à la guerre contre le duc d'Orléans, 44. — Sa devise, 50. — Discours aux bourgeois de Paris, 51. — Fait un traité avec le duc d'Orléans et la reine, 53.—Continue à se porter pour défenseur du peuple, 56. — Fait des charges un de ses revenus, 57. — Éclate en menaces contre le duc d'Orléans, 61. — Se fait concéder tous les pouvoirs qu'avait son père, 62. — Arrête des mains du comte de Pembrock des lettres de mariage de madame Isabelle avec le fils du roi Henri, et les jette au feu, 64. — Nommé capitaine général de la Picardie, 65. — Étale sa magnificence aux noces de Jean, duc de Touraine, 70. — Se prépare à assiéger Calais de nouveau, 75. — Licencie son armée, *ib.* — Chargé de négocier un traité de commerce avec les Anglais, 77.—Retourne en Flandre, 80. — Se réconcilie une seconde fois avec le duc d'Orléans, 82. — Sa conduite après le meurtre du duc d'Orléans, 87. — Avoue son crime, 92. — Assemble les états de Flandre, 95. — Motifs auxquels le peuple attribue l'action du Duc, 96. — Tient une conférence à Amiens avec les princes, 104. — Rentre à Paris malgré les défenses du roi, 106. — Fait signer des lettres au roi qui l'excusent de la mort du duc d'Orléans, 145. — Souverain maître du gouvernement, 146. — Fait condamner le sire de Tignonville, 149. — Appuie l'Université contre les deux papes, 151. — Va au secours de l'évêque de Liége, 154. — Sa réponse aux envoyés du conseil de France, 194. — Bataille de Tongres, 198. — La raconte lui-même, 203. — Acquiert le nom de Jean sans Peur, 208. — Règle les affaires du pays de Liége, 211. — Fait son entrée à Paris, 222. — Donne audience au grand-maître Montaigu, 225. — Apaise un différent entre le comte de Hainaut et le duc de Brabant, 227. — Traité de Chartres, 229. — Rentre à Paris, 237. — Envoie une ambassade au concile de Pise, 238. — Signe un traité avec le roi de Navarre, 243. — Célèbre les noces de son frère le duc de Brabant, 244. — Tient son parlement à Lille, *ib.* — Fait célébrer l'anniversaire de sa victoire sur les Liégeois, 246. — Fait instruire contre le sire de Montaigu, 250. — Rend à la ville de Paris ses priviléges, 253. — Se concilie la reine, 255. — Traités entre elle et les autres princes, *ibid.* — Nommé gouverneur du Dauphin, 264. — Entreprend une troisième fois le siége de Calais, 265. — Se concilie le duc de Bretagne, 267. — Marie sa fille Catherine, *ibid.* — Guerre des Armagnacs, 269. — Ecrit au duc de Berri, 274. — Traité de Bicêtre, 295. — S'en retourne en Flandre, 299. — Envoie une lettre d'accusation contre les autres princes, *ibid.* — Se prépare de nouveau à la guerre contre les autres princes, 301. — Assemble ses états à Arras, 302. — Lettre de défi aux ducs d'Orléans, 316. — Ecrit au jeune duc de Bourbon, 318. — Marche contre les Armagnacs, 335. — Abandonné des gens de Flandre, 341. — Revient à Paris avec un renfort d'Anglais, 348. — Écrit à toutes les bonnes villes pour se disculper de son alliance avec les Anglais, 350. — Entre à Paris, 352. — Reprend Saint-Cloud, 358. — Reçoit tout pouvoir de finir la guerre comme il le jugera nécessaire, 362. — Se fait nommer gouverneur du Beaujolais, 370. — Rend à la ville de Paris l'élection de ses magistrats, etc., 372. — Part de Paris avec le roi, IV, 2. — Siége de Bourges, 7. — Entrevue avec le duc de Berri, 16. — Conférences d'Auxerre, 22. — Son alliance avec les ducs de Bourbon, d'Orléans et le comte de Vertus, 25. — Présente le duc de Lorraine au Dauphin, 31. — Assiste à une assemblée des trois états du royaume, 32. — Accusé d'avoir médité la mort des ducs de Berri et d'Orléans, 61. — Défend Pierre Désessarts, enfermé à la Bastille, 70. — Adopte le chaperon blanc, 76. — Apaise les séditieux, 81. — Fait juger les gens du duc de Guyenne par douze commissaires, 87. — Paix de Pontoise, 101. — S'échappe de Paris, 118. — Recherche l'appui des Anglais, 125. — Ne répond rien aux ambassadeurs de Charles VI, 127. — On lui renvoie sa fille Catherine, 128. — Écrit de Flandre une lettre au roi, 129. — Marche sur Paris, 139. — Retourne en Flandre, 147. — Ne peut obtenir la paix, 166. — Siége d'Arras, 170. — Paix de Pontoise, 177. — Donne pleins-pouvoirs à la comtesse de Hainaut pour traiter avec le roi, 183. — Part pour son duché, *id.* — Confisque la seigneurie de Louis de Châlons, 184. — Propose ses conditions pour la paix, 192. — Ses efforts pour faire approuver sa justification au concile de Constance, 194. — Envoie des ambassadeurs au duc d'Aquitaine pour se plaindre du traitement fait à la duchesse, 198. — Convoque son grand conseil au château de Rouvres, 203. — Reçoit les ambassadeurs du Dauphin à Rouvres, 206. — Jure la paix, 212. — Écrit au roi pour se plaindre de la défense de conduire ses troupes en personne contre les Anglais, 205. — Envoie défier le roi d'Angleterre, 253. — Marche sur Paris malgré la défense du roi, 255. — Mande sa fille madame Michelle, 258. — Complot à Paris en sa faveur, 265. — Refuse d'envoyer secours contre les Anglais, 274. — Entrevue avec l'empereur Sigismond et le roi d'Angleterre, *ibid.* — Conférences de Valenciennes, 280. — Écrit aux bonnes villes du royaume après la mort du Dauphin Jean, 285. — Un grand nombre de villes entre dans son alliance, 301. — Part d'Arras pour se diriger sur Paris, 303. — Répond aux lettres du roi, 306 — Se justifie de prendre les armes contre les princes, 307. — Quitte Paris, s'empare de Montlhéry, Dourdan, etc., 321. — Reçoit un message du collége des Cardinaux, 322. — Envoie aux bonnes villes la lettre du Sacré-Collége, 323. — Délivre la reine, 324. — Poursuit le sire de Saveuse, meurtrier de Jacqueville, 330. — Congédie les hommes d'armes, 332. — Institué par la reine gouverneur général du royaume, *ibid.* — Apprend la prise de Paris par les siens, 351. — Fait son entrée à Paris, 361. — S'efforce de calmer les séditieux qui assiégeaient le Châtelet, 364. — Paix de Charenton, 374. — Envoie au secours de Rouen, 378. — Rétablit les aides, 382. — Conférences du Pont-de-l'Arche, 384. — Des députés de Rouen implorent sa pitié, 389. — Conseille à ceux de Rouen de se rendre, 391. — Écrit au parlement, 399. — Envoie des ambassadeurs au roi d'Angleterre, à Rouen, 405. — Trève avec le Dauphin, 406. — Conférences de Meulan avec le roi Henri v, 407. — Convoque son conseil pour examiner s'il vaut mieux traiter avec l'Angleterre ou avec le Dauphin, 413. — Vient à Corbeil, 417. — Entrevue du Ponceau, *ibid*. —Paix du Ponceau, 419.—Distribue de grands présens aux seigneurs qui accompagnent le Dauphin, 428.—Plaintes du peuple contre lui, 435. — Se rend à Bray-sur-Seine, 436. — Entrevue du pont de Montereau, 438. — Sa mort, 442.

JEAN, duc de Touraine, second fils de Charles vi, fiancé avec une fille du comte de Nevers, II, 435. — Entrevue avec le duc de Bourgogne, IV, 279. — Meurt empoisonné, 284.

JEAN, fils du bâtard Corneille, périt à Guinegate, XII, 80.

JEAN (maître), canonnier, fait beaucoup de mal aux Anglais, au siége d'Orléans, 329.

JEANNE (madame Jeanne de Castille), fille du roi Henri, IX, 360.

JEANNE DE FRANCE, fille de Louis xi, promise au comte de Charolais, VIII, 454. — Mariée à Louis, duc d'Orléans, X, 113; XII, 300.

JEANNE D'ARC, dite la Pucelle, a souvent des visions, V, 273. — Va trouver le sire de Baudricourt, 278. — Part pour Orléans, 283 — Entrevue avec le roi, 286. — Menée à Poitiers, 290. — Examinée par la reine de Sicile et la dame Aucourt, 295. — Se rend à Blois, 298. — Arrive devant Orléans, 306.— Entre dans Orléans, 309.—Écrit au roi d'Angleterre, 312. — Va au-devant d'un renfort amené par le bâtard d'Orléans, 320. — Prise de la bastille Saint-Loup, 324. — Seconde lettre aux Anglais, 327.— Prise de la bastille des Tournelles, 330, 338. — Blessée d'une flèche, 334. — Désire d'attaquer les Anglais le dimanche, 340. — Retourne vers le roi, 341. —Veut que le roi aille se faire sacrer à Reims, 342. — Sauve la vie au duc d'Alençon, 346. — Renversée par une énorme pierre au siége de Jargeau, 347. — Ne peut faire partie de l'avant-garde à la bataille de Patai, 356.—Veut qu'on attaque Troyes, VI, 7.—Ecrit de Reims au duc Philippe, 13.—Devant

Château-Thierri on voit des papillons voltiger autour d'elle, VI, 17. — On admire son maintien guerrier, 22. — Comment elle se comportait, 24. — Attaque de Paris, 41. — Suspend son armure sur le tombeau de saint Denis, 52. — Prend la ville de Saint-Pierre-le-Moutier, 70. — Entrevue avec Catherine de la Rochelle, ib. — Va au secours de Choisi-sur-Oise, 79. — Va au siége de Pont-l'Evêque, 80. — Sa prise, 84. — Son procès, 112.

JOIGNY (le comte de) accusé d'avoir conspiré contre le duc Philippe le Bon, VI, 186. — Accusé pour une nouvelle conspiration, 241. — Se trouve au siége de Pontoise, VII, 89. — Prisonnier à Guipy, X, 335.

JONVELLE (Jean de La Trémoille, sire de) envoyé en ambassade à Charles VII, VI, 162. — Accusé de conspiration contre le duc Philippe, 186. — Accusé d'avoir conspiré contre Dijon, 241.

JOSSEQUIN (Philippe), valet de chambre du duc de Bourgogne, depuis garde de son sceau privé, conseille au Duc la paix avec le Dauphin, IV, 416. — Passe dans le parti du Dauphin, V, 3.

JOSSET (Jean), aubergiste d'Arras, enfermé comme vaudois, VIII, 163.

JOUARD (Jean), premier président du parlement de Dijon, massacré, XI, 312.

JOUGNE (le châtelain de) refuse d'obéir aux ordres du duc de Bourgogne, II, 91.

JOURDAIN (Jean) commande les canonniers à Rouen, IV, 390. — Livré au roi d'Angleterre, 395.

JOURNEL (Guichard) défend Choisy-sur-Oise contre le duc Philippe, VI, 80.

JOYEUSE (le sire de) combat à Guinegate, XII, 75.

JUAN (don), roi d'Aragon, fait emprisonner son fils, VIII, 241. — Fait la guerre au roi de France, X, 62. — Soutient le siége de Perpignan, 102. — Envoie une ambassade en France pour traiter du mariage du dauphin avec l'infante, 220. — Dispute la succession de Castille, 284.

JUAN (l'infant don), de Portugal, se trouve à la bataille de Gavre, VII, 426.

JULIERS (le duc de), père du duc de Gueldres, blâme son fils, II, 19. — Prête foi et hommage au roi de France, 61. — Se trouve à la Haye avec le comte de Charolais, VIII, 508.—Vient à la cour du duc Charles, IX, 204. — Lui vend ses droits sur la Gueldres, X, 63. — Reçoit les envoyés de Louis XI, XI, 300.

JUMONT (le sire de), grand-bailli de Flandre, I, 337. — Envoyé par le duc Albert au roi de France, II, 264. — Décide la victoire contre les Frisons, 326. — Parcourt la Flandre en commettant mille cruautés, III, 191. — Emmène de Liége plusieurs des principaux habitans, 210.

JUPILLE, domestique du Dauphin, disgracié, VII, 74.

JUVENAL (le sire), exigé dans les otages, au siége de Melun, V, 53.

K

KAR (Thomas), écuyer du pays de Galles, joute avec le sire de Lalaing, VII, 279.

KARADOS (le sire de), prisonnier du seigneur de Cornwallis, V, 12.

KELLER (Félix), de Zurich, capitaine suisse, X, 255; XI, 77.

KERCHOVE (Mathieu), chef de l'artillerie des Gantois à la bataille de Gavre, VII, 430.

KINGSTON rend la forteresse de Château-Gaillard, qu'il commandait pour les Anglais, VI, 41.

KIRIEL (sir Thomas) combat à Germigny, VI, 107, 106. — Arrive au secours de Paris, 290. — Défait par les Français, 344. — Ravage le pays de Caux, 352. — Bat les Français près du Crotoy,

454; Commande une armée pour assiéger Valognes, VII, 311.

Kistler (Pierre), lieutenant de l'avoyer de Berne, X, 167.

L

Labitte (maître Jean) brûlé à Arras comme vaudois, VIII, 152.

Ladislas, roi de Bohême, dispute le duché de Luxembourg à Philippe le Bon, VII, 132. — Demande madame Magdeleine de France en mariage, VIII, 67. — Sa mort, 69.

Ladislas, fils de Casimir, roi de Pologne. Prétentions au duché de Luxembourg, XII, 185.

La Fayette (le maréchal de) commande dans le Perche pour le dauphin Charles, V, 68. — Bat les Bourguignons, 101. — Fait prisonnier à la bataille de Verneuil, 179. — Arrive au secours d'Orléans, 262. — Assiste aux conférences de Nevers, VI, 273. — Ambassadeur du roi de France aux conférences d'Arras, 293. — Soutient le parti de la guerre aux états d'Orléans, VII, 37.

La Fayette, fils du maréchal, armé chevalier, VII, 300.

La Hire (le sire de Vignolle, surnommé), commande la garnison de Crespy, V, 14. — Commande les Lombards à la bataille de Verneuil, 176. — Force les Anglais à lever le siége de Montargis, 246. — Se distingue au siége d'Orléans, 259, 264, 298, 333. — Conduit la cavalerie à Patai, 356. — Est du voyage de Reims, VI, 4. — Assiste aux conférences de Compiègne, 39. — Surprend le fort de Château-Gaillard, 41. — Prend Louviers, 145. — Fait la guerre en Picardie, 262. — Bat les Anglais à Gerberoy, 287. — Mandé devant Paris, 289, 306. — Vient assiéger Clermont en Beauvoisis 336. — Blessé au siége de Calais, 395. — Défait dans une tentative sur Rouen, 451. — Se fait remarquer entre tous par la richesse de son costume à l'entrée du roi à Paris, 465. — Envoyé contre le comte de Ligny, VII, 7. — Mis en prison par le sire d'Auffremont, *ib.* — Conduit les compagnies en Allemagne, 11. — Se trouve au siége de Meaux, 23. — Se trouve au siége de Pontoise, 89. — Sa mort, 161.

Lailler (Jean de), maréchal des logis de Louis xi, envoyé au roi Édouard, X, 261.

Lailler (Michel) trame une conspiration à Paris contre les Anglais, I, 127. — Avertit le duc de Dammartin d'un complot, IV, 265. — Ouvre les portes de Paris aux Français, VI, 374. — Excite le peuple de Paris pour les Français, 379. — Nommé prevôt des marchands, 385.

Laitre (Eustache de) nommé chancelier, IV, 88. — Perd l'office de chancelier, 114. — Suit le duc Jean en son duché, 183. — Envoyé au duc de Guyenne, 254. — Reprend l'office de chancelier à Troyes près la reine, 337. — Confirmé chancelier à Paris, 362.

Lainé (Jeanne) défend Beauvais, X, 16, 35.

Lalaing (Guillaume de) périt à la bataille de Brawhershausen, V. 235.

Lalaing (Simon de) entre dans Luxembourg avec trois cents combattans, VII, 141. — Chevalier-écuyer du sire Jacques de Lalaing, 248. — Va au secours du duc de Clèves, 263. — Défend Audenarde contre les Gantois, 353. — Sauve la duchesse de Bourgogne contre une attaque des Gantois, 416. — Accompagne le duc Philippe en Allemagne, 464. — Ambassadeur envoyé au roi au sujet de la croisade, 491. — Un des députés envoyés au roi au sujet du Dauphin, VIII, 44. — Chargé d'assister au jugement du duc d'Alençon, 100. — Se rend à Gand auprès du comte de Charolais, 273. — Part pour les croisades, 279.

Lalaing (Josse de) combat à Nanci, XI, 151.

Lalaing (Josse de) élu chevalier de la Toison-d'Or, XI, 399. — Combat à Guinegate, XII, 71.

Lalaing (le sire de) armé chevalier par le duc de Bedford, VI, 29. — Joute à Arras, 66. — Se distingue en Picardie, 263. — Envoyé au secours du roi de France, 367. — Laissé à Gravelines par le duc Philippe, 406. — Accompagne la duchesse à sa sortie de Bruges, 415. — S'efforce de dompter les factions de hoëcks et des kabelljaws, VII, 121. — Son premier tournoi, 247. — Second tournoi, 278. — Tournoi de la Dame des Pleurs, 283. — Reçu chevalier de la Toison-d'Or, 344. — Joute avec le comte de Charolais, 346. — Capitaine de la noblesse de Flandre dans la guerre contre les Gantois, 353. — Gloire qu'il acquiert devant Audenarde, 361. — Sauve plusieurs chevaliers à Lokeren, 367. — Sa mort, 420.

Lalaing (Philippe de) combat à Montlhéri, VIII, 411. — Sa mort, 413.

Lambert, potier d'étain, principal conducteur d'une émeute, IV, 354.

Lameth (Antoine, comte de) fait plusieurs voyages de Flandre en Bretagne, VIII, 288. — En grande faveur auprès de Louis XI, XII, 94.

Lancastre (le duc de), commande l'expédition d'Édouard III, son père, contre Charles V, I, 141. — Licencie son armée, 142. — Revient en France, 154. — Conclut une trêve d'un an avec le roi de France, 156. — Fait la guerre au roi de Castille, II, 2. — Assiste aux conférences d'Amiens, 131. — Etablit des conférences à Lelinghèn, 200.

Lancelot, envoyé par les Flamands pour assassiner l'évêque d'Elne, XII, 118.

Landois (Pierre), IX, 252. — Pensionné du duc de Bourgogne, X, 262.

Langeac (le sire de) signe le traité de Bordeaux, VII, 324. — Un des chefs de la révolte de Guyenne, 477. — Envoyé par le duc de Nemours à Louis XI, VIII, 398.

Langres (l'évêque duc de) entre en Bourgogne, XI, 188

Lannoy (Raoul de) défend Hesdin contre Louis XI, XI, 232, 270.

Lannoy (Antoine de), sire de Mingoval, XI, 275. — Défend Condé, 399. — Combat à Guinegate, XII, 71.

Lannoy (le sire Jean de) reçu chevalier de la Toison-d'Or, VII, 344. — Principal conseiller pour la fête du Faisan, 446. — Va annoncer au roi l'arrestation du bâtard de Rubempré, VIII, 329. — Second voyage vers le roi, 337. — Retourne auprès du Duc, 338. — Ecrit au roi, *ib.* — Offres que lui fait le roi, XI, 281, 307, 403.

Lannoy (Hugues sire de), seigneur de Sautes, défend Compiègne contre le roi, IV, 153. — Chargé de conseiller le comte de Saint-Pol, 399. — Assiste aux derniers momens du roi Henri V, V, 107. — Envoyé par le duc de Brabant aux conférences d'Amiens, 145. — Armé chevalier, VI, 29. — Envoyé au duc Philippe, 38. — En ambassade en Angleterre, 282. — Conseiller de la duchesse de Bourgogne à son départ pour Gravelines VII, 18. — Implore la grâce du comte de Ligny, 31. — Reçoit les pouvoirs de Louis XI pour traiter avec les Anglais, VIII, 254. — Prolonge les trêves entre le duc Philippe et les Anglais, 290. — Commande les Hollandais à Rupelmonde, 381.

Larcher (Jean), délégué de l'Université pour prononcer sur le meurtre du duc Jean, V, 61. — Défend Paris pour les Anglais, VI, 377.

Lau (Antoine de Châteauneuf, sire du), un des principaux conseillers du dauphin Louis XI, VIII, 53. sollicite la confiscation des biens du comte de Dammartin, 208. — Favori de Louis XI, 221. — Trouve raisonnables les demandes des chefs de la ligue du bien public, 398. — Attaque les Bourguignons devant Paris, 445. — Tombe dans la disgrâce de Louis XI, 483. —

Son évasion du château d'Usson, IX, 134. — Se réconcilie avec Louis XI, 412. — Prisonnier à Perpignan, X, 106.

LAUNOY (Jean de), capitaine gantois. Sa mort, I, 232.

LAURET (Bernard), du parlement de Toulouse, un des commissaires pour juger Henri de La Roche et l'abbé Favre, IX, 429.

LAUTREC (Guy d'Arpajon, vicomte de), de la maison de Foix, commande sa compagnie devant Bordeaux, VII, 325. — Chef d'ambassade à Rome, XII, 24.

LATOUR-D'AUVERGNE (le seigneur de) vient joindre l'armée qui conduit le roi à Reims, V, 349. — Assiste au jugement du duc d'Alençon, VIII, 101.

LAVAL (Guy de) vient joindre l'armée qui conduit le roi à Reims, V, 349.

LAVAL (Louis de), seigneur de Châtillon, nommé chevalier de Saint-Michel, IX, 246.

LAVAL (le sire de), chevalier breton, se trouve au passage de la Lys en 1382, I, 274. — Emprisonné avec le connétable par le duc de Bretagne, II, 24.

LEBRETON (Antoine), vieux gentilhomme du duché de Luxembourg à Montlhéry, avertit le comte de Charolais que les Français vont l'envelopper, VIII, 413.

LEENKNECHT (Gautier), chef des Gantois à Rupelmonde, VII, 375.

LECOMTE (Jean), bailli du Cambresis pour le connétable, X, 433.

LECLERC (Perrinet), fils d'un marchand de fer, livre Paris aux Bourguignons, IV, 344.

LECLERC (Pierre) massacré à Amiens, VI, 359.

LECOUVREUR (Simon), prieur des Célestins d'Avignon, envoyé au roi Charles VII par le dauphin, VIII, 300.

LEDESME (Bertrand de la Cueva, comte de), principal favori de Henri IV, roi de Castille, VIII, 327. — Cru père de madame Jeanne, fille du roi de Castille, IX, 360.

Lefèvre (Roger), maître de requêtes du duc de Guyenne, X, 8.

Lefèvre (Guillaume), enfermé comme vaudois, VIII, 164. — Signifie son appel au parlement, 166.

Legoix (les) ont la garde de Paris, III, 322. — Entrent par violence dans le conseil du duc de Guyenne, 334. — Brûlent le château de Bicêtre, 347. — Guyot est tué, 369. — Accuse Pierre Désessarts de vouloir enlever le roi Henri, IV, 67. — Commis à la recette, 88. — Va au siége de Melun, V, 53. — Défend la porte Baudet contre les Français, VI, 377.

Legrand (Jacques), moine augustin, fait, dans un sermon devant la reine, une vive peinture des vices de la cour, III, 19. — Prêche devant le roi, 22. — Chargé par le duc d'Orléans de faire une alliance avec le roi d'Angleterre. — Ses papiers sont saisis, 374.

Lemaître (Jean), vicaire de l'inquisiteur de France, juge de la Pucelle, VI, 118.

Lenoncourt (le sire de), gentilhomme lorrain, se porte pour garant du duc René, VI, 175. — Envoyé par Louis XI aux Liégeois, XI, 380. — Combat à Nanci, XI, 148, 355.

Lens (Charles de) arrêté, IV, 116. — Nommé amiral de France, 353. — Jure le traité du Ponceau, IV, 427. — Chevalier du duc Jean à l'entrevue de Montereau, 440.

Leprêtre (Jean), massacré lors de la prise de Paris par les Français, VI, 378.

Leray (le seigneur), I, 55.

Leroux (Robin) se distingue à la bataille de Tongres, III, 210.

Leroux (maître Olivier), envoyé par Louis xi en Espagne, IX, 401.

Leroy (Gauvain) promet de faire rendre aux Français plusieurs forteresses, VI, 382.

Lescun (Jean de), bâtard d'Armagnac, VII, 170. — Pourvu de l'archevêché d'Auch, VIII, 135.

Lespare (le sire de) prête serment au roi de France, VII, 327. — Un des chefs de la révolte en Guyenne, 477. — Condamné à un banisement perpétuel, 490.

Lévis (Philippe de) pourvu de l'évêché d'Auch, VIII, 135.

Léviste (maître Aubert) un des juges du connétable, X, 429.

Lhuillier (Philippe), capitaine de la Bastille, X, 429.

Lichtenberg (le sire Louis de) défend Saverne contre les compagnies françaises, VII, 14.

Liedekerke (le sire de) est de la suite du duc Philippe en Flandre, VI, 430.

Liévin-Bone, maçon, nommé grand-bailli des Gantois révoltés, VII, 340. — Sa mort, 364.

Lignac (le sire de), destiné à commander en Castille, II, 14. — Éloigné de la garde du roi, 163.

Ligne (le sire de), armé chevalier à Gavre, VII, 427.

Ligne (le sire de), XI, 403.

Ligne (le sire de), envoyé par le duc Albert de Bavière au roi de France, II, 264. — Contribue à la victoire contre les Frisons, 326.

Lignyville (le sire de) se porte pour garant du duc René d'Anjou, VI, 177. — Sommé de se conformer au traité d'alliance conclu avec le Duc, X, 353. — Combat à Nanci, XI, 148.

Ligny (le sire de), envoyé par le duc de Brabant, aux conférences d'Amiens, V, 145.

Linanges (le comte de) soutient le duc René en Lorraine, VI, 156. — Se rend son garant, 177.

Linanges (le comte de), Combat à Nanci, XI, 148.

Lindet (Robert), vicaire général de Rouen, défend la ville, IV, 390. — Livré aux Anglais, 395.

Lion (le sire Espaing du), envoyé par le vicomte de Castelbon, au roi de France, II, 124.

Linrenghen (le sire de) envoyé à Bajazet, obtient la liberté du comte de Nevers et de vingt-quatre chevaliers, II, 316.

Lisle (Jean Dumas, seigneur de), XI, 338.

Lisle (lord), fils de lord Talbot, périt devant Libourne en défendant son père, VII, 485.

Listenay (le sire de), XI, 313.

Livres (maître Henri de), prevôt des marchands de Paris, préside l'assemblée de l'Hôtel-de-Ville, chargée d'exprimer les raisons des mécontens devant Paris, VIII, 433.

Lockart (Jean) arrête le chariot de la duchesse de Bourgogne, VI, 415.

Loheac (le sire de) vient joindre l'armée qui conduit le roi à Reims, V, 349. — Fait partie de l'armée de siége devant Pontoise, VII, 89. — Destitue le sire d'Estouville de la charge de prevôt de Paris, VIII, 176. — Perd l'office de maréchal de France, 222. — Entre dans la ligue du bien public, 377. — Reçu dans les bonnes grâces du roi, 474. — Combat en Languedoc, IX, 249.

Loire (Robert de), chevalier du Dauphin, à l'entrevue de Montereau, 440.

Longueval (le sire de) fait la guerre en Picardie, VI, 262. — Surprend la ville de Rhue, 285. — Combat à la prise de Dieppe, 350. — Se trouve au siége de Pontoise, VII, 89. — Son serment au vœu du Faisan, 456. — Accusé d'intelligence avec le sire d'Aillé, vidame d'Amiens, 125. — Défend Bapaume, IX, 368.

Longueval (le sire de) refuse d'obéir au sire de Luxembourg, V, 13. — Combat sous le duc Philippe le

Bon à la tête des assemblées des serviteurs de Bourgogne, 160. — Décapité, 180.

Londres (l'évêque de), un des envoyés du roi d'Angleterre aux conférences de Bruges, en 1374, I, 155.

Longueville (le sire de) fait la guerre en Flandre, I, 276.

Lopez de Val-de-Messo, XI, 370.

Loraille (Thomas de) meurt empoisonné, IX, 228.

Lorgny (Louis de) remplace le maréchal de Rieux, III, 371. — Marche sur Dreux contre les Armagnacs, IV, 5. — Attaque Dreux 12. — Marche avec le comte d'Armagnac contre Harfleur, 264.

Lorraine (Isabelle de), épouse du duc René, entreprend de le délivrer de sa prison, VI, 176.

Lorraine (le duc de) accompagne le roi Charles vi à son sacre, I, 214. — Se joint aux Français contre les Flamands, 315. — En guerre avec la France, III, 65. — Amène ses gens au secours du duc d'Orléans, 50. — Condamné comme coupable de lèse-majesté, IV, 30. — Nommé connétable par la reine à Troyes, 333. — Reconnaît le traité de Troyes, V, 100.

Lorraine (René, duc de) se déclare contre le duc de Bourgogne, X, 307. — Ravage le Luxembourg, 323. — Situation désespérée, XI, 59. — Recouvre ses états, 117. — Revient avec les Suisses, 140. — Ecrit à Louis xi après la bataille de Nanci, 178. — Livre le Grand Bâtard au roi, 289, 418; XII, 105.

Lorraine (Jean de), fils du comte de Vaudemont, ambassadeur du roi auprès du duc Philippe, VII, 294.

Lor (le sire Jacques de), VI, 296.

Loré (Ambroise de) arrive au secours d'Orléans, V, 298. — Commande la cavalerie à Patai, 356. — Capitaine de Lagny, VI, 52. — Connétable d'une armée envoyée en Normandie par le duc d'Alençon, 68. — Envoyé au duc de Bretagne par le duc d'Alençon, 199. — Bat les Anglais à Fresnay-le-Vicomte,

202. — Pille la foire de Caen, 203. — Secourt les Normands révoltés, 227. — A l'entrée du roi à Paris, 462. — Va au siége de Meaux, VII, 23.

Louis le Débonnaire, I, 196.

Louis xii, fils du duc d'Orléans, VIII, 240.

Louis xi, naît à Bourges en 1423. Se révolte contre son père, VII, 50. — Se réconcilie avec son père, 61. — Va au siége de Pontoise, 89. — Conduit le siége de Dieppe, 165. — Soumet le comte d'Armagnac, 170. — Marche contre les communes de Suisse, 188. — Conclut un traité avec les Suisses, 210. — Se retire en Dauphiné, 286. — Discorde avec son père, 307. — Epouse Charlotte, fille du duc de Savoie, VIII, 1. — Négociations avec le roi, 28. — S'enfuit en Bourgogne, 38. — Parrain de la fille du comte de Charolais, 52. — S'emploie à réconcilier le duc Philippe avec son fils, 59. — Court un grand danger sur un canal à Bruges, 74. — Annonce la naissance de son fils au roi, 129. — Sacré à Reims, 201. — Colère contre les conseillers de son père, 204. — Entrée à Paris, 214. — Accorde abolition au duc d'Alençon et au comte d'Armagnac, 222. — Abolit la pragmatique-sanction, 223. — Expédition en Catalogne, 242. — Secours donnés à la reine d'Angleterre, 243. — Rachat des villes de la Somme, 254. — Voyage en Picardie, etc., 261. — Querelles avec le duc de Bretagne, 285. — Suite de ces différens, 321. — Mécontentemens contre lui en France, 376. — Ligue du bien public, 379. — Réponses aux chefs de la ligue, 385. — Bataille de Montlhéry, 408. — Rentrée à Paris, 424. — Voyage en Normandie, 430. — Retour à Paris, 437. — Négociations avec les princes, 440. — Etat de ses affaires, 470. — Reprend la Normandie, 473. — Réponse au duc de Normandie, 480. — Séjour à Paris, IX, 45. — Veut abolir la pragmatique, 48. — Négocie avec les Liégeois, 60. — Guerre avec le duc de Bretagne, 133. — Va à Péronne, 154. — Retourne à Péronne, 212. — Entrevue du roi et de son frère, 236. —Va en Normandie, 316. — Défend de commercer avec la Bourgogne, 318. — Assemble les notables à Tours, 324. — Négociations entre lui et le Duc, 403. — Traité avec les Suisses, X, 158. — Resserre son alliance avec les Suisses, 202. — Termine son différent avec le connétable, 205. — Se défait de l'Anjou, 214. — Excite l'empereur à se déclarer contre le duc Charles, 240. — Négocie avec les Suisses, 244. — Lettres à M. du Bouchage, 292. — Déclare la guerre au Duc, 319. — Négocie avec le connétable et le prince d'Orange, 343. — Reçoit un héraut d'Angleterre, 346. — Négocie avec les Anglais, 363. — Entrevue de Pecquigny, 387. — Fait compter mille francs à un marchand gascon, outre de belles promesses, 404. — Veut détourner le Duc de faire la guerre aux Suisses, 464. — Etat de ses affaires, 468. — Son pèlerinage, XI, 38. — Apprend la bataille de Nanci, 178. — Reçoit les envoyés des Gantois, 221. — Fait raser les remparts d'Arras et donne à la ville le nom de Franchise, 247. — Bonne intelligence avec l'Angleterre, 252. — Harangue les magistrats du Quesnoy, 271. — Retire le commandement au sire de Craon, 328. — Ordonnance contre les non-révélateurs, 356. — Devient plus méfiant, 358. — Négociation avec l'empereur, 372. — Fait faire le procès au feu duc Charles, 404. — Revient en France, XII, 2. — Soutient les Florentins, 14. — Négociations avec l'Espagne, 37. — Négociation avec l'Angleterre, 41. — Voyage à Dijon, 65. — Lettre à M. de Saint-Pierre, 84. — Négocie avec les Suisses, 92. — Affaire de Lorraine, 104. — Apprend la mort de Marie de Bourgogne, 238. — Règle la succession de Savoie, 241. — Reçoit les ambassadeurs de Flandre, 242. — Sa conduite envers le Dauphin, 252. — Situation où il laisse la France, 269. — Eprouve la résistance du parlement, 277. — Traité de paix avec les Flamands, 285. — Séjour au Plessis, 278. — Réception des ambassadeurs flamands, 306. — Dons aux abbayes, etc., 335. — Attaque d'apoplexie, 347. — Sa mort, 353.

Louis (frère) envoyé en Asie pour susciter des ennemis aux Turcs, fait patriarche d'Antioche, VIII, 179 et suiv.

Louis, roi de Chypre, emploie l'assistance de duc Philippe, VIII, 283. — Entrevue avec le Duc, 298.

Louvain (Pierre) assassiné, VII, 329.

Louvet (Bernard), premier président du Parlement de Toulouse, envoyé par Louis xi au roi René, X, 304.

Louvet, président de Provence, se sauve dans la Bastille, IV, 345. — Jure le traité du Ponceau, 426. — Soupçonné d'être dans le complot de Montereau, 449.

Louviers (Nicolas de) excite le peuple de Paris pour les Français, VI, 376.

Loyet (Olivier), chevalier du Dauphin, à l'entrevue de Montereau, IV, 440.

Lucéna (Ferdinand de) dans les intérêts de Louis xi, X, 285; XI, 370.

Lude (le sire de) tué devant Jargeau, V, 346.

Luillier (Philippe) chargé de la garde du duc de Nemours à la Bastille, XI, 334.

Luillier (les trois frères) riches bourgeois de Paris, exilés par Louis xi, VIII, 437.

Luna (le cardinal Pierre de), envoyé par Clément vii aux pourparlers de Lelnihen, II, 207. — Envoyé à l'Université de Paris, 220. — Se fait élire pape, 228, etc. — Sa réception aux princes français, 235. — Refuse de faire sa cession, 342. — Assiégé, 345. — S'échappe du château d'Avignon, 425. — Députe deux cardinaux au roi de France, 428. — Refuse de tenir ses promesses, 450. — Propose une entrevue au pape de Rome, III, 58. — Fait lever un décime sur le clergé de France, ib. — Lance des bulles d'excommunication, 151. — Déclaré schismatique, IV, 322.

Lupin (Mathieu), médecin portugais du duc Charles, reconnaît son cadavre, XI, 158.

Luppe (Perron de) soutient le siége de Meaux, V, 81.

Lusignan (Janus de)', roi de Chypre , VIII , 381.

Luxeuil (le sire de), marié à Catherine, bâtarde de Bourgogne , VIII', 520.

Luxembourg (le comte de) se met à la poursuite des Gantois, VII, 363.

Luxembourg (Pierre de), comte de Conversan et de Brienne, hérite du comté de Saint-Pol, VI, 95. — Elu chevalier de la Toison-d'Or, XI, 399.

Luxembourg (Jean de) signe avec répugnance le traité de Troyes, V, 38. — Un des partisans du comte de Charolais contre les Croÿs, VIII, 364.

Luxembourg (Élisabeth de), veuve du duc de Brabant , épouse Jean sans Pitié, V, 130.

Luxembourg (Jacques de) va au secours du duc de Clèves , VII, 262.—Lieutenant du connétable dans la guerre de Normandie, 297. — Prend la défense du duc de Bretagne accusé par le chancelier de France , VIII, 345. — Ambassadeur du comte de Charolais au mariage d'Édouard IV, 390. — Elu chevalier de la Toison-d'Or, IX, 94. — Ambassadeur du Duc à Louis XI, 244.— Demandé et refusé par le connétable, X , 321. — Fait prisonnier à Arras , 337 ; XI, 417. — Affaire de Beaurevoir, XII, 57.

Luxembourg (Venceslas de), roi de Bohême et empereur d'Allemagne, fait proposer une entrevue au roi de France, II; 334. — Détrôné, 368.

Luxembourg ('Sigismond de), roi de Hongrie, donne ses conseils aux Français pour attaquer les Turcs, II, 287. — Refuse de laisser passer les ambassadeurs de France, 310. — Offre de payer la moitié de la rançon des chevaliers, 313.—Passe par Paris en allant en Angleterre, IV, 271. — Soutient le duc René dans la succession de Lorraine, VI, 156. — Devient ennemi du duc Philippe, 244. — Ecrit au duc de Savoie pour le détacher du duc Philippe, 253.

Luxembourg (Louis de), évêque de Thérouanne, signe avec répugnance le traité de Troyes, V, 38. — Chancelier de France pour les Anglais, VI, 34. — Accompagne Henri VI à son entrée à Paris, 169. — Quitte Paris, 386. — Ambassadeur auprès du duc Philippe, VII, 294. — Chef d'ambassade en Flandre, 388.

Luxembourg (le sire Jean de) défend Arras, IV, 170. — Essaie d'apaiser le duc Jean, courroucé de la mort du sire de Jaqueville, 330. — En garnison à Montdidier, 332. — Va secourir Senlis, 334. — Revient à Paris dans l'espoir du pillage, 350. — Jure le traité du Ponceau, 426. — Mène le deuil du duc Jean à Arras, V, 8. — S'empare de Roye, 11. — Combat avec le duc Philippe le Bon, 14. — Est blessé au siége d'Alibaudière, 22. — Signe avec répugnance le traité de Troyes, 38. — Amène des renforts au roi d'Angleterre devant Melun, 52. — Blessé à la bataille de Mons-en-Vimeu, 78. — S'empare du Quesnoy, 101. — Arrive devant Cosne, 104. — Perd et reprend alternativement plusieurs villes en Champagne, 159. — Commande l'armée contre le duc de Glocester, 189. — Le duc Philippe lui donne la seigneurie du bâtard de Hainaut, 239. — Appuie la demande des députés d'Orléans au duc de Bourgogne, 268. — Arrive à Compiègne pour conférer avec le roi, VI, 39. — Sert les champions de Bourgogne à Arras, 66. — Délivre le Beauvoisis des bandes, 77. — Commande un poste au siége de Compiègne, 82. — Envoie la Pucelle en son château de Beaurevoir, 88. — Cède la Pucelle à Pierre Cauchon, 90. — Laissé pour chef de toute l'armée devant Compiègne, 91. — Hérite du comté de Ligny, 95. — Lève le siége, 105 — Va rendre une visite à la Pucelle, 116. — Fait la guerre aux compagnies françaises en Picardie, 263. — Se rend aux conférences d'Arras, 292. — Envoyé d'Arras contre les sires de La Hire et Saintrailles, 306. — Refuse de jurer la paix d'Arras, 354. — Discorde avec le duc de Bourgogne, VII, 28. — Se réconcilie, 76. — Sa mort, 82.

Luys (Étienne de Grolée, seigneur de), gouverneur du jeune duc Philibert de Savoie, XII, 95.

M

Madelaine de France, sœur de Louis XI, promise en mariage à Ladislas, roi de Bohême, VIII, 67. — Epouse le vicomte de Castelbon, 241.

Maes (Jacques du) tué à Morat, XI, 84.

Maignelais (Antoinette de), maîtresse du duc de Bretagne, obtient une pension de Louis XI, VIII, 376.

Maine (Charles, comte du) hérite de la Provence, XII, 108.

Maigni (M. de), XII, 86.

Maillotins (les) assomment les collecteurs des aides, I, 224.

Maine (le duc du), fils du duc d'Anjou, fait chevalier, II, 71.

Mailly (le sire Ferry de) prisonnier, IV, 259. — Aide le sire de l'Ile Adam à prendre Paris, 343. — Arrive au secours de Paris, VI, 290. — Au siège de Pontoise, VII, 89.

Mailly (le sire de) passe la Lys en 1383, I, 274. — Conduit le peuple contre la Bastille, IV, 69. — Arrêté par les gens du duc de Guyenne, 116. — Suit Jean sans Peur en son duché, 183. — Fait prisonnier, 259. — Commande une compagnie, 269. — Nommé grand-pannetier, 362. — Combat avec le duc Philippe le Bon, V, 14. — Se range du parti du roi Charles VII, 158. — Tué à Morat, XI, 84.

Mailly (André de) périt à la bataille de Brawhershausen, V, 235.

Malatesta (le comte Albéric), envoyé par le duc de Milan à Louis XI, VIII, 284.

Malatesta (Robert de), général des Vénitiens, XII, 319.

Male (le comte Louis de), comte de Flandre, refuse de donner sa fille au duc de Bourgogne, I, 133. — Fait plusieurs fois payer ses dettes par ses sujets. Veut établir un nouvel impôt qui cause une sédition, 166 et suiv. — Envoie deux cents hommes contre les bourgeois de Gand, 171. — Traite avec les Gantois, 177. — Fait son entrée à Gand, 180. — Revient à Bruges; fait trancher la tête à plusieurs de ceux qu'il soupçonne d'être Gantois, 229. — Prend Ypres; fait trancher la tête à trois cents hommes des petits métiers; prend Courtrai et se contente de deux cents otages, 230. — Met le siége devant Gand, ib. — Lève le siége, 231. — Recommence la guerre, ib. — Affligé de la mort du jeune d'Enghien, il lève encore une fois le siége, 239. — Prend mieux ses précautions pour le recommencer, ib. — Fait brûler et saccager tout le pays d'Alost, 241. — Reçoit les députés des Gantois, 244. — Obligé de se cacher dans la maison d'une pauvre femme, 255. — Se sauve à Lille, 256. — Va trouver son gendre, 260. — N'est pas appelé au conseil où l'on délibère de ses états, 280. — Se met à genoux avec les députés flamands devant le roi de France pour implorer pardon, 292. — Implore de nouveau le secours du duc de Bourgogne, 314. — Meurt en 1384, 322.

Maldeghen (le sire de) sauve la duchesse de Bourgogne d'une attaque des Gantois, VII, 416. — Armé chevalier à Gavre, 427.

Malestroit (Jean de), chancelier de Bretagne, mis en prison par le duc d'Alençon, VI, 197.

Malestroit (le sire de), chevalier breton, se trouve au passage de la Lys en 1382, I, 274.

Malicorne (Aubin, sire de), reçoit Louis XI et son frère, IX, 242. — Chef du parti des femmes, à la cour du duc de Guyenne, 413.

MALORTIC (le sire de) retenu en prison par le Dauphin, VIII, 161. — Combat devant Nanci, XI, 147.

MARAFIN (Louis de) nommé capitaine de Cambrai, XI, 267, 414.

MAR (le comte de) amène un corps d'Écossais au duc Jean, III, 192.

MARANSIN (Louis de) entre au service de Louis XI, X, 473.

MARCHAND (André) destitué de l'office de prevôt de Paris, IV, 188.

MARCHE (le comte de La) empêche le pillage du Hainaut, I, 292.

MARCHE (Jacques de Bourbon, comte de), est de la guerre de Hongrie, II, 255. — S'y distingue, 299. —Prisonnier, 302.—Nommé commandant d'une expédition contre les Anglais, III, 8. — Aide le duc de Bourbon à soumettre Aimé de Viry, 240. — Préposé pour se faire rendre compte des receveurs, 252. — Député aux ducs de Berri et d'Orléans, 276. — Marche avec le duc Jean sur Saint-Cloud, 357. —Pris par les Orléanais, 369. —Conspire contre le sire de La Trémoille, V, 247. — Mandé par le roi au siége d'Orléans, 259.— Reçoit ordre de ne point venir à Reims, VI, 3.

MARCHE (le comte de La), second fils du connétable d'Armagnac, va au siége de Montereau, VI, 459. —Marche à côté du Dauphin à l'entrée du roi à Paris, 464. — Se trouve aux états d'Orléans, VII, 36. — Quitte le Dauphin lors de la révolte de la Praguerie, 50. — Se trouve au siége de Pontoise, 89. —Envoyé à Jean V, comte d'Armagnac, VIII, 133. — Jure de se réconcilier avec le Dauphin, 192.

MARCHE (sire Olivier de La), conseiller pour la fête du Faisan, VII, 446. — Arrive en toute hâte à Hesdin, VIII, 324. — Visite le champ de bataille de Montlhéry, 419. — Envoyé contre Montbelliard, X, 201. Devant Neuss, 276, 326. — Saisit la duchesse de

Savoie, XI, 91. — Prisonnier à Nanci, 154. — Envoyé au-devant de l'empereur Frédéric et de son fils, 300, 396, 412.

MARCK (Jean de La), fils du Sanglier des Ardennes, XII, 249.

MARCK (le sire de La) surnommé le Sanglier des Ardennes. — Excite les Liégeois contre le duc Philippe, VI, 91. — Fait la guerre en Lorraine, VII, 11. — Se soumet au duc Philippe, 140, 142. — Défie le duc de Bourgogne, 242. — Défend Lintz, X, 276; XII, 68. — Son pouvoir à Liége, 245. — Enrôle une bande en France, 246. — Tue l'évêque, 249. — Sa mort, 321.

MARGUERITE, fille aînée du comte de Nevers, fiancée avec le duc de Guyenne, II, 435.

MARGUERITE D'ANJOU (madame), fille du roi René, épouse le roi d'Angleterre, VII, 171. — Son pouvoir en Angleterre, 264. — Arrive en France, VIII, 239. — Traité avec Louis XI, 243. — Perd la bataille d'Exham, 244. — Débarque chez le duc de Bourgogne, 245. — Se réconcilie avec son fils le prince de Galles, IX, 296. — Se retire dans un monastère, 383. — Délivrée de la prison de Londres, X, 396.

MARGUERITE D'AUTRICHE, née en 1480, XII, ... — Arrive en France, 322.

MARGUERITE DE BAVIÈRE épouse Jean, comte de Nevers, fils aîné de Philippe le Hardi, I, 328. — Demande vengeance au roi Charles VI de la mort de son mari, V, 4. — Envoie au secours de Crevant, 151. — Sa mort, 170.

MARGUERITE DE BOURGOGNE épouse le comte de Hainaut, I, 329. — Va trouver le roi à Saint-Quentin, IV, 166. — Revient à Péronne pour le même objet, *ib.* — Revient de nouveau supplier les princes, 174. — Vient jusqu'à Senlis pour les conférences de la paix, 192. — Cède ses droits à l'héritage du Brabant, V, 94.

MARGUERITE DE FLANDRE, fille de Jean de Boulogne, veuve de Philippe de Rouvres, conserve après la mort de son mari les comtés d'Artois et de Bourgogne, I, 102. — Épouse Philippe le Hardi, 134. — Prend l'administration de la maison de la reine, II, 169. — Sa mort, III, 15.

MARGUERITE DE FRANCE, veuve du comte Louis de Flandre, réclame l'héritage de Jeanne, comtesse de Bourgogne, sa sœur; s'allie avec quelques hauts seigneurs; vaincue par le duc de Touraine, elle s'adresse au roi de France, I, 144.

MARGUERITE (madame), sœur du roi d'Angleterre, IX, 40. — Son arrivée à l'Ecluse, 125. — Voyage en Angleterre, XII, 129; XII, 289.

MARGUERITE D'ÉCOSSE épouse le Dauphin Louis XI; sa mort, VII, 237.

MARIE DE BOURGOGNE, fille de Jean sans Peur, épouse le comte de Clèves, III, 70.

MARIE DE BOURGOGNE, sa naissance, VIII, 52. — Signe une promesse de mariage avec l'archiduc Maximilien, X, 68. — Ecrit aux états de Bourgogne. — Reçoit en audience solennelle les députés envoyés à Louis XI, 223. — Ses efforts pour sauver le chancelier et le sire d'Imbercourt, 229. — Donne audience au comte de Meulan, 258. — Sa réponse aux ambassadeurs de l'Archiduc, 297. — Son mariage, 303. — Son sort, XII, 233. — Sa mort, 237.

MARIETTE (maître Guillaume) avertit le sire de Brézé des mauvais desseins du Dauphin, VII, 518. — Condamné à mort, 519.

MARIETTE (maître Henri) mis en prison par ordre de Louis XI, IX, 390.

MARIGNI (le sire de), XI, 312. — Fait prisonnier, 315.

MARIGNY (messire Pierre de), avocat du roi. Conclusions contre les meurtriers du duc Jean, V, 61.

MARIGNY (messire Enguerrand de) livré aux séditieux de Paris, IV, 365.

ALPHABÉTIQUE. 225

Marissal (Jean), capitaine de Louis xi, XI, 278.

Marle (Henri de) nommé chancelier de France, IV, 114. —Combat à Azincourt, 238. — Y périt, 245.

Marle (le comte de) se réunit au comte de Charolais à la Haye, VIII, 508.

Marle (le comte de), fils du connétable de Saint-Pol, élu chevalier de la Toison-d'Or, X, 62.

Marles (le sire de) conduit le deuil du duc Philippe, VIII, 514. — Envoie Montjoie porter des lettres à maître Vanderiesche, X, 436. — Entrée à Nanci, 451; XI, 3. — Sa mort, 84.

Marquis (George), XI, 159.

Martin v, élu pape au concile de Constance, IV, 338. S'occupe d'amener le duc Philippe à des sentimens pacifiques, V, 207.—Sentence au sujet du mariage de Jacqueline de Hainaut et du duc de Glocester, 238.

Martin (frère), docteur en théologie, vicaire général de l'inquisiteur, écrit au duc de Bourgogne pour obtenir qu'on remette la Pucelle entre ses mains, VI, 87.

Martin, tapissier, massacré par les Parisiens, IV, 74.

Masson (Robert le), chancelier, a toute la confiance du dauphin Charles, duc de Touraine, IV, 294. — Donne son cheval au Dauphin pour se sauver, 345. — Jure le traité du Ponceau, 426. — Représente au conseil tenu devant Troyes qu'il faut demander l'avis de la Pucelle, VI, 6. — Assiste aux conférences de Compiègne, 39.

Mathias, roi de Hongrie; le pape lui donne aussi la Bohême, XI, 206.

Maucourt (le sire de) se range du parti du roi Charles, V, 160. — Fait prisonnier à la bataille de Verneuil, 179. — Est décapité, 180.

Maugart (maître Philippe) accompagne la duchesse

TOME XIII. 15

de Bourgogne aux conférences de Châlons, VII, 227.

Mauger (maître Robert) élu premier président du Parlement, IV, 115.

Maulevries (les sires de), poitevins, livrent Mardick au duc Philippe le Hardi, I, 162.

Mauregard (maître Etienne de) accusé par le duc Jean, IV, 309.

Maximilien d'Autriche, fils de l'empereur Frédéric, recherche en mariage Marie de Bourgogne, X, 66. — Son mariage, XI, 303. — Trêve avec Louis XI, 305. — Réception des ambassadeurs suisses, 321, 395. — Tient le chapitre de la Toison-d'Or, 396. — Assemble une forte armée, 403. — Ambassade à Rome, XII, 30. — Bataille de Guinegate, 74. — Ecrit aux gens de Gand, 112. — Met en gage, 114. — Tombe malade, 115.

May (Barthélemi) achète le gros diamant du duc Charles, XI, 30.

Meaux (le vicomte de) fait partie des chevaliers qui passent la Lys en 1382, I, 274.

Mecklembourg (le duc de), X, 274.

Médicis (les), fameux banquiers de Florence, IX, 224. — Conjuration contre eux, XII, 9.

Mehun-sur-Yèvre (Assemblée de), III, 268.

Mellusine (la fée) représentée à la fête du Faisan, VII, 449.

Melun (le comte de) s'attire la méfiance de Louis XI, VIII, 448.

Melun (sire Charles de), maître d'hôtel du roi, cherche à s'emparer des biens du comte de Dammartin, VIII, 251. — Défend Paris contre les Bourguignons, 402. — Reprend la Normandie, 474. — Tombe dans la disgrâce du roi, 483. — Son procès, IX, 136.

Melun (le vicomte de) fiancé à une fille du sire de Montaigu, III, 247.

Menard (messire Quentin), prevôt de Saint-Omer, ambassadeur à Londres, VI, 282.

Mendoça (le cardinal), XII, 97.

Ménil-Penil (le sire de), ambassadeur de Louis xi près du roi d'Écosse, X, 260.

Meno (Robert), surnommé Robert l'Ermite, demande à être présenté au roi, II, 204. — Envoyé en Angleterre, 243.

Menou (Pierre de) exécuté, IV; 164.

Menou (le sire de) contribue à décider la reddition de Soissons, IV, 161.

Menthon (Nicolas de) joute à Arras, VI, 66.

Menthon (Philibert de) joute à Arras, VI, 67.

Merbedde (le sire Daniel de), le plus grand ennemi des Frisons, II, 323.

Mercier (Jean le), du conseil de tutelle de Charles vi, I, 210.

Meriadec (Hervé de) sert d'écuyer au sire de Lalaing, VII, 248. — Porte-étendard à la bataille de Gavre, 432.

Merken (le sire de) commande les gens du Franc au siége de Calais, VI, 391.

Mérille (Gervais) promet au duc de Berri de s'employer à ruiner la puissance des bouchers, IV, 100. — Nommé échevin, 114.

Merlo (Juan de), chevalier espagnol, défie le sire de Charny aux conférences d'Arras, VI, 295.

Mesnil (Martel du) arrêté à Paris, IV, 74. — Décapité, 259.

Mesnil (le Petit) placé près du duc de Guyenne, IV, 26. — Arrêté à Paris, 74. — Exécuté, 88.

Messemaker (Jacques) harangue les révoltés de Gand, VI, 441. — Décapité, 446.

Meulan (Olivier le Mauvais, comte de), barbier de Louis xi, XI, 200. — Envoyé à Marie de Bourgogne, 257. — Fait tomber Tournai au pouvoir du roi, 262.—Intelligence avec les Gantois, XII, 238. — Recommandé au Dauphin par le roi, 263, 351.

Meunier (Philibert), dit Jossequin, signe le traité du Ponceau, IV, 427.

Micaille (Gauvain) fait un défi aux Anglais, I, 197.

Michel (maître Antoine), conseiller du comte de Charolais, mis en prison par ordre du duc Philippe, VIII, 272.

Michelle de France épouse Philippe, comte de Charolais, II, 5. — Sa mort, V, 102.

Mignon (le capitaine) entre à Paris avec sa compagnie, VIII, 435.

Milan (Valentine de) épouse le duc de Touraine, frère du roi Charles VI, II, 74. — Met autant d'obstacles qu'elle peut à une expédition du comte d'Armagnac contre l'Italie, 103. — Se plaint de ce que la duchesse de Bourgogne prend le pas sur elle, 181. — Soupçonnée de maléfices sur le roi, 209. — Accusée d'avoir voulu empoisonner le Dauphin, 267. — Fait rentrer le roi sous l'obéissance de Benoît XIII, 430. — Va à Paris pour demander justice du meurtre de son mari, III, 99. — Fait une seconde entrée solennelle à Paris, 157. — Sa mort, 224.

Mil (maître Jean), secrétaire de la ville de Bruges, arrêté par les séditieux, VI, 413.

Milet (Henri) envoyé du duc de Bretagne chez le comte de Foix, IX, 401.

Miramont (le sieur de) défend Arras, X, 338.

Miramont (Robert de) se distingue au siége de Luxembourg, VII, 149. — Un des chefs bourguignons au siège d'Audenarde, 359. — Sa mort, 365.

Miraumont (le sire de) prend le parti du comte de Charolais, VIII, 391.

Mytilène (le seigneur de) s'entremet auprès de Bajazet pour racheter les prisonniers français, II, 316.

Molins (Adam), doyen de Salisbury, ambassadeur d'Angleterre aux conférences de Tours, VII, 174.

Moline (lord) fait prisonnier devant Castillon, VII, 486.

Monch (Burckardt de Landscron) envoyé au roi de France par Guillaume de Bade, VII, 188. — Sa mort, 205.

Montagut (lord), frère du comte de Warwich, défait les rebelles du comté d'Yorck, IX, 256. — Se déclare pour les révoltés, 304. — Sa conduite lors du retour d'Edouard, 379. — Tué à Barnet, 382.

Montaigu (le sire Jean de) aide le duc de Bourbon à soumettre Aimé de Viry, III, 240. — Marche avec les Armagnacs contre le duc Jean, 338. — Rappelé près du duc de Guyenne, IV, 26. — Défend de monter à l'assaut de Schendelbeke, VII, 419. — Arrive à l'armée de Lorraine avec le maréchal de Bourgogne, VIII, 426.

Montaigu (le sire Claude de) élu chevalier, IX, 94.

Montaigu (Gérard de) reçu évêque de Paris, III, 246. — Président de la chambre des comptes, IV, 123. — Périt à la bataille d'Azincourt, 245.

Montaigu (le sire de) obtient un grand crédit à la cour, II, 67. — Eloigné de la cour, 162. — De garde auprès du Dauphin, III, 31. — Emmène le roi à Tours, 221. — Va trouver le duc Jean, 225, 227. — Fêtes qu'il donne à son frère, 246. — Marie richement trois de ses filles, etc., 247. — Condamné à mort, 252.

Montaigu (Pierre Aicelin de), archevêque de Laon, déclare le roi Charles vi capable de gouverner par lui-même, II, 65. — Meurt empoisonné, 68.

Montauban (le sire de) chassé de Paris, IV, 144.

Montauban (le sire de), principal conseiller du Dauphin en Brabant, VIII, 53. — Nommé amiral de France au sacre de Louis xi, 202. — Réponse qu'il fait à l'envoyé du comte de Dammartin, 206. —

Va demander au duc Philippe si, dans le cas d'une guerre avec la Bretagne, le roi pourrait compter sur lui, 322. — Sa mort, 483.

Montbelliard (Ulric, comte de), XI, 382.

Montbelliard (le comte de), allié de Marguerite de France, I, 114. — Marche sur Besançon, 119. — est obligé de se retirer devant le duc de Bourgogne, 121.

Montbéron (le seigneur de), IV, 399.

Montboisier (le sire de), XI, 313.

Montbourcher (le sire de) conduit le fils du duc de Bretagne au connétable de Clisson, II, 232.

Montenay (le sire de) jure le traité du Ponceau, IV, 426.

Montesecco (Jean-Baptiste de); sa mort, XII, 12.

Montfaucon (Guillaume de), meurtrier du comte d'Armagnac, X, 94.

Montferrand. signe la capitulation de Bordeaux, VII, 324. — Prête serment au roi de France, 327. — Pris par les Français, 488.

Montferrat (le marquis de) prend à sa solde une partie des bandes qui désolent la France, I, 116.

Montferrat (le marquis de), IX, 396.

Montfort (le comte de), fils aîné du duc de Bretagne, épouse madame Iolande de Sicile, VI, 197.

Montfort (sire Jean de), XI, 145.

Montgommeri (le sire de) suit le Dauphin à la guerre contre les Suisses, VII, 191. — Reçoit une pension de Louis xi, XI, 253, 376.

Montgomery (sir John) défend Pont-l'Évêque, VI, 80, 82.

Montgomery (lord) reçoit une pension de Louis xi, X, 376; XI, 253.

Montigny (Guillaume de); son serment au vœu du Faisan, VII, 457.

Montjeu (François, seigneur de), IX, 15.

Montjoie (le damoisel de), envoyé aux Liégeois par le duc de Bourgogne, III, 197. — Prisonnier à Azincourt, IV, 246.

Mont-Joie, roi d'armes de France, VI, 294.

Mont-Martin (le sire Jacques de), chef bourguignon au siége de Beauvais, X, 13.

Montmayeur (le sire de) gouverne l'esprit de Louis, duc de Savoie, VIII, 312.

Montmorency (maître Louis de) nommé évêque d'Arras, VII, 503.

Montmorency (Philippe de) meurt à la bataille de Brawhershausen, V, 235.

Montmorency (le seigneur de) fait sa soumission à Charles VII, VI, 43. — Se joint au sire de l'Ile-Adam pour défendre Pontoise, 349. — Un des chefs bourguignons au siége d'Audenarde, VII, 359.

Montmort (le sire de) sauvé par le duc de Bourgogne, IV, 365. — Nommé porte-oriflamme, 387.

Montreuil-Bellay (le sire de) arrive en Normandie, VI, 351.

Montsoreau (le sire de) député par le roi Charles VII au Dauphin, VIII, 8.

Moravie (Macaire-Jean de), docteur en théologie, parle pour le roi de Bohême aux princes de France, II, 368.

Moreau (Pierre) obtient la confiance des Gantois, VII, 417.

Moreuil (le sire de) prêche en Picardie la croisade contre les Orléanais, IV, 98. — Tente de secourir Rouen, 391. — Assiste aux conférences de Compiègne, VI, 39. — Se fait un riche butin à Dinant, VIII, 498.

Morhier (Simon) commande la milice de Paris au siége d'Orléans, V, 264. — Prevôt de Paris, pour les Anglais, VI, 34. — S'enfuit de Paris, 384.

Moriamez (Robert de), massacré par les Liégeois, IX, 159.

Morlhon (Antoine de), second président du parlement de Toulouse, ambassadeur à la cour de Rome, XII, 24.

Mortagne (le comte de), III, 287. — Sa mort, IV, 24.

Mortaing (le comte de) assiste à un grand conseil des princes, III, 158.

Mortemart (le seigneur de) assiste aux conférences de Compiègne, VI, 39.

Mortemart, X, 339.

Mortimer (le sire), capitaine de Dieppe, laisse la ville aux Français, VI, 350.

Morton (sir Thomas), ambassadeur du roi Édouard, X, 367.

Morsperg (Pierre) vient demander le secours des compagnies au roi de France, VII, 184, 202.

Morvillier (Pierre de), nommé chancelier par Louis XI, VIII, 222. — Envoyé au duc de Bourgogne. 240. — Devant Amiens, IX, 348.

Morvillier (maître Philippe) envoyé à Paris par la reine, IV, 353. — Nommé premier président du parlement, 362. — Va présenter au duc Philippe le Bon le serment de venger son père, fait par les Parisiens, V, 7. — Ses cruautés, 70. — Va trouver le comte de Richemont, 185. — Chassé du royaume, 212.

Mottin, agent secret de Louis XI, X, 319.

Moucheuil (Jean de), évêque de Viviers, XII, 44.

Moui (Colard de) s'empare de Tournai, XI, 263.

Moui (Jacques de), fils de Colard de Moui, XI, 409.

Moulines (le sire de) périt devant Orléans, VI, 338.

Mouhi (le sire Alard de) approche les lances aux Français aux joutes d'Arras, VI, 66.

Mouy (le sire de) chassé de Paris, IV, 140. — Fait

sa soumission à Charles VII, VI, 43. — Prend Gerberoi sur les Anglais, 293. — Aide à saisir le duc d'Alençon, VIII, 86. — Défait les Bourguignons devant Paris, 401; IX, 79. — Employé à négocier le mariage du Dauphin et de Marie de Bourgogne, XI, 281. — Siége de Condé, 401. — Perd sa compagnie, XII, 98. — Quitte le duc Maximilien et passe du côté de Louis XI, 335.

N

Naillac (le sire Philibert de), grand-maître de Rhodes, IV, 15.

Namur (le comte de) accompagne le roi Charles VI à son sacre, I, 214. — Se joint aux Français contre les Flamands, 316. — Accompagne la reine à son entrée à Paris, II, 75. — Fait trancher la tête à un de ses frères bâtards, III, 67.

Namur (la comtesse de), de la suite de madame de Charolais à Cambrai, VII, 18.

Nanterre (Mathieu de), président du parlement, XII, 256.

Nantouillet (le sire de), frère du sire Charles de Melun, se sauve de la mascarade de l'hôtel Saint-Paul, II, 197. — va saisir les biens du comte de Dammartin, VIII, 252.

Narbonne (le vicomte de) donné pour otage au duc de Bretagne, IX, 231. — Écrit au roi, 398. — Sa plaisanterie sur la paix de Péquigny, X, 403; XI, 355. — Ses prétentions sur la Navarre, XII, 315.

Narbonne (le vicomte de) commande une flotte de vaisseaux génois devant Harfleur, IV, 272. — Jure le traité du Ponceau pour le Dauphin, 426. — Chevalier du Dauphin à l'entrevue de Montereau, 440. — Marche au secours de Meulan assiégé par les Anglais, V, 139. — D'un avis différent au comte Douglas à la bataille de Verneuil, 175, 178. — Y périt, 179.

Nassau (Adolphe de), archevêque de Mayence, X, 76.

Nassau (le comte de) lève les Brabançons pour la guerre contre les Gantois, VIII, 460, — défait les Liégeois, 468, 508. — Porte le corps du duc Philippe, 514; Élu chevalier de la Toison-d'Or, X, 62. — Abandonne le duc de Lorraine, 421. — Conduit une armée en Lorraine, XI, 106. — Prisonnier à Nanci, 154, 403. — Combat à Guinegate, XII, 72, 251.

Naudonnet (le sire de) commande à Crespy pour le dauphin Charles, V, 14. — Soutient le sire de La Marck contre le duc Philippe, VII, 340.

Navarre (le roi de) se range du parti du duc Jean sans Peur contre le duc d'Orléans, III, 32. — Choisi pour arbitre par le duc de Bretagne, 266. — Porte la parole dans une assemblée présidée par le roi, 291.

Navarre (le prince de), fils du roi d'Aragon, va avec Louis XI à Hesdin, VIII, 289.

Navarre (le sire Henri de) accompagne la reine Isabelle de Bavière à son entrée à Paris, II, 75.

Navarre (Louis de) parcourt, de concert avec les bandes, la Basse-Auvergne et le Bourbonnais, I, 121.

Navarre (Pierre de), beau-frère du duc de Bretagne, effrayé de l'emportement du duc, veut en détourner les mauvais effets, II, 116.

Nemours (Jacques d'Armagnac, duc de), fils du comte de La Marche, envoyé pour apaiser une sédition à Perpignan; nommé duc de Nemours, VIII, 248. — Se trouve à l'assemblée de Tours, 371. — Entre dans la ligue du bien publiic, 379. — Lettre au roi qui exprime les demandes des chefs de la ligue du bien public, 398. — Traite avec Louis XI, 399. — Arrive devant Paris, 439. — Traité avec le roi, 459. — Prend le parti du roi, 471. — Prête serment à Louis XI, IX, 104. — Nouveau traité avec

le roi, 250. — Se déclare contre Louis xi, X, 463.
— Son procès, XI, 330.

Nettancourt (le sire de) combat à Nanci, XI, 148.

Nevers (Charles de Bourgogne, comte de), frère de Philippe le Bon, parrain de Charles le Téméraire, VI, 239. — Assiste aux conférences de Nevers, 272. — Se rend aux conférences d'Arras, 292.—Va au-devant de madame Catherine, comtesse de Charolais, arrivant à Cambrai, VII, 18. — Réclame à l'assemblée de Nevers, 106. — Commande une partie des troupes au siége de Caen, 316. — Assiste au sacre de Louis xi, VIII, 201. — Mandé par Louis xi, 264. — Sa mort, 317.

Neufchatel (Isabeau de) figure dans le vœu du Faisan, VII, 153.

Neuchatel (le comte Jean de) s'allie à Marguerite de France, comtesse de Bourgogne, I, 114. — Fait prisonnier et meurt en prison, 153.

Neuchatel (Jean de), sire de Montaigu, mandé par la duchesse de Bourgogne, III, 271. — Battu au passage de la Sambre par le comte d'Armagnac, IV, 167. — Joute avec le comte d'Eu, IV, 173. — Informe messire Juvénal d'un complot tramé par les Bourguignons, 319. — Envoyé par la reine à Paris, 353. — Nommé grand-maître de la maison, 362. — Envoyé pour secourir Rouen, 378. — Jure le traité de Ponceau, 426. — Chevalier du duc Jean à Montereau, 440. — Rend le château de Montereau aux gens du dauphin Charles, V, 2. — Fuit à la bataille d'Authon, VI, 99. — Amène un renfort au duc de Bourbon, VIII, 400.— Arrive devant Paris, 428.—Donné pour otage au duc de Bretagne, IX, 230. — Reçu chevalier de la Toison-d'Or, XII, 342.

Neufchatel (Henri de), chanoine de la cathédrale de Besançon, se rend auprès de Louis xi, XII, 63.

Neufchatel (le bâtard de) guerroie sur les frontières

du duché de Bar, VI, 355. — Parle pour le sire de Grandison à Châlons-sur-Saône, VII, 135.

Neufchatel (Thibaut de), maréchal de Bourgogne, brille à la cour du duc Charles, IX, 1.

Neufchatel (le sire Pierre de), seigneur du Fay, X, 200.

Neufchatel (Charles de), archevêque de Besançon, envoyé aux Suisses par les états de Bourgogne, IX, 308.

Neuville (le maréchal) est envoyé contre les compagnies, I, 121.

Nevers (Jean, comte de), XII, 263.

Nevill (sir Henri), un des chefs des rebelles d'York, décapité, IX, 256.

Nevill (sir Robert), secrétaire du comte de Warwich, VIII, 339.

Neuville (le bâtard de) fait la guerre de Lorraine, VI, 156.

Nicolas v, successeur du pape Eugène iv, VII, 283. — Engage le duc Philippe à une croisade, 442.

Nivelle (Jean) commande la cavalerie des Gantois à la bataille de Gavre, VII, 429.

Noisdent (Jean), trésorier de Bourgogne, membre du parlement de Beaune, V, 114.

Norbery (sir Henri) fait prisonnier à Formigny, VII, 315.

Normandie, roi d'armes de France, envoyé au duc de Savoie pour empêcher le mariage du dauphin Louis xi, VIII, 2.

Northampton (le comte de), maréchal d'Angleterre, fait partie de l'ambassade qui vient demander la fille du roi de France pour Richard, roi d'Angleterre, II, 239.

Northumberland (le duc de) assiste à l'entrevue de Péquigny, X, 388.

Northumberland (le comte de) révolté contre le roi d'Angleterre, II, 440.

Nottingham (le comte de), maréchal d'Angleterre, banni pour toujours, II, 351.

Novelompont (Jean de) promet de mener Jeanne d'Arc au roi, V, 280.

Noviant (Jean Le Mercier, sire de) obtient un grand crédit près de Charles vi, II, 67. — Entreprend de faire fondre en or la statue d'un cerf, 71. — Propos qu'on tient sur lui, 150.— Éloigné du roi, 162. — Enfermé au Louvre, 176. — Réintégré dans ses biens, 190.

Noviant (maître Yves de) envoyé au duc de Bretagne, II, 115.

Noyelle (le sire Baudoin de) va chercher Isabelle de Portugal, VI, 58. — Commande un poste au siége de Compiègne, 82, 100.—Menacé par les Gantois, il quitte le siége de Calais, 403. — Fait construire une forte bastille autour de la forteresse du Crotoy, 453. — Commissaire dans la persécution des Vaudois, VIII, 165.

Noyelles (Charles de) armé chevalier, VII, 427.

Noyers (Huguet de) jure le traité du Ponçeau, IV, 426.

Noyers (le seigneur de) participe à la guerre contre les Navarrois et les bandits, I, 118.

Noyers (Charles de), serviteur du comte d'Étampes. Le comte de Charolais désire qu'on le lui livre, VIII, 255.

Nully (le sire de) joute à Arras, VI, 66.

O

Offemont (le sire d') surprend Saint-Riquier, V, 73. — Le rend au duc de Bourgogne, 80. — Conduit un renfort à Meaux, 91. — Y est fait prisonnier, 92.

Oignies (Philippe d'), écuyer du comte de Charolais, tué à Montlhéri, VIII, 415.

Oiseleur (Nicolas l') donné pour confesseur à la Pucelle, VI, 119.

OLDEMBOURG (le duc d'), frère du roi de Danemarck, l'accompagne à Neuss, X, 274.

OLLEHAIN (le seigneur de), avocat du duc Jean, III, 223. — Harangue les princes à Chartres, 231. — Nommé chancelier de Guyenne, 264. — Accuse les princes de vouloir détrôner le roi, 376. — Parle avec chaleur pour réconcilier les princes, IV, 32. — Différend avec le chancelier de France, 57. — Rappelé auprès du Dauphin, 80. — Saisi par les Parisiens, 84. — Renvoyé d'auprès du Dauphin, 115.

ORANGE (le prince d') fait prisonnier par une bande, II, 104. — Refuse de prêter serment au roi d'Angleterre, V, 52. — Refuse d'aller au siége de Meaux, 87. — Conduit Jacqueline de Hainaut à Gand, 230. — Assemble une puissante armée pour conquérir le Dauphiné, VI, 78. — Perd la bataille d'Authon, 98. — Envoyé de Bourgogne aux conférences d'Auxerre, 179. — Traite avec le roi, 183. — Reçoit le duc Philippe à Nozeroi, VII, 469. — Reçoit le Dauphin fugitif, VIII, 40. — Accompagne madame Charlotte de Savoie jusqu'à Namur, 63. — Sa mort, 315.

ORANGE (le prince d') vient à la guerre contre les Liégeois, IX, 173. — Traite avec le roi, X, 343. — Quitte le parti de Louis XI, XI, 249. — Appelle les Suisses, 308. — S'avance jusqu'aux portes de Louis XI; complot contre la vie du roi, XII, 6. — Compris dans le traité entre le roi et les états de Flandre, 291.

ORBE (Hugues, seigneur d') envoyé en Piémont pour recruter des Italiens, X, 477.

ORCHIMONT (le seigneur d'); ses gens ravagent le duché de Luxembourg, IV, 185.

ORFÈVRE (maître Jean l'), président de Luxembourg, chargé par le duc Philippe d'assister au jugement du duc d'Alençon; VIII, 100. — Discours à l'assemblée des pairs, 402. — Un des capitaines de Paris, assiégé par les Bourguignons, 405.

ORFÈVRE (Pierre l'), chancelier d'Orléans, parle pour le Duc à un grand conseil, III, 160.

ORGEMONT (le chancelier d') demande que les volontés du roi soient exécutées, I, 210. Exilé, I, 216. — Est rappelé; reproche leur rébellion aux habitans de Paris, 305.

ORGEMONT (maître Nicole d'), chanoine de Paris et maître des comptes, pris par les Armagnacs, IV, 266. — Meurt en prison, 267.

ORIENT (maître Yves d') député à l'empereur d'Allemagne, II; 56.

ORIOLE (maître Pierre d') siége au conseil du roi, VIII, 185. — Un des seigneurs lorrains devant Nanci, XI, 147. — Ambassadeur de Louis XI à Lens, 306. — Sa mort, XII, 52.

ORLÉANS (Louis, duc d'), fils de Charles V, duc de Touraine, épouse Valentine de Milan, II, 73. — Accompagne Charles VI dans son voyage en Languedoc, 83. — Se propose pour chef d'une croisade, 93. — Se livre aux plaisirs, 109. — Achète la succession du comte de Blois, 127. — Devient duc d'Orléans, 151. — Accompagne le roi à la guerre de Bretagne, 157. — Refuse de prendre part à la condamnation du connétable de Clisson, 180. — Met le feu aux masques parmi lesquels était le roi, 195. — Favorise le connétable, 211. — Refuse de reconnaître Benoît XIII, 229. — Conduit une ambassade au pape, 234. — S'unit avec la reine contre le duc de Bourgogne, 348. — S'unit d'amitié avec le comte de Derby, 352. — Se montre de plus en plus ennemi du duc de Bourgogne, 367. — Promet de secourir l'empereur Venceslas détrôné, 369. — Bouleverse les finances, 374. — Rassemble des hommes d'armes pour aller au secours de l'empereur, 379. — Revient avec le duc de Gueldres, 380. — Se prépare à la guerre contre le duc de Bourgogne, 381. — Se réconcilie, 384. — Injurie le duc de Berri, 385. — Surprend au roi une ordonnance qui annule la soustraction d'obéissance, *id*. — Obtient le gouvernement entier du royaume, 387. — Défie le roi d'Angleterre, 395. — Première lettre, 399. — Deuxième lettre, 405. — Obligé de s'éloigner de la cour, 419. — Reçoit l'ordre d'aller en Guyenne, 445. — Va trouver le pape, 450. — S'empare du trésor royal, 452. — Dérobe le produit de la taille, III, 12. — Lève une taille malgré l'autorité du duc de Bourgogne, 14. — Marie mademoiselle d'Harcourt au duc de Gueldres, 16. — Faillit périr près de Saint-Germain, 24. — Achète la terre de Coucy, 26. — Se fait donner le gouvernement de Normandie, 27. — S'enfuit à Melun, 29. — Ses plaintes au Parlement, 43. — Mande les gens d'armes, 44. — Se moque des envoyés de l'Université, 47. — Sa devise, 50. — Se réconcilie avec le duc de Bourgogne, 53. — Ramène à lui le duc de Berri, 60. — Fait marcher une forte armée en Lorraine, 66. — Part pour la Guyenne, 71. — Se fait conférer le gouvernement de Guyenne, 79. — Est assassiné, 83.

Orléans (le duc d'), fils du duc assassiné; son entrée à Paris, III, 159. — Traité de Chartres, 234. — Fait partie de l'avant-garde à Azincourt, 238. — Epouse Bonne d'Armagnac, 268. — Guerre au duc de Bourgogne, 269, 278, 306. — Marche sur Paris, 327. — Va trouver la reine à Melun pour l'engager dans son parti, 337. — Conférences d'Auxerre, IV, 22. — Obligé de s'éloigner de Paris, 27. — Entrevue d'Angers avec le duc de Bretagne, le roi de Sicile, etc, 60. — Recommence à rassembler des troupes, 80. — Paix de Pontoise, 101. — Entre à Paris, 120. — Maître du gouvernement, 122. — Querelle avec le duc de Bretagne, 126. — Commande le corps de bataille à Paris, 144. — Refuse de signer la paix d'Arras, 180. — Fait échouer un complot des Bourguignons, 188.

ALPHABÉTIQUE. 241

— Vient contre les Anglais à la tête de ses troupes, malgré la défense du roi, 227. — Armé chevalier, 237. — Prisonnier à Azincourt, 246. — Demande aux Anglais que, comme il était prisonnier, ses états fussent exempts de guerre, V, 267. — S'emploie pour faire la paix entre la France et l'Angleterre, VI, 221. — Cherche à adoucir sa captivité par les lettres, 231. — Délivré de sa captivité, VII, 19 et suivantes. — Arrive à Calais, 68. — Épouse Marie de Clèves, 70. — Reçoit l'ordre de la Toison-d'Or, 72. — Passe à Paris, 78. — Remontrances de Nevers au roi, 104. — Ambassadeur de France aux conférences de Tours, 174. — Va siéger au chapitre de la Toison-d'Or, 247. — Prétend au duché de Milan, 274. — Conduit le deuil du roi, VIII, 210. — Se rend en Bretagne pour réconcilier le duc avec Louis XI, 386, 387. — Se trouve à l'assemblée de Tours convoquée par Louis XI, 371.

ORLÉANS (Louis, duc d') marié à madame Jeanne, fille de Louis XI, X, 113. — Caractère qu'il annonce, XII, 264. — Ses sermens au château d'Amboise, 265.

ORLÉANS (la duchesse d'), fille de Charles le Bel et belle-sœur du roi Jean, supplie le jeune roi Charles VI, son arrière-neveu, pour sa bonne ville de Paris, I, 305.

ORLÉANS, héraut du duc d'Orléans, porte la lettre de défi du duc au roi d'Angleterre, II, 399.

ORLI (le sire d'), XI, 69.

ORTAFFA, ennemi de Louis XI, X, 293.

ORVAL (Amanjeu d'Albret, sire d') suit le connétable de Richemont en Normandie, VII, 297. — Part pour la Guyenne à la tête des troupes, 479. — Entre dans le pays de Médoc, 489.

OSSAGNE (Raimonnet d'), sa mort, XII, 88.

OSTRELINS (guerre des), VII, 17.

OSTRENANT (le comte d') accompagne l'entrée à Paris d'Isabelle de Bavière, II, 75. — Remporte le prix

TOME XIII. 16.

de la joute à la cour d'Angleterre, 96. — Demande à suivre le comte de Nevers en Hongrie, 260.

OTHE GUILLAUME, fils adoptif d'Henri le Grand, fils d'Aldebert, duc de Lombardie, dispute pendant plusieurs années le duché de Bourgogne au roi Robert, I, 98.

OTHOMAN (le prince Calixte), frère de Mahomet, empereur des Turcs, X, 76.

OUREDENNE (Erasme) nommé capitaine de Gand, VI, 438. — Se démet de sa charge, 445.

OURRI (maître Gérard) porte la parole pour accuser le sire de Croy de la part du comte de Charolais, VIII, 182.

OXFORD (le comte d') périt à Azincourt, IV, 245. —

OXFORT (le comte d') prend la fuite à Barney, IX, 382.

P

PACY (le seigneur de) accompagne le roi Henri IV à son entrée à Paris, VI, 169.

PAGNY (le seigneur de) appelé à un conseil par la duchesse de Bourgogne, III, 271.

PALATIN (le comte) prête quatre cents archers au duc de Calabre, VIII, 428.

PALÉOLOGUE (Jean), empereur d'Orient, envoie une ambassade au duc de Bourgogne, VII, 129.

PALLIÈRE (Gérard de La) rend la forteresse d'Ivry aux Anglais, V, 175.

PAMPELUNE (le cardinal de) reste seul du parti de Benoît XIII; pris par le maréchal Boucicault, 346.

PAN (Pierre du), maître d'hôtel du comte de Richemont, vient le prévenir que les écorcheurs se préparent à entrer dans Paris, VI, 383.

PARDIAC (Jean de), vicomte de Fezansaguet, époux de Marguerite de Comminges, meurt en prison, VII, 162.

Parent (maître Pierre), notaire de Louis xi, dresse procès verbal des instructions au Dauphin, XII, 262.

Paris (Jean de), ambassadeur de Louis xi auprès de l'empereur, X, 314.

Paris (maître Guillaume), envoyé par Louis xi au comte de Charolais, VIII, 506.

Partada (le sire de), commis à la garde d'un pont, V, 329.

Parthenay (le sire de), prisonnier, V, 158.

Pasquerel (frère); la Pucelle le prend pour chapelain, V, 297.

Passac (le sire de) destiné à commander en Castille, II, 13.

Passe-Fillon (la), maîtresse du roi Louis xi, XI, 45.

Pastourel (Jean), maître des comptes, du conseil de tutelle de Charles vi, I, 210.

Patenostre condamné à vingt ans de cachot comme Vaudois, VIII, 168.

Pavie (le cardinal de), XII, 21.

Pavie (Simon de), médecin italien établi à Lyon, XI, 126.

Pavilly (maître Eustache de), IV, 37. — Réprimandes aux princes, 75. — Seconde remontrance au roi, 81.

Paviulon (Thierri), échevin de Liége, prend le parti du Sanglier des Ardennes, XII, 247.

Pazzi (les), fameux banquiers de Florence, IX, 224. — Leur conjuration, XII, 9.

Pellegrini (Bertholomeo) garantit à Bajazet la rançon des chevaliers français, II, 316.

Pellisson commande la milice de Paris, IV, 317.

Pelson (sire Guillaume) pris au siége de Dieppe, VII, 165.

Pembrocke (le comte de) vient à Paris proposer le mariage de madame Isabelle et du fils du roi Henri, III, 65.

Penhouet (le sire de), amiral de Bretagne, commande une attaque contre les Anglais, II, 440.

Penil (Mesnil, sire de Concressault), ambassadeur de Louis XI en Angleterre, IX, 102.

Pensach, au siége de Pontoise, VII, 89. — Entre à Bordeaux, 325.

Penthièvre (le comte de) se marie avec la fille du connétable de Clisson, II, 108. — Se trouve à Tours avec le connétable, 120. — Accompagne le duc Jean à Chartres, III, 229. — Commande un grand nombre de Bretons à la guerre des Armagnacs, 264. — Arrive devant Bourges, IV, 20.

Penthièvre (Jean de Blois, comte de), petit-fils du connétable de Clisson, commande en Guyenne, VII, 321. — Se trouve à l'assemblée de Tours convoquée par Louis XI, 371.

Peralta (don Pedro de), connétable de Navarre, pénètre dans Perpignan, X, 106.

Perche (le comte du), fils du duc d'Alençon, va à Hesdin avec Louis XI, VIII, 289. — Livre Alençon à Louis XI, IX, 100. — Obtient une part de l'héritage de son père, X, 211; XII, 263. — Son procès, 277.

Percy (le sire de) se rend avec les oncles du roi d'Angleterre à Calais, I, 321.

Périgord (le comte de) vient rendre ses hommages à Louis XI, IX, 236.

Périgord (le sire de) garde son indépendance contre les Anglais, I, 138.

Perrette, la Bretonne, brûlée à Paris, VI, 144.

Perweis (le sire de) commande les Liégeois, III, 197. — Sa mort, 269.

Perweis (le sire de), élu évêque de Liége, III, 80.

Perweis (le sire de) s'enferme dans Avesnes, XI, 276.

Petit-Guillaume aide les Français à surprendre Chartres, VI, 192.

Petit (maître Jean), cordelier, fait l'apologie du duc de Bourgogne, III, 104, 107.

Pfaffenhoffen (le comte de) combat à Nanci, XI, 148.

Philippe le Long, roi de France, hérite de la comté de Bourgogne, I, 114.

Philippe, duc de Touraine, fils du roi Jean, surnommé le Hardi. Son courage à la bataille de Poitiers; fait prisonnier, I, 103.—Reçoit le gouvernement de Bourgogne, 105. — Marche contre les bandes, 118.—Prend plusieurs forteresses, 120, 121. —Engage plusieurs terres et châteaux, 125.—Réunit Vesvres à son domaine, *ib.* — Fait son entrée solennelle à Dijon, 126. — Épouse Marguerite de Flandre, 134. — Commande l'armée française contre les Anglais, 141. — Contracte alliance avec la comtesse Marguerite de France, le comte de Savoie et le comte de Châlons, 144.—Va trouver le pape à Avignon, 146.—Met ses joyaux en gage, *ib.* — Fait un voyage en Auvergne, *ib.* — Marche en Guyenne avec trois cents lances, 149. — Procès avec l'évêque d'Autun, 154.—Fait un nouveau voyage à Avignon, 156. — Règle la dépense de sa maison, 160. — S'empare d'Ardres, 162. — Commande une expédition contre le roi de Navarre, 163. — Fiance sa fille Catherine avec le duc Léopold d'Autriche, 164. —Vient à Arras pour traiter avec les Flamands, 176.—Nommé capitaine général des gens d'armes et des arbalétriers, 194. — Fait assembler une armée devant Troyes pour arrêter les Anglais, 195. — Prend la place de premier pair de France au sacre du roi Charles VI, 215. —Engage le roi de France à faire la guerre aux Flamands, 262. — Tient les états de Bourgogne à Châtillon, 268. — Ses exhortations aux bourgeois de Paris, 269. — Envoie un héraut aux Flamands, 287. — Remporte une victoire à Courtrai, 289. — Visite le royaume, 309. — Assemble tous les hauts personnages de l'état pour décider la guerre contre la Flandre, 315. — Se rend à Calais pour conférer avec les oncles du roi d'Angleterre, 321. — Hérite des états du comte de Flandre, 223. — Célèbre les noces de son fils Jean et de sa fille Marguerite, 329. — Fonde la chartreuse de Champmiol, *ib.* — Fait assembler une grande flotte au port de l'Ecluse, 335. — Traite avec les habitans de Gand, 351. — Prépare une descente en Angleterre, II, 1. — Fait son testament, 7. — Fiance sa seconde fille avec Léopold d'Autriche, la troisième au comte Amédée de Savoie, 18. — S'attire la haine des chevaliers à la guerre du duc de Gueldres, 56. — Etouffe une sédition à Verdun, 64. — Eloigné du gouvernement, 66. — Fait paver les rues de Dijon, 69. — Fait saisir le temporel de l'archevêque de Besançon, *ib.* — Accompagne la reine Isabelle de Bavière à son entrée à Paris, 75. — Reçoit le roi à Dijon, 83. — Voyage avec le roi, 88. — Revient à Dijon, 89. — Achète le comté de Charolais, *ib.* — Favorise le comte d'Armagnac contre le pape Urbain vi, 103. — Veut empêcher la guerre de Bretagne, 121. — Favorable aux envoyés du vicomte de Castelbon, 124. — Parrain du fils du roi, 129. — Sa magnificence aux conférences d'Amiens, 130. — Accompagne le roi à la guerre de Bretagne, 152. — Reprend le gouvernement, 163. — Assemble les conseils du roi, 168. — Ses menaces au sire de Noviant, 172. Manière dont il reçoit le connétable, 174. — Poursuite contre les anciens conseillers du roi, 176. — Etablit des pourparlers avec les Anglais à Lelinghen, 200. — Fait poursuivre en justice le prevôt des marchands, 212. — Refuse de reconnaître le pape Benoît xiii, 229. — Termine le différent du duc de Bretagne et du connétable, 231. — Se rend auprès du pape, 235. — Appuie les ambassadeurs du roi de Hongrie, 252. — Va trouver le roi d'Angleterre à Calais, 270. — Envoie de riches présens à

Bajazet, 307. — Recueille de l'argent pour la rançon de son fils, 312. — Donne ordre d'arrêter le comte de Derby, 358. — Ses conseils aux princes après la mort du roi d'Angleterre, 359. — Se rend en Flandre, 377. — Règle le partage de ses états, *ib.* — Revient à Paris et assemble des hommes d'armes, 380. — Maintient la soustraction d'obéissance, 384. — Célèbre les noces de son fils Antoine de Bourgogne, 387. — Ecrit au parlement de son comté de Flandre, 390. — Gouverne le royaume, 393. — Obtient la garde du jeune duc de Bretagne, 420. — Soumet le sire de Villars révolté, 421. — Sa sagesse dans l'administration de son royaume, 422. — Se plaint au roi de ce qu'on a aboli la soustraction d'obéissance, 431. — Marie trois enfans de son fils, le comte de Nevers, avec trois enfans du roi, 434, 435. — Eloigné du gouvernement, 445. — Se prépare à assiéger Calais, 449. — Tombe malade à Bruxelles, 453. — Sa mort, 454. — Son testament, 459.

PHILIPPE DE BOURGOGNE, fils aîné de Jean sans Peur, surnommé le Bon, marié à Michelle de France, quatrième fille de Charles VI, II, 435. — Envoyé par son père dans toutes les bonnes villes de Flandre, III, 302, 303. — Reçoit pour apanage une portion de Beaujolay, 371. — Reste au château d'Aire, IV, 228. — Fait rendre les derniers devoirs aux chevaliers morts à Azincourt, 248. — Reçoit le duc de Glocester, 275. — Présent quand le comte de Hainaut accuse les Armagnacs, 311. — Sa douleur à la mort de son père, V, 5. — Conférences de Malines, 6. — Reçoit les députés de Paris à Lille, *ib.* — Fait faire un service solennel pour le repos de l'âme de son père, 8. — Traité avec les Anglais, 10. — Prend Crespy, 15. — Arrive à Troyes, *ib.* — Echoue devant Couci, 22. — Traité de Troyes avec les Anglais, 23. — Son serment au roi Henri V, 35. — Retire le corps de son père de la fosse où il avait été jeté, 42.

— Donne l'assaut à Melun, 46. — Demande justice de la mort de son père, 59. — Sujet de plaintes contre le roi d'Angleterre, 63. — Retourne en Flandre, 65. — Se fait remarquer par sa magnificence, 66. — Vient au-devant du roi d'Angleterre à Montreuil, 72. — Attaque Amiens, 74. — Assiége Saint-Riquier, *ib*. — Bataille de Mons-en-Vimeu, 76. — Reçu à Paris avec grande joie, 86. — Arrive à Dijon, 89. — Fait jurer le traité de Troyes aux Dijonnais, 96. — Convoque un parlement à Dôle, 98. — Se rend dans la Comté, 100. — Fait alliance avec le duc de Lorraine, *ib*. — Marche au secours de Cosne, 102. — Assiste aux funérailles du roi d'Angleterre, 112. — Refuse la régence de France, *ib*. — Retourne en Flandre, 113. — Absent des funérailles du roi de France, 118. — Pourparler de Bourg en Bresse, 126. — Intervient entre Jacqueline de Hainaut et Jean sans Pitié, 130. — Lie amitié avec le comte de Richemont, 135. — Alliance avec le duc de Bretagne, 143. — Se rend à Gand au sujet d'une aventurière qui se disait duchesse de Guyenne, 164. — Arrive à Paris, *ib*. — Se fait payer toute la dot de madame Michelle de France, 165. — Retour en Bourgogne, *ib*. — Conférences de Châlons avec le duc de Savoie, 167. — Apprend la mort de sa mère, 170. — Épouse Bonne d'Artois, fille du comte d'Eu et veuve du comte de Nevers, 173. — Obtient de grandes faveurs du pape, *ib*. — Quitte Paris, 174. — S'empare de Tournus, La Bussière, et de La Roche-Salisbury, 182. — Brille dans les tournois et montre un grand amour à la comtesse de Salisbury, 184. — Hérite des états de Jean de Bavière, 187. — Entrevue de Macon avec le duc de Savoie, *ib*. — Guerre contre le duc de Glocester, 189. — Reçoit des offres de réconciliation de la part du roi, 217. — Hérite de sa tante la duchesse d'Autriche, 225. — Continue la guerre de Hainaut, 226. — Bataille de Brawhershausen, 233. — Retourne en

Flandre, 235. — Recommence la guerre de Hainaut, 236. — Siége d'Amersfort, 240. — Se rend à Dijon, 241. — Dissensions avec la ville de Dijon, 242, 243.—Soumet le Hainaut, 250. —Achète le comté de Namur et la seigneurie de Béthune, 251. — Orléans veut se confier à lui, 268. — Retire ses troupes, 271, 272.—Envoie une ambassade au roi, VI, 37. — Vient à Paris, 53. — nommé régent de France, 55. — Son mariage, 58. — Institue la Toison-d'Or, 62. — Sédition de Grammont, 65. — Joutes d'Arras, 66. — Assiége Gournay-sur-Aronde, 79. — Siége de Compiègne, 81. — Entretien avec la Pucelle, 84. — Hérite des états de Brabant, 94. — Combat de Germigny, 107. — Son désespoir à la mort de son fils, 148. — Envoie une ambassade à Londres, ib. — Guerre contre René d'Anjou pour la succession de Lorraine, 155. — Négocie avec le roi, 162. — Rend visite au duc René, 175. — Conférences pour la paix, 179. — Sédition de Gand, 180. — Complot contre la ville de Dijon, 185. —. Mésintelligence avec le duc de Bedford, 209. — Affaire avec madame Jacqueline, 212. — Conférences de Saint-Port, 219. — Vient au secours de la Bourgogne ravagée par les compagnies, 228. — Reprend Avalon, 239. — Tient un chapitre solennel de l'ordre de la Toison-d'Or, 240. — Réclame la préséance pour ses ambassadeurs au concile de Bâle, 247. — Seconde ambassade en Angleterre, 256. — Revient défendre la Bourgogne contre le duc de Bourbon, 265. — Entrevue de Nevers, 272. — Revient à Dijon, 278. — Retourne en Flandre et passe par Paris, 279, 280.—Sédition d'Anvers, 284. — Conférences d'Arras, 293. — Consultations sur la paix, 309. — Traité d'Arras, 320. — Parrain du fils du roi, 352. — Sédition d'Amiens, 359. — Déclare la guerre aux Anglais, 365. — Siége de Calais, 388. — Révolte à Bruges, 414. — Suite des troubles à Bruges, 422. — Péril qu'il court dans une sédition à Bruges, 433. — Révolte de Gand;

438. — Soumission de Bruges, 449. — Fait assiéger la forteresse du Crotoy, 453. — Reprend le siége de Calais, VII, 8. — Tient le parti du pape, 12. — Discordes avec le comte de Ligny, 28. — Sa réponse au Dauphin qui lui avait demandé secours contre son père, 55. — Va au-devant du duc d'Orléans à Gravelines, 68. — Tient le chapitre de la Toison-d'Or, 73. — Rentre à Bruges, 74. — Remontrance de Nevers au roi, 104. — Revient en Flandre, 120. — Réception de l'empereur à Besançon, 122. — Succession de Luxembourg, 131. — Entrevue avec le duc de Savoie, 136. — Promet son aide à l'empereur d'Orient, 139. — Guerre de Luxembourg, 141. — Griefs contre le roi de France, 228. — Nouveaux griefs contre le roi, 270 — Révolte des Gantois, 339. — Marche contre les Gantois, 351. — Bataille de Rupelmonde, 375. — Siége de Gavre, 422. — Vœu du Faisan, 447. — Guerre pour l'évêché d'Utrecht, 502. Reçoit le Dauphin chez lui et lui rend de grands honneurs, VIII, 43. — Discordes entre lui et son fils, 55. — Réconciliation avec les Gantois, 85. — Tombe malade, 98. — Parrain de l'enfant du Dauphin, 130. — Réponse aux ambassadeurs que le roi envoyait au Dauphin, 147. — Discussions avec le parlement de Paris, 149. — Persécution des Vaudois, 167. — Nouvelle discorde avec le roi, 174. — Envoie une ambassade en Écosse pour rompre le mariage d'Édouard de Lancastre, 177. — Assiste au sacre de Louis xi, 200. — Arrivé à Paris, 214. — Tombe grièvement malade à Bruxelles, 233. — Reçoit la reine d'Angleterre, 245. — Entrevue avec le roi, 258. — Nouveaux projets de croisade, 271. — Pardonne à son fils, 278. — Mauvais succès de la croisade, 304. — Pris pour juge par les héritiers du prince d'Orange, 314. — Part d'Hesdin, 335. — Réponse à une ambassade solennelle de Louis xi, 352. — Discours à son fils, 361. — Guerre contre les Liégeois, 469. — Guerre contre les gens de Dinant, 491. — Sa mort, 512.

ALPHABÉTIQUE. 251

Philippe d'Autriche né en 1478, XII, 236.

Philippe III, fils de Philippe le Hardi, hérite du comté de Nevers, II, 462. — Accompagne le convoi de son père, III, 2. — Épouse la demoiselle de Coucy, 238. — Accusé d'avoir fait massacrer un sergent, 245. — Fait la guerre au comte de Tonnerre, 339. — Arrive au secours de son frère Jean, *ib*. — Sollicite la clémence du roi, IV, 165. — Conduit ses hommes d'armes contre les Anglais, 228. — Armé chevalier, 237. — Meurt, 245.

Philippe de Rouvres, fils de Philippe de Bourgogne, tué au siége d'Aiguillon, I, 101.

Philippe (l'archiduc). Sa naissance, XII, 1.

Philippe, fille naturelle du duc Jean, épouse le seigneur de Roche-Baron, IV, 456.

Philibert Paillart, chancelier de Bourgogne. Le roi Jean dépose en ses mains des lettres de donation du duché de Bourgogne à son fils le duc de Touraine, I, 105.

Philibert de Savoie, XII, 95.

Phœbus (François), roi de Navarre, XII, 314.

Picard (maître Guillaume), receveur des finances en Normandie, fortifie Dieppe, X, 36. — Bailli de Rouen, accompagne les ambassadeurs flamands à Paris, XII, 307.

Piccolomini (Silvius) écrit au roi de France pour demander le secours des compagnies, VII, 183. — Se rend à la diète de Ratisbonne de la part de l'empereur, 468. — Devient pape, sous le nom de Pie II, VIII, 121. — Favorise le duc Philippe, 123. — Écrit au duc Philippe, 264. — Sa mort, 308.

Pichon (Raoul), conseiller au parlement, XI, 45.

Piémont (le prince de), fils du duc de Savoie, vient implorer la protection du roi de France, VIII, 282

Pigache (Thomas) soulève les Parisiens en faveur des Français, VI, 376.

Pimbroke (le comte de), envoyé contre les rebelles du comté d'York; sa mort, IX, 256.

Pimbrock (Philippe), héraut d'Angleterre, VI. 397.

Pinon (maître Laurent), évêque d'Auxerre.—Son discours aux conférences d'Arras, VI, 297.

Plancy (le sire de) fait prisonnier au combat de Chappes, VI, 111.

Plateaux (le sire de), pris devant Calais par les Anglais, VI, 399.

Plouvier (Jacotin), vainqueur dans un combat judiciaire, VII, 500.

Plume (André de La), fou du comte de Charolais, se distingue au combat de Lockeren, VII, 369.

Podiégrad (Georges), roi de Bohême, VIII, 69; IX, 205.

Poissonnet (Jean), maire de Dijon, harangue Philippe le Hardi, I, 127.

Poix (le sire de), VII, 89. — Livre Roye au comte de Dammartin; IX, 344.

Poix (le sire de), envoyé à Paris par le duc Jean, IV. 265. — Entre à Saint-Germain pour enlever le roi; 269. — Sa mort, 372.

Poix (le sire Jean de) tué par les Orléanais, IV, 184.

Polheim (Wolfgang de), prisonnier à Guinegate, XII, 77.

Poligny (Philippe de), abbé de Saint-Bason de Gand, envoyé par les Gantois au duc Philippe, en 1452, VII, 349. — Se rend de nouveau auprès du Duc, 373. — Fait la harangue pour demander la grâce des gens de Gand, 438.

Pommiers (le sire de), chevalier anglais, périt devant Orléans, V, 338.

Pons (le sire de) tient des forteresses dans le Poitou, VII, 102.

Pons (Michel de) nommé procureur général, XII,

276. — Enregistre le traité avec les états de Flandre, 307.

Pont (le marquis du), de garde auprès du Dauphin, III, 31. — Amène ses gens au duc d'Orléans, 50.

Pont (Nicolas, marquis de), fils aîné du duc de Calabre. Jeanne de France lui est promise en mariage, VIII, 482. — Fiancé à madame Anne, fille de Louis XI, IX, 99. — Entre en Bretagne avec une armée, 139.

Pont (Charles de), bâtard de Perdriac, XI, 349.

Pont (le sire du); son serment au vœu du Faisan, VII, 155.

Pontallier (Guy de), maréchal de Bourgogne, se porte caution pour le duc Philippe le Hardi, I, 125. — Chevalier du duc Jean, à l'entrevue de Montereau, IV, 440. — Pris et retenu par les gens de Reims, reçoit le serment de Charles VII pour le traité d'Arras, VI, 338.

Pontarlier (le sire de), membre du gouvernement de Beaune, V, 114.

Ponthieu (le comte de) destiné à conduire le gouvernement du royaume, IV, 258.

Pont-l'Abbé (le sire de) se rend auprès du duc de Bretagne pour le réconcilier avec Louis XI, VIII, 376.

Poole (sire Jean de la), frère du duc de Suffolk, battu par les Français et fait prisonnier, V, 157. — Echangé, 163. — Prisonnier de nouveau au siége de Jargeau, 348.

Popincourt (maître Jean), VII, 182. — Assiste les députés des Gantois aux pourparlers de Lille, 403. — Assiste le comte de Saint-Pol dans ses réclamations au duc Philippe, VIII, 65. — Plaide au parlement de Paris la cause du sire de Beaufort, condamné pour crime de vauderie, 170. — Un des capitaines de Paris assiégé par les chefs de la ligue du bien public, 405. — Envoyé en ambassade à Calais, 488. — Porte la parole dans l'ambassade au roi Édouard, IX, 42. — Un des commissaires pour juger Henri de La Roche et l'abbé Favre, 428. — Lit la sentence au connétable, X, 439.

Porée (Martin), confesseur du duc Jean; nommé par lui évêque d'Arras, III, 154. — Gagne le concile de Constance au duc Jean, IV, 264.

Pot (Régnier), chambellan du duc Jean, fait plusieurs voyages auprès du marquis de Moravie, III, 244. — Nommé gouverneur du Dauphiné, 264. — Déploie un grand zèle pour le duc de Bourgogne, 278. — Commande à l'attaque de Saint-Cloud, 357. — Ambassadeur du duc Jean aux princes, IV, 224. — Signe le traité du Ponceau, 427.

Pot (Philippe), seigneur de La Roche-Nolay. Son serment au vœu du Faisan, VII, 454. — Accompagne le duc Philippe en Allemagne, 464. — Donne son avis au sujet de la croisade, 388; XI, 306.

Pot (Guy), bailli de Vermandois, ambassadeur de Louis XI, près du duc Charles, IX, 278, 288.

Pot (Guy), Envoyé du duc Philippe au roi pour le consulter sur la révolte des Gantois, VII, 348; XI, 307.

Potter (Liévin), Gantois; le duc Philippe demande qu'il lui soit livré à discrétion; exilé pour quinze ans, VII, 338.

Pouancé, héraut du duc d'Alençon, chargé d'accompagner un héraut anglais, VIII, 92.

Poulengy (Bertrand de) mène Jeanne d'Arc au roi, V, 282.

Pouzanges (le sire de), chevalier poitevin, se trouve au passage de la Lys en 1382, I, 274.

Poysieu (Étienne de) perd sa compagnie, XII, 48.

Précigni (le sire de), président de la chambre des comptes, député du roi à la Grange-aux-Mercières, VIII, 441.

Pressigny (le sire de) assiste au jugement du duc d'Alençon, VIII, 101.

Preuilly (le sire de), X , 306.

Prie (le sire de) tient le parti du Dauphin dans la guerre de la Praguerie, VII, 59. — Remontrances au dauphin, VIII, 62. — Assiste au jugement du duc d'Alençon, 101.

Pruniaux (Jean) succède à Jean Hyons, I, 177. — Périt sur la roue par l'ordre du duc de Bourgogne, 190.

Puisieux (le sire Colin de) livre Saint-Cloud aux Orléanais, 345. — Prisonnier des Bourguignons, 358.

Puy-du-Fou (le sire), maire de Bordeaux, livré aux Anglais, VII, 479.

Q

Quantepié, chef d'une révolte en Normandie contre les Anglais, VI, 226. — Tué à la tête des révoltés, 227.

Quesnoy (Robert du) monte une barque pour surprendre la forteresse du Crotoy, VI, 452.

Quiéret (Gauvain), chargé d'une surprise sur Luxembourg, VII, 149.

R

Rabateau (maître Jean), président au parlement, soutient le parti de la guerre aux conférences d'Orléans, VII, 37.

Radegonde (madame), fille aînée de Charles VII, promise en mariage à Sigismond d'Autriche, VII, 184.

Raguier (Hémon), trésorier des guerres, chargé de solder les gens de Bourgogne, III, 74.

Raimonet, fils de la dame des Areinges, décapité, XI, 136.

Raiz (le sire de), de la maison de Laval, arrive au secours d'Orléans, V, 298. — Combat à la prise de la bastille des Tournelles, 330. — Commande l'avant-garde au voyage de Reims, VI, 4. — Se distingue à l'attaque de Paris, 44, 48. — S'avance sur Paris pour faire lever le siége de Lagny, 196.

Rambouillet (le sire de) surprend Meulan, VI, 344.

Rambure (le sire de) nommé grand-maître des arbalétriers, III, 371. — Escorte les convois pour le siége de Bourges, IV, 10. — Fait la guerre aux Anglais, 32. — Périt à Azincourt, 245.

Ramschwag demande à parlementer avec la garnison de Granson, XI, 10.

Raoul le Sage, conseiller, V, 169.

Rapine, envoyé au roi par le connétable, X, 406.

Rapiot (Jean), avocat, explique les avantages de la paix de Pontoise, IV, 105. — Soutient devant le duc de Bourgogne, qu'il vaut mieux traiter avec le Dauphin qu'avec les Anglais, 415.

Raulin (Antoine) armé chevalier, VII, 360. — Son serment au vœu du Faisan, VII, 456.

Raulin (maître Nicolas), chancelier de Bourgogne, opine pour traiter avec le roi d'Angleterre, IV, 415. — Envoyé au Dauphin à Melun, 417. — Reçoit les sermens des serviteurs du Dauphin pour l'entrevue de Montereau, 417. — Jure le traité du Ponceau, 427. — Expose l'homicide du duc Jean au roi Charles vi, séant en son lit de justice, V, 60. — Paraît avec magnificence aux conférences de Bourg en Bresse, 126. — Porte le duc Philippe à bien recevoir les ambassadeurs de Savoie, 167. — Envoyé de Bourgogne aux conférences d'Auxerre, VI, 179. — Découvre la conjuration contre Dijon, 240. — Signe la trêve de Nevers, 276. — Va au-devant de madame Catherine, comtesse de Charolais, arrivant à Cambrai, VII, 18. — Envoyé à Cambrai pour parlementer avec le connétable de Ligny, 33.

Raulin (le sire Guillaume), un des fils du chancelier, se retire en France, IX, 331. — Reçoit le duc Charles, X, 144.

RAULIN (le cardinal), évêque d'Autun, X, 120.

RAULIN (le sire Antoine de), nommé chambellan du comte de Charolais, VIII, 56.

RAUZAN (le sire de) prête serment au roi de France, VII, 327. — Un des chefs de la révolte en Guyenne, 477. — Pris par les Français, 488.

RAVENSTEIN (Aimé de), nommé dans le défi du sire de Charni, VII, 127.

RAVENSTEIN (le sire de) commande l'avant-garde à Bruenstein, IX, 75. — Commande à Arras, XI, 202, 213. — Se sauve de Gand, 231. — Arrête les députés de Cambrai, 267; XII, 57.

RAZE (le sire de) se distingue à la bataille de Tongres, III, 205.

REBECQUE (le bâtard de) joute contre le sire de Champremi, V, 147.

REBECQUE (Mathieu de), armé chevalier à Gavres, VII, 427.

REBRENIETTES (Jean de), son serment au vœu du Faisan, VII, 457.

RECHBERG (Jean de), envoyé au roi de France par le margrave Guillaume de Bade, VII, 186.

REDING (Raoul), capitaine des Suisses, XI, 17.

REGNAUD (curé), emprisonné par les Armagnacs et décapité, IV, 266.

REGNAUD, sire de Rouvrai, défend la ville de Saint-Tron, IX, 77.

REGNAUDIN construit la barrière du pont de Montereau, IV, 448.

REGNAULT (Raoul), écuyer de Charles VII, chargé de remettre les lettres du roi au Dauphin, VIII, 176.

REDEREN (Philippe de), chevalier échevin du territoire de France, mentionné au traité avec les Gantois, I, 364.

Reilhac (Jean de), secrétaire du roi, s'emploie pour obtenir la grâce du comte de Dammartin, VIII, 207.

Rély (Jean de), docteur en théologie, est d'avis qu'il faut avertir Louis XI de se confesser, XII, 349.

Remiremont (Pierre de), ambassadeur du duc Charles auprès de Louis XI, IX, 242.

René d'Anjou, duc de Bar, réunit une nombreuse armée, V, 156. — Traite avec les Anglais, 254. — Va offrir ses services au roi, VI, 16. — Assiste aux conférences de Compiègne, 39. — Dispute la succession de Lorraine, 153 et suiv. — Prisonnier au combat de Bulligneville, 161. — Tente de réconcilier le duc Philippe avec le roi de France, 243. — Se rend aux conférences d'Arras, 292. — Hérite des royaumes de Naples et de Sicile, 388. — Se rachète, 423. — Fait de nouveau la guerre au comte de Vaudemont, VII, 11. — Arrive au siége de Rouen, 300. — Se trouve à l'assemblée de Tours convoquée par Louis XI, VIII, 371. — Chargé de négocier avec le duc de Bretagne, 380. — Assiste aux états de Tours, IX, 107. — Renoue des intelligences avec le duc Charles, X, 87. — Institue le fils du comte du Maine son héritier, 212. — Ses occupations, ib., 477. — Va à Lyon, XI, 44.

Renou fait une révélation à Louis XI, X, 479.

Renti (le bâtard de) abandonne la bannière du Duc au village de Lokeren, VII, 367.

Renti (le sire de), fils aîné du comte de Croy, passe au service de Louis XI, IX, 358.

Respondi, marchand lombard, s'entremet pour racheter le comte de Nevers, II, 313.

Rétortillo (Robert), solitaire de la Calabre, appelé par Louis XI, XII, 343.

Reuilly (Maurice de), III, 304.

Rhambures (le seigneur de) fait la guerre aux Anglais, V, 70. — Rend la forteresse de Verneuil, 180.

Rheinau (Hans-Van-), IX, 332.

Rhetel (Antoine de Bourgogne, comte de), second fils de Philippe le Hardi, épouse la fille du comte de Saint-Pol, II, 387. — Rend hommage au roi de France, III, 2. — Envoie un défi au duc de Gueldres, 16. — Arrive à Paris avec huit cents hommes d'armes, 44. — Hérite des états de la duchesse de Brabant, 80. — Va au secours de Jean Sans Peur, 197. — Epouse la fille unique du marquis de Moravie, 243. — Reconduit les Flamands qui étaient venus au secours du duc Jean, 343. — Sollicite la clémence du roi pour le duc Jean, IV, 167. — Arrive aux conférences de Senlis, 191. — Joute contre le duc d'Orléans, 201. — Arrive à Azincourt, 242. — Y périt, ib.

Rhotelin (Philippe, comte de) prisonnier à Nanci, XI, 154.

Riario (Jérôme), cardinal, XII, 10.

Ribeaupierre.(le sire de) combat à Nanci, XI, 148.

Ricarville (le sire de) veut surprendre Louviers, VI, 190. — Sa mort, 191.

Richard, roi d'Angleterre, demande la fille du roi de France en mariage, II, 238. — Donne sa procuration pour ce mariage, 246. — Arrive à Calais, 270. — Son mariage, 276. — Détrôné, 358.

Richard (frère), de l'ordre des cordeliers, se fait une grande renommée par ses sermons, V, 303. — Se présente à la Pucelle et lui jette de l'eau bénite pour savoir si elle ne procédait point du démon, VI, 9. — Favorable à Catherine de La Rochelle et contraire à la Pucelle, 72.

Richard, secrétaire de l'évêque de Liége ; sa mort, XII, 246.

Richemont (Arthus de Bretagne, comte de) conduit le convoi du duc de Bourgogne, III, 2. — Mène ses hommes au duc de Bourbon, 240. — Commande six mille Bretons dans la guerre des Armagnacs, 283. — Commande l'avant-garde de Paris, IV, 143.

— Suit le duc de Guyenne à Bourges, 189. — Conduit ses hommes d'armes contre les Anglais, 227. — Prisonnier à Azincourt, 246. — Epouse madame de Guyenne, V, 137. — Célèbre son mariage, 166. — Se retire en Bretagne, 172. — Se rend aux noces du duc Philippe le Bon, 185. — Elu connétable, 186. — Fait chasser du royaume une grande partie des conseillers du roi, 212. — Réconcilié le duc de Bretagne avec le roi, 215. — Siége de Saint-James de Beuvron, 219. — Renverse un nouveau conseiller, Le Camus de Beaulieu, 245. — Donne le sire de La Trémoille pour conseiller au roi, *ib*. — Querelle avec le sire de La Trémoille, 248. — Veut rejoindre l'armée du roi, *ib*. — Prend Gallerande, Ramefort et Malicorne, VI, 33. — Est fait connétable de Bourgogne, 188. — Réconcilie le duc de Bretagne et le duc d'Alençon, 198. — Envoie saisir le sire de La Trémoille, 224. — Marche au secours de Saint-Célerin, 258. — Arrive aux conférences de Nevers, 275. — Se prépare à pousser la guerre avec activité, 285. — Prise de Dieppe, 350. — Soumet Paris, 368. — Met le siége devant Creil, 387. — Va visiter le duc de Bourgogne pour obtenir la liberté du duc René, 391. — Fait le siége de Montereau, 459. — Prend la ville de Meaux, VII, 24. — Siége d'Avranches, 47. — Rappelé de l'Ile-de-France pour combattre le parti du Dauphin, 52. — Fait le siége de Pontoise, 89. — Entre en Normandie avec une nombreuse armée, 297. — Gagne la bataille de Formigni, 312. — Devient duc de Bretagne, VIII, 79. — Rend hommage, 109. — Ses différens avec le roi, 321. — Entre dans la ligue du bien public, 368. — Intrigue secrètement avec les Anglais contre Louis XI, X, 230. — Resserre son alliance avec le roi, XI, 56. — Négocie avec le roi, 364. — Traite avec Louis XI, XII, 100.

RICHER (maître Jean), envoyé par le connétable au roi Louis, X, 371.

RIEUX (le sire de), envoyé par son oncle le connétable

pour savoir ce qu'on faisait au-dessus de lui : il se jette dans une barque et passe la Lys, I, 274. — Marche contre les Anglais à la tête de sept cents Bretons, III, 9. — Envoyé aux Gallois, 63. — Se joint aux Armagnacs pour reprendre Paris, IV, 348. — Se trouve au siége de Lagny, VI, 194. — Vient au secours des Français devant Saint-Denis, 289. — Défend vaillamment Saint-Denis, 344. — Capitule avec les Anglais, 346. — Chargé de surprendre Dieppe, 350. — Arrêté par Guillaume de Flavy, VII, 3.

Rigny (le seigneur de), chargé de conseiller le comte de Saint-Pol, IV, 399.

Rigny (le sire de), allié de Marguerite de France, I, 115.

Rivarola (le comte de) sauve le jeune Philibert de Savoie, XI, 93.

Rivers (le comte de), proposé pour époux de Marie de Bourgogne, XI, 253.

Rivers (le comte de), père de la reine d'Angleterre, femme d'Édouard IV, devient favori, IX, 36. — Sa mort, 256.

Rivière (sire Bureau de La), premier chambellan du roi, reçoit huit cents francs à titre de fief du duc de Bourgogne, I, 153. — A une grande part dans le gouvernement, II, 67. — Conseille la guerre contre le pape Urbain, 99. — Va prendre possession du comté de Foix au nom du roi de France, 124. — Propos qu'on tient sur lui, 150. — On lui ôte la garde du roi, 162. — Enfermé au Louvre, 178.

Rivière (Jacques de La), placé par le duc d'Orléans près du duc de Guyenne, IV, 26. — Arrêté par les Parisiens, 74. — Tué en prison, 87.

Rivière (Jean de La) va faire la guerre dans le comté d'Evreux contre les bandes, I, 118.

Rivière (le sire de La) attaque les princes devant Paris,

VIII, 445. — S'enfuit de Liége, IX, 82. — Combat devant Nanci, XI, 150.

Rivière (Poncet de La) arrive à Péronne avec le maréchal de Bourgogne, IX, 156. — Sa faveur auprès du Duc, 408.

Ririm, frère de Bazajet II, se réfugie en France, XII, 341.

Robais (le sire de), conseiller intime de Philippe le Bon, V, 14.

Robais (le bâtard de), accusé de meurtre, IV, 363.

Robert le Josne (maître), bailli d'Amiens pour le duc Philippe, massacré par les séditieux, VI, 359.

Robert, fils de Hugues Capet, donne le titre de duc de Bourgogne à son fils Henri qui depuis fut roi de France, I, 98.

Robert, fils de Robert 1er, devint duc de Bourgogne à l'avénement au trône de son frère Henri, I, 98.

Robert le Bœuf découvre le roi de Portugal à Honfleur, XI, 372.

Robsart (sire Louis) promet au roi Henri V mourant de lui obéir en tout, V, 107. — Battu par les Français au combat de Germigny, y meurt, VI, 109.

Roc (Jean), aventurier, arrêté par ordre de Louis XI, IX, 332.

Rocca-Berti (le seigneur), nommé gouverneur de Roussillon, X, 109; XII, 337.

Roche (le sire Henri de La), écuyer de cuisine du duc de Guyenne, IX, 421.

Roche-Baron (le sire de La), battu par les Dauphinois, V, 101. — Périt à la bataille de Verneuil, 179.

Rochechouart (le sire de) périt à la journée des Harengs, V, 264.

Rochechouart (le bâtard de), envoyé par Louis XI au comte de Charolais, VIII, 490. — Contient une compagnie au siége de Beauvais, X, 23.

Rochefort (Guillaume de), maître des requêtes, chargé de distribuer de l'argent aux capitaines des Suisses, X, 254..— Nommé chancelier de France, XII, 331.

Rochefort (le sire de), fait prisonnier au combat de Chappes, VI, 111. — Arrêté comme ayant conspiré contre Dijon, X, 237.

Rochefort (le damoisel de), décapité, III, 210.

Rochefoucault (le sire Gui de La); courses en Poitou, VII, 102. — Prise de Bordeaux, 326.

Roche-Guyon (le sire de La) va chercher aventure contre les Anglais, III, 7.

Roche-Guyon (la veuve de messire de) se décide à perdre tous ses biens plutôt que de prêter serment au roi d'Angleterre, IV, 397.

Rochester (l'évêque de), envoyé anglais aux conférences de Saint-Omer, VII, 64.

Roche-Tesson (le sire de La) défend Beauvais, X, 18.

Rochette (maître Claude), membre du parlement de Beaune, V, 114.

Rodemach (le damoiseau), tué à la bataille de Bullignevílle, VII, 161.

Rodemach (le damoiseau de) tombe sur les Bourguignons, VII, 143. — Ses terres saisies par ordre du roi, VIII, 176.

Rohan (Pierre, vicomte de) se met au service de Louis XI, IX, 251. — Envoyé contre les gens de Bourges, X, 217. — Maréchal de France, 475. — Combat devant Douai, XI, 239. — Prie le comte de Dammartin de lui donner son épée, 361. — Guerre en Artois, XII, 58.

Rohan (le sire de), chevalier breton, se trouve au passage de la Lys en 1382, I, 274.

Roland (maître Adam), président au Parlement, chargé d'examiner les plaintes du comte de Charolais contre le comte d'Etampes, VIII, 255.

Romerstall (Pierre de), XI, 16.

Romillé (maître), vice-chancelier de Bretagne, chargé selon Louis XI, de former quelque alliance avec l'Angleterre, VIII, 337. — Envoyé au comte de Charolais devant Paris, 395. — Reçu dans les bonnes grâces du roi, 474. — Conclut à Londres un traité entre le roi d'Angleterre et le duc de Bretagne.

Romont (Jacques de Savoie, comte de) fait la guerre dans l'Auxerrois, X, 41. — Chargé par le duc Charles de négocier avec les Suisses, 163. — S'emploie pour le Duc, 243. — Combat à Héricourt, 255. — défend Arras, 336. — Guerre avec les Suisses, 454; XI, 3. — Elu chevalier de la Toison-d'Or, 399, 403; XII, 66, 72, 251.

Ront (le sire de) pille l'abbaye de Saint-Denis, III, 360. — Défend le duc Jean, IV, 160. — Favori du comte de Saint-Pol. — Fait assassiner le fiancé d'une jeune fille qu'il aime, VIII, 81.

Ros (lord) périt à la bataille de Baugé, V, 68.

Ros (sir Robert de), ambassadeur d'Angleterre aux conférences de Tours, VII, 174.

Rosa (Jacques), ermite de la Lombardie, appelé par Louis XI, XII, 343.

Rosebecque (la bataille de), gagnée par les Français, I, 289.

Rosimbos (le sire de) conspire contre Dijon, VI, 241. — Au siége d'Audenarde, VII, 359.

Rosimbos (le sire Georges de), XI, 18. — Sa mort, 84.

Rosnieven (Jean de) arrête le sire de La Trémoille, VI, 224. — Fait prisonnier lord Beaumont, 72.

Rostrenen (le sire de), envoyé au roi par le connétable de Richemont, V, 351. — Se distingue à la prise de Paris, VI, 371. — Au siége de Montereau, 460. — Au siége de Meaux, VII, 23.

Rot (Petermann), XI, 17.

Roth (Jean de), bourgmestre de Bâle, fait une sortie contre les Français, VII, 201.

ROTHELIN (le marquis de), aux conférences de Nevers, VI, 272.— Fait partie de l'armée de Lorraine, VIII, 429. — Brille à la cour du duc Charles, IX, 89%.

ROTHELIN (le sire de), VIII, 132.

ROTHENOWEN, bailli de Bruges, tâche d'apaiser les séditieux, VI, 413.

ROUAULT (Abel) défend vaillamment Valognes, VII, 312. — Commande l'arrière-garde à la prise de Bordeaux, 326.

ROUAULT (Joachim) se trouve au siège de Pontoise, VII, 89. — Va à la guerre contre les Suisses, 191. — Commande l'arrière-garde à la prise de Bordeaux, 326. — Conduit six cents hommes en Guyenne lors de sa révolte, 479. — Reçoit la charge de maréchal au sacre de Louis XI, VIII, 201. — S'emploie à obtenir la grâce du comte de Dammartin, 208. — Apaise une sédition à Reims, 220. — Fuit devant les Bourguignons, 395. — Garde les passages de la Seine, 428. — Défend Beauvais, X, 19. — Sa disgrâce, 474.

ROUBAIS (le sire de) accompagne le prévôt de Paris pour arrêter le sire de Montaigu, III, 250. — Quitte Paris pour n'être point témoin des désordres des Bouchers, IV, 86. — Armé chevalier, V, 76. — Condamné au bannissement, 104. — Envoyé pour chercher Isabelle de Portugal, VI, 58. — Se fait un riche butin à Dinant, VIII, 498.

ROUCY (Jean, comte de) épouse une fille de sire de Montaigu, III, 247. — Tombe entre les mains du duc de Bourgogne, III, 366. — Bataille d'Azincourt, IV, 238.

ROUGEMONT (Thibaut, sire de), un des douze chevaliers du tournois du sire de Charni, VII, 127.

ROUSSEL (Pierre) mine la tour d'Étampes, III, 365. — Chef de cinq cents pionniers, 373.

ROUSSELAER (Pierre), maire de Liége, passe du côté du Sanglier des Ardennes, XII, 247. — Sa mort, 321.

Roussi (le sire de), partisan du comte de Charolais, VIII, 364, 508.—Conduit le deuil du duc Philippe, 514.

Roussi (le comte de), fils du connétable de Saint-Pol, se trouve à la Haye auprès du comte de Charolais, VIII, 508. — Brille à la cour du duc Charles IX, 11, 12. — S'empare du comté de Tonnerre, X, 41. — Tombe sur les Suisses devant Pontarlier, 309. — Battu à Guipy, 335, X, 436.

Rovère (Galéas de La), neveu du pape, nommé évêque d'Agen, XII, 26.

Rovère (Julien de La), XI, 42. — Le roi Louis le met dans ses intérêts, XII, 26.

Roye (Bertrand de), XI, 265.

Roye (le sire de), député aux cardinaux, II, 227. — Est de la guerre de Hongrie, 255.

Roye (messire Guy de), archevêque de Reims, défend à son diocèse d'obéir à l'édit du roi, II, 388.

Rubempré (le bâtard de), arrêté par ordre du comte de Charolais, VIII, 326.

Rubempré (le sire de) périt en combattant contre les Liégeois, VI, 92.

Rubempré (le sire de) secourt le duc de Clèves, VII, 262. — Armé chevalier, 360; X, 23. — Elu chevalier de la Toison-d'Or, 62. — Défend Nanci, XI, 118, 403.

Rupel (Guillaume de), chargé de parler au roi de Hongrie par le comte de Nevers, II, 286.

Rupes (Jean de), un des douze chevaliers du défi du sire de Charni, VII, 127.

Rupes (messire Gautier de) mène les gens de Paris assiéger Montlhéri, IV, 368. — Envoyé pour secourir Rouen, 378. — Jure le traité du Ponceau, 427. — Envoyé au comte de Charolais pour lui annoncer la mort de son père, le duc Jean, V, 5.

Ruppeley (sire Jean) rend Pontoise aux Français, VI, 348. — Prisonnier, VII, 165.

Rutland (le comte de), amiral anglais, arrive en France, II, 239. — Juge dans le combat de sept Anglais contre sept Français, 396.

Rye (Jean de) fait partie du conseil de tutelle de Charles vi, I, 210.

Rym (Guillaume), premier conseiller de Gand, favorise Louis xi, XII, 238.

S

Saarbruck (le comte de), un des envoyés du roi de France aux conférences de Bruges, en 1374, I, 155. — Fait la guerre à ceux de Metz, III, 65. — Sert le parti d'Orléans dans la guerre des Armagnacs, 337. — Amène un grand nombre d'Allemands au roi, IV, 154. — Meurt devant Arras, 172.

Saarbruck (le sire de) fait la guerre de Lorraine, VI, 156. — Périt à la bataille de Bulligneville, 161.

Saarbruck (le comte de), fils du précédent, se porte pour garant du duc René, VI, 177.

Saarbruck (le bâtard de). Ses gens pillent la France, VI, 276.

Saarbruck (le damoiseau), mandé par le duc Philippe, VII, 140.

Sagierges (Pierre de), fait maître des requêtes, IX, 431.

Saavedra (messire Pierre Vasco de) joute contre le sire de Charni, VII, 137.

Saignet (maître Guillaume) fait un beau discours aux conférences de Pontoise, IV, 101.

Saimpy (le sire de), chevalier du Hainault, passe la Lys à la tête de quatre cents chevaliers, I, 274. — Est de la guerre de Hongrie, II, 255.

Saineville (Louis de) envoyé par le connétable au duc de Bourgogne, X, 357. — Envoyé au roi Louis, 371. — Entre au service du roi, 473. — Se présente devant Cambrai avec des lettres du roi, XI, 265. —

Conclut un traité pour Louis XI avec les Suisses, IX, 300.

Sainte-Aldegonde (le sire de) fait arrêter Hermann de Whertedte, XII, 239.

Saint-André (le sieur de) commande la garnison de Thérouanne, XII, 70.

Saint-Belin (Geoffroi de), chef de compagnies, VII, 6. — Se rend en Guyenne, 321. — Suit l'armée en Médoc, 489. — Fait partie de l'expédition de Catalogne, 242. — Périt à Montlhéri, 420.

Saint-Bénigne (l'abbé de), un des grands personnages de Bourgogne, I, 126.

Saint-Charron (Jean de), nommé dans le défi du sire de Charni, VII, 127.

Sainte-Croix (le cardinal de), légat du pape, V, 170, 298. — Légat du pape en France, s'emploie ardemment pour la paix, VI, 164. — Rapporte que les Français persistent dans leur proposition, 302.

Saint-Etienne (la dame de) est envoyée chercher la duchesse de Bourgogne à Lens en Artois, I, 145.

Saint-George (le sire de), de l'illustre maison de Vienne, se justifie d'avoir prêté main-forte au duc de Bourgogne, pour ramener le Dauphin à Paris, III, 42. — Commandant de la Bastille, 45. — Commande un armement en Flandre, 67. — Envoyé aux princes à Tours par le duc Jean, 223. — Nommé lieutenant de Guyenne, 333. — Accompagne le duc Jean à son départ de Paris, IV, 118. — Ambassadeur au duc de Guyenne pour le duc Jean, 254. — Refuse de prêter serment au traité de Troyes, V, 86.

Saint-Léger (sire Thomas), ambassadeur du roi Edouard, X, 367.

Saint-Lô (le sieur de), X, 338.

Saint-Marc (le cardinal de), envoyé en France par le pape Martin V, pour travailler à rétablir la paix, IV, 338. — Assiste à un grand conseil au Louvre, 350.

ALPHABÉTIQUE.   269

Saint-Martin (le comte de) joute avec le sire de Charni, VII, 138.

Saint-Maur (le sire de), retenu en prison par le comte de Charolais, VIII, 506.

Saint-Moris (Etienne de). Sa mort, VII, 418.

Saint-Pierre (le sire de), ambassadeur de Louis XI, X, 367. — Envoyé au Duc par le roi, 418. — Chargé de garder le connétable, 429. — Reçoit ordre de soumettre la Bourgogne, XI, 314, 334. — Envoyé au roi Edouard, 391. — Combat à Guinegate, XII, 75.

Saint-Pierre (le cardinal de), XII, 242, 273, 324.

Saint-Pol (le comte de) empêche le pillage du Hainaut, I, 292. — Va faire la guerre au roi de Bohème, II, 164. — Mène deux cents hommes au duc Albert, 264. — Envoie défier le roi d'Angleterre, 442.— Envoyé au duc de Bourgogne, III, 103. —Accompagne le duc Jean à Chartres, 229. — Préposé pour faire rendre compte aux receveurs, 249. — Fait la guerre des Armagnacs, 284. — Choisi pour recevoir les sermens des princes, 297. — Nommé capitaine de Paris, 320. — Soutient le parti de Bourgogne contre celui d'Orléans dans un nombreux conseil, 328. — Envoyé pour saisir le comté de Coucy, 362. — Fait connétable, 371. — Envoyé en Picardie pour s'opposer aux Anglais, IV, 5. — Se dispute avec le sire d'Albret, 25. — Refuse de rendre l'épée de connétable, 123. — Promet son secours au duc Jean, 139. — S'excuse d'aller à son secours, 157. — Entre avec le duc Jean à Paris, 361. — Nommé lieutenant du roi à Paris, 399. — — Jure le traité du Ponceau, 426. — Tous les gens de Paris et du parlement jurent de lui obéir comme lieutenant du roi, après la mort du duc Jean, V, 7. — Oté de sa charge de capitaine de Paris, 55. — Vient à Bruxelles, et s'empare du gouvernement du Hainault, 131. — Sa mort, VI, 262.

Saint-Pol (le comte de), fils du précédent, fait ses premières armes, VI, 264.—Se rend aux conférences d'Arras, 292. — Envoyé contre les sires de La Hire et de Saintrailles, 307.— Hérite des seigneuries du comte de Ligny, VII, 83. —Vient au siége de Pontoise, 89. — Suit le roi au siége de Dieppe, 165. — — Sert d'écuyer au sire de Ternant, 252.— Secourt le duc de Clèves, 262. — Vient camper devant Rouen, 299. — Commande les gens du Hainaut à la guerre contre les Gantois, 351.— Commande l'avant-garde à Rupelmonde, 375. — Un des chefs de l'arrière-garde à Gavres, 425. — Armé chevalier, 427.— Son serment au vœu du Faisan, 454. — Sa disgrâce auprès du Duc, 460. — Rupture ouverte avec le Duc, VIII, 67.—Se réconcilie avec le Duc, 112.— Excite le comte de Charolais contre la maison de Croy, 184. — Excite le comte de Charolais contre le comte d'Etampes, 256. — Ajourné au parlement, 260. — Se trouve à l'assemblée de Tours, 371. — Commande l'avant-garde de Bourgogne à Montlhéri, 408.— Envoyé des princes à la Grange-aux-Marciers, 441. — Doit être connétable d'après son traité avec le roi, 458. — Devient connétable, et veut épouser Jeanne de Bourbon, 482. — Se rend auprès du duc de Bourgogne pour la guerre contre les gens de Dinant, 594. — Se rend à Bruxelles comme ambassadeur de Louis xi, IX, 61.—Conseiller du duc Charles, 113. — Nommé chevalier de Saint-Michel, 247. — Sa duplicité, 362. —Donne un démenti au sire d'Himbercourt, X, 51. — Saisit Saint-Quentin, 124. — Quitte le service du roi pour passer au service du Duc, 230. — Embarras où il se trouve, 320. — Veut se livrer au duc Charles, 417. — Lettres au Duc, 424. — Sa mort.

Saint-Pol (le sire Jacques de) se trouve à Formigni, VII, 312. — Commande une partie des archers à la bataille de Montlhéri, VIII, 411. — Conduit le deuil du duc Philippe, 514.

Saint-Pol (Jacqueline de) épouse le duc de Bedford, VI, 208.

Saint-Pol (le bâtard de), V, 201. — Défend Meaux, 359. — Armé chevalier par le duc de Bedford, VI, 29. — Se distingue près de l'abbaye de la Victoire, 33. — Fait partie du cortége du roi Henri vi à son entrée à Paris, 168. — Nommé seigneur de Haut-Bourdin, 267. — Arrive devant Paris, 347. — Entreprise de la belle Pèlerine, VII, 277. — Va au siége d'Audenarde, 359. — Porte la bannière du Duc à la bataille de Gavre, 432. — Renvoyé de son office par Louis xi, 261. — Un des partisans du comte de Charolais contre le roi, 364. — Fait partie de la ligue du bien public, 394; XI, 403.

Saint-Pons (l'évêque de) fait une réprimande aux cardinaux, II, 386.

Saint-Priest (M. de), X, 222. — Envoyé aux Suisses par Louis xi, 244.

Saint-Romain (Jean de), nommé procureur général, VIII, 222 — Refuse d'enregistrer les lettres du roi qui abolissaient la pragmatique, IX, 51.

Saint-Sanat (Jean), envoyé pour traiter avec le roi René, X, 304.

Saint-Seine (Guillaume de), envoyé aux conférences d'Auxerre, VI, 179. — Gouverneur du bâtard de Bourgogne, reste près de lui pour le gouverner, VII, 157.

Saint-Simon (Antoine de) reste auprès du bâtard de Bourgogne, VII, 158.

Saint-Simon (le sire de), seigneur bourguignon, se range du côté du roi, V, 160. — Armé chevalier, VI, 260.

Saint-Simon (mademoiselle Blanche de) excite l'admiration par sa beauté aux fêtes de Besançon, VII, 124.

Saint-Vallier (le sire de) attaque avec la Pucelle la première barrière de Paris, VI, 48.

Saint-Wast (l'abbé de), choisi pour juger les Vaudois, VIII, 155.

Saint-Yon (les), bouchers de Paris, ont la garde de Paris, III ; 322. — S'introduisent par violence dans le conseil du roi, 334. — Vont au siége de Melun, V, 53.

Saintrailles (Pothon de) commande dans la forteresse de Crespy, V, 14. — Surprend Saint-Riquier, 73. — Accourt à la bataille de Mons-en-Vimeu, 79. — Fait prisonnier, 80. — Fait une guerre vigoureuse aux Anglais, 124. — Joute contre Lionel de Vendôme, 146. — Prisonnier à Crevant, 155. — Pris une troisième fois, 159. — Commande les Lombards à la bataille de Verneuil, 176. — Va faire la guerre en Flandre, 198. — Se distingue au siége d'Orléans, 256, 264. — Député par ceux d'Orléans au duc de Bourgogne, 268. — Combat à la prise de la Bastille des Tournelles, 330. — Commande les cavaliers à Patai, 356. — Est du voyage de Reims, VI, 41. — Joutes d'Arras, 66. — Va au siége de Pont-l'Evêque, 80. — Conduit trois cents hommes au siége de Compiègne, 103. — Bat les Bourguignons à Germigny, 107. — Défait le duc de Bedford, 146. — Fait prisonnier, 147. — Fait la guerre en Picardie, 262. — Bat le comte d'Arondel, 287. — Mandé devant Paris, 289. — Revient faire la guerre en Picardie pendant les conférences d'Arras, 306. — Fait la guerre en Normandie, 350. — Va mettre le siége devant Creil, 387. — Va au siége de Montereau, 459. — Porte le casque royal à l'entrée du roi à Paris, 463. — Obtient de grands avantages en Guyenne contre les Anglais, VII, 16. — Va au secours du connétable devant Avranches, 47. — Se trouve au siége de Pontoise, 89. — Fait la guerre en Guyenne, sous le comte de Penthièvre, 321. — Suit l'armée de Médoc, 489. — Sa mort, VIII ; 233.

Saligny (le sire de Lourdin de), chambellan du duc Jean, arrêté par ordre du Duc, IV, 30. — Envoyé

ALPHABÉTIQUE. 273

de Bourgogne aux conférences d'Auxerre, VI, 179.
— Accusé d'avoir conspiré contre le duc Philippe, 186.

Salins (le comte de), se rend aux conférences d'Arras, VI, 292.

Salisbury (le comte de), un des envoyés du roi d'Angleterre aux conférences de Bruges, en 1374, I, 155. — Arrive trop tard à la bataille de Baugé, V, 69. — Prend le fort château de Montaigu, 158. — Destiné à commander une armée contre le duc de Bourgogne, 237. — Met le siége devant Orléans, 252. — Y commence les attaques, 259. — Y périt, 260.

Sallazar (le sire de) prend le parti du roi dans la guerre de la Praguerie, VII, 56. — Garde les passages de la Loire contre les Bourguignons, 400. — Attaque Gannat, 401. — Garde le passage de la Seine, 428. — Assemble une compagnie, IX, 41. — Défend Beauvais, X, 20. — Se sauve de Gray, XI, 326.

Sallazar (le jeune) combat devant Douai, XI, 239, 403. — Commande à Douai, XII, 66, 70.

Salm (le comte de) saccage le territoire de Metz, III, 65. — Soutient le duc René dans la guerre de Lorraine, VI, 156. — Périt au combat de Bulligueville, 161.

Salm (le comte de), fils du précédent, se porte garant pour le duc René, VI, 177. — Sommé de se conformer au traité d'alliance fait avec le Duc, X, 353. — Combat à Nanci, XI, 148.

Salviati (François), archevêque de Pise, entre dans la conjuration des Pazzi, XII, 10.

Sancerre (le maréchal de) passe la Lys, I, 275. — Envoie deux moines augustins pour guérir le roi, II, 328. — Envoie le Saint-Suaire pour le même effet, 359. — Meurt connétable, 436.

Sancson (Jean de La) explique devant les états de Flandre les motifs de l'assassinat du duc d'Orléans, III, 96.

TOME XIII. 18

Sanglier (le sire du) engage le Dauphin dans la révolte de la Praguerie, VII., 50.

Saquépée (Antoine), accusé de vauderie, VIII, 163.

Saramie (Jean de) décapité, III, 210.

Sargine (le sire de) tué devant Liége, IX, 174.

Sargrave (sire Thomas), mort devant Orléans, V, 260.

Sarrazin (messire) plaisante sur le convoi du roi Henri v, V, 111.

Saubonne (Denis), soupçonné d'avoir voulu empoisonner Louis xi, IX, 138.

Saveuse (le sire Guillaume de) meurt à Azincourt, IV, 241.

Saveuse (le sire Hector de), pris par les Orléanais, IV, 184. — Commande une compagnie, 269. — Assassine le sire de Jacqueville, 329. — Chargé de soutenir un complot en faveur du duc de Bourgogne, 331. — Tient garnison à Beauvais, 332. — Se fait remarquer par sa rapacité, 353. — Fait assassiner Bertrand, 363. — Escorte la garnison de Roye, V, 11. — Combat dans l'armée de Philippe le Bon, 14. —Envoyé pour réprimer les gens d'Amiens, VI, 359.

Saveuse (le sire Philippe de) saisit deux chevaliers Orléanais, IV, 185. — Commande une compagnie, 269. — Combat dans l'armée de Philippe le Bon, V, 14. — Armé chevalier, 76. — Tourne les Anglais à la bataille de Mons-en-Vimeu, 77. — Veut défendre Reims, VI, 11. — Armé chevalier par le duc de Bedford, 29. — Défend une bastille devant Calais, 399. — Laissé dans Gravelines par le duc Philippe, 406, — Envoyé à Cambrai pour parlementer avec le comte de Ligny, VII, 33. — Enveloppe les Gantois devant Audenarde, 359. — Un des chefs d'avant-garde à Rupelmonde, 375. — Un des commissaires dans la persécution des Vaudois, VIII, 164. — Renvoyé de son office par Louis xi, 261. — Amène de puissans renforts au comte de Charolais devant Paris, 461.

Savoie (le comte de), fait alliance avec Philippe le Hardi, I, 144. — Seul fidèle au duc Jean, IV, 157. — Conjure le Duc de faire la paix, 338. — Cherche de nouveau à faire la paix, V, 125. — Conférences de Châlons, 166. — Se désiste du gouvernement, VI, 291. — Elu pape par le concile de Bâle, VII, 136.

Savoie (le sire Philippe de), élu chevalier de la Toison-d'Or, IX, 94.

Savoie (le maréchal de) assiste au siége de Bourges, IV, 15.

Savoie (Charles de), le roi Louis le reconnaît duc, XII, 241.

Savoie (Jean-Louis de), évêque de Genève, nommé gouverneur de Savoie, XII, 241.

Savoie (Jean-Louis de), frère du jeune duc Charles, XII, 241.

Savoie (madame Bonne de), envoie une ambassade à Louis xi, XI, 317.

Savorsy (Henri de), archevêque de Sens, bénit le mariage de Henri v, V, 39.

Savoisy (Philipe de), chambellan, admis au conseil de tutelle de Charles vi, I, 210. — Le duc d'Anjou le force à découvrir un trésor que Charles v avait caché dans son château de Melun, I, 213. — Envoyé au roi de Castille, III, 6. — Court la côte d'Angleterre, 63.

Saxe (le duc Guillaume de) excite l'archevêque de Cologne contre le duc de Clèves, VII, 262.

Saxe (Jean, duc de), accompagne le roi de Dannemarck à Dusseldorf, X, 274.

Saxe (le duc de), IX, 207.

Scales (lord) se rend prisonnier à Pataï, V, 359. — Vient au secours de Paris, VI, 290. — Vient au siége de Saint-Denis, 343. — Met en déroute les communes de Normandie, 352. — Va au secours de Meaux, VII, 24. — Défend Pontoise, 92. — Ac-

18.

compagne madame Marguerite chez le duc Charles, IX, 124. — Escorte le roi Edouard IV au port de Lin, 304. — Arrive au camp bourguignon devant Neuss, X, 316.

Scey (Guillaume de Beauffremont, sire du), chevalier dans le tournoi du sire de Charni, VII, 127.

Scharnachthal (Nicolas de), avoyer de Berne, envoyé de Berne au duc Charles, X, 143. — Marche contre les Bourguignons, 251. — Allié du roi contre le duc Charles, XI, 15.

Schwartzelberg (Henri de), évêque de Munster, XII, 110.

Schwartzenberg (Henri de), évêque de Munster; son courage devant Neuss, X, 325.

Schwarztmurer (Félix) de Zurich, capitaine suisse, XI, 22.

Schurpf (Hannsen) de Lucerne, XI, 5.

Schutz (Thomas), prevôt d'Einsisheim, commande le supplice du sire de Hagenbach, X, 195.

Scourale (le docteur); discours adressé aux ambassadeurs flamands, XII, 305.

Scoutelaer (Vincent) conspire contre Bruges, VI, 426. — Décapité, 449.

Sebeneis (l'évêque de), nonce du pape, X, 120.

Seevogel (Herman), magistrat de Bâle, va au-devant des Suisses pour presser leur arrivée, VII, 195.

Séguin (frère) interroge la Pucelle, V, 292.

Séguinat (Jean), secrétaire du duc Jean à l'entrevue de Montereau, IV, 452.

Serisy (maître) lit la requête de la duchesse d'Orléans devant l'assemblée des princes, III, 160.

Sersander (Daniel), Gantois; le duc Philippe demande qu'il soit livré à sa discrétion, VII, 338. — Exilé pour vingt ans, *ib.*

Seurre (Enguerrand) entreprend de livrer le roi aux Orléanais, IV, 9.

SÉVERAC (le maréchal de). Siége de Crevant, V, 150.
— Ecrit aux états de Languedoc, 251.

SÉVERAC (Aimery de) surprend avec sa bande une troupe de gentilshommes dauphinois, II, 104.

SFORCE (Louis, dit Lemore), frère du duc de Milan, XI, 30. — S'empare du gouvernement de Milan, XII, 317.

SFORCE (Jean-Galéas), duc de Milan, XII, 317.

SFORZE (François) devient duc de Milan, VII, 277 — Fait un accueil magnifique au duc de Clèves, ambassadeur du duc Philippe, VIII, 122. — Alliance avec Louis, XI, 361.

SICILE (le roi de) se range du parti du duc Jean sans Peur contre le duc d'Orléans, III, 32. — Envoyé au duc d'Orléans et à la reine, à Melun, 46, 47. — Envoyé au pape de Rome, 58. — Va rejoindre la reine à Melun, 146. — Choisi pour arbitre par le comte de Penthièvre, 267. — Arrive devant Bourges, IV. 20. — Fait la guerre en Guyenne, 32. — Allié aux Orléanais, 94. — Marie sa fille Marie à Charles, troisième fils du roi, 137. — Commande l'arrière-garde de l'armée des princes, 144. — Chargé de la garde de Paris, 151, 152. — Part malade pour Angers, 258. — Conseille d'accepter la paix qu'offrait le roi d'Angleterre, 272. — On lui attribue la mort du dauphin Jean, 284. — Sa mort, 294.

SICILE (la reine de) va trouver le comte de Richemont pour le gagner au parti du roi Charles VII, V, 185. — Abandonne le président Louvet, 213. — Se trouve aux conférences de Saumur, 215.

SIGISMOND (l'archiduc) vient à Arras chez le duc Charles, IX, 191. — Fait un traité avec les Suisses, X, 161. — Louis XI lui offre une pension de 10,000 écus, 196. — Se trouve au siége de Neuss, 272. — Offre sa médiation à Louis XI, XII, 46.

SILLINEN (Jost de), doyen du chapitre de Grenoble, XI, 317.

Simon (Pierre), échevin de Gand, apaise un tumulte entre deux factions, VI, 444.

Sixte iv tente de réconcilier Louis xi et le comte de Charolais, X, 113. — Guerre avec les Florentins, XII, 9. — Implore le secours de Louis xi, 317.

Sneysson (Corneille), boucher gantois, meurt en combattant aux portes de Gand, VII, 364.

Snowt (Lievin), Gantois opposé au duc Philippe, VII, 338. — Exilé pour dix ans, *ib.*

Sohier, valet du comte de Blois; son influence sur son maître, II, 128.

Soissons (messire Thibaut de), envoyé au duc Jean, IV, 206.

Soissons (le vicomte de), chargé de ravitailler Lintz, X, 276.

Soisy (Gilles de) entreprend de livrer le roi aux Orléanais, IV, 9.

Solre (le sire de) défend Compiègne pour le duc Jean, IV, 153. — Commande une compagnie, 269. — Tente d'enlever le roi de Sicile, *idem.*

Sombernon (le sire de) reçoit Philippe le Hardi à son passage à Langres, I, 120.

Sommerset (le comte de), gouverneur de Calais, ravage le domaine du comte de Saint-Pol, II, 442. — Prisonnier à la bataille de Baugé, V, 69. — Vient au secours de Meaux, VII, 24. — Fait une entreprise sur le Maine et l'Anjou, 166. — Tout-puissant à la cour de la reine Marguerite, 265. — Entrevue avec le roi au siége de Rouen, 302. — Succède au duc de Suffolk dans la faveur de la reine, 319. — Après une défection, revient à la reine Marguerite, VIII, 244. — Le duc Philippe lui donne une pension, 247, 248. — Combat à Barnet, IX, 381. — A Morat, XI, 83.

Sorbière, lieutenant du maréchal Rouault, X, 474.

Souplainville (le sire de) signe un traité entre Louis xi et le sire de Lescun, X, 43.

Soyer (François), bailli de Lyon, se trouve à Bruestein avec les Liégeois, IX, 77.

Speck (Van-), capitaine de Gavre, VII, 422.

Spenser (Henri), évêque de Norwich, par l'ordre du pape Urbain VI, lève deux mille lances et quatre mille archers, et va porter la guerre en Flandre, I, 311. — Il prend plusieurs villes de Flandre, 314. Fait prisonnier, II, 16.

Spiritibus (André de), évêque de Viterbe, nonce du pape en France, X, 117.

Standish (sir Randolph), mis en déroute par La Hire, VI, 287.

Stanhope (lord), ambassadeur anglais à Saint-Omer, VII, 64.

Stanley (sir Thomas), blessé devant Neuss, X, 237.

Staremberg (le comte de), ambassadeur d'Autriche en France, VII, 186; XI, 307.

Steenhause (le sire de) commande les gens de Bruges au siége de Calais, VI, 391. — Repousse vivement les Anglais à Hublt, 409. — Capitaine général de la Flandre, 417.

Stein (Brandolphe de), saisi par les Bourguignons, XI, 7.

Stein (Georges de), commandant de la garnison de Granson, XI, 8.

Stein (le sire de), ambassadeur du roi de Bohême, conclut un traité avec le duc Charles, IX, 204. — Défend Montbelliard, X, 200.

Stévenot, envoyé en Luxembourg, IX, 40.

Strafford (le comte de) rend une visite à la Pucelle, VI, 116.

Strigonie (l'archevêque de), XII, 30.

Stuart (Guillaume) arrive au secours d'Orléans, V, 262. — Sa mort à la journée des harengs, 265.

Stuart (Jean), connétable des Écossais, arrive devant Crevant avec trois mille hommes, V, 150. — Y est fait prisonnier, 154. — Échangé et fait comte de Dreux, 163. — Vient au secours d'Orléans, 262. — Tué à la journée des Harengs, 265.

Suffolck (le comte de) fait prisonnier à Beaugé, V, 69. — Arrive au siége de Crevant, 151. — Reprend Mâcon, 260.—Commande le siége d'Orléans, 261.— Inquiet de l'effet que produisait la Pucelle, il n'ose attaquer les Français, 321. — Lève le siége d'Orléans, 338. — Rend Jargeau aux Français, 349.— Accompagne Henri VI à son entrée à Paris, VI, 169. — Reçoit les députés du duc Philippe, 235.— Ambassadeur d'Angleterre à Arras, 292. — Chargé de négocier le mariage d'Henri VI avec Marguerite d'Anjou, VII, 171. — Ambassadeur d'Angleterre aux conférences de Tours, 174. — Vient chercher en France madame Marguerite d'Anjou, 216. — Tout-puissant à la cour, 265. — Sa mort, 318.

Suze (le sire de La) se distingue à la prise de Paris, VI, 372. — Se trouve au siége de Pontoise, VII, 89.

T

Tabary le Boiteux, fameux chef de brigands, marche avec l'armée du duc Philippe le Bon, V, 15. — Sa mort, 22.

Talbot (le comte) veut en vain secourir la Bastille, V, 324. — Lève le siége d'Orléans, 339. — Prisonnier à Patai, 359. — Vient au secours de Paris, VI, 290. — Vient au siége de Saint-Denis, 347. — Remporte quelques avantages sur les Français, 454. — Vient au secours de Meaux, VII, 24. — Accourt au secours d'Avranches, 45. — Secourt Pontoise, 92. — Assiége Dieppe, 164. —Reste en otage aux Français, 304. — Périt en Guyenne, 486.

Talbot (le bâtard de) prisonnier à Dieppe, VII, 165.

Talbot, blessé devant Neuss, X, 237.

Talleyrand (le sire de), XI, 265.

Tancarville (le comte de), de l'illustre maison de

Melun, grand-bouteiller de France, accompagne le duc de Bourbon à Melun, III, 46. — porte la parole dans un conseil présidé par Charles vi, III, 261.

Tanneguy-Duchatel (le sire), un des sept chevaliers français contre sept Anglais, II, 396. — Nommé prevôt de Paris, IV, 114, 188. — Accusé par le duc de Bourgogne, 309. — S'oppose au traité de paix de Bray-sur-Seine, 342. — Emporte le Dauphin dans son manteau, 345. — Tente de reprendre Paris, 347. — Conduit le Dauphin à Melun, 350. — Vient à Pontoise parler au duc Jean, 413. — Envoyé par le Dauphin au duc de Bourgogne, 417. — Jure le traité du Ponceau, 426. — Va trouver le duc Jean à Troyes pour l'engager à une entrevue avec le Dauphin, 435. — Propose l'entrevue sur le pont de Montereau, 436. — Vient recevoir le serment des serviteurs du duc Jean, 437. — Frappe le duc Jean à l'entrevue de Montereau, 442. — Chargé de payer les gens d'armes devant Meulan, V, 139. — Va trouver le comte de Richemont, 185. — Chassé du royaume, 212. — Tue le comte de Guichard-Dauphin, 213. — Nommé chevalier de Saint-Michel, IX, 246. — Attire au service de Louis xi le vicomte de Rohan, 251. — Commande à Niort, 415.

Taquet (Jean) accusé de vauderie et condamné, VIII, 168.

Taranne (Jean) massacré dans la cour du Châtelet, IV, 365.

Tarente (le prince de), fils du roi de Naples, entre à Nanci avec le duc Charles, X, 450. — Fait la guerre contre les Suisses, XI, 14. — Envoyé en Suisse, XII, 66.

Tarenvède (maître Ursin de), docteur de l'Université, harangue les princes, IV, 110.

Tassaron (Jean de Reims, seigneur de) défend Beauvais, X, 18.

Taulauresse (le sire de) commande une compagnie sous le comte de Dammartin, IX, 41.

Ternant (le sire de) signe le traité de Nevers, VI, 275. — A la tête de six mille combattans, vient servir le roi de France, 367. — Nommé prevôt de Paris, 384. — Accompagne le duc Philippe en Flandre, 430; VII, 125. — Butinier à la prise de Luxembourg, 154. — Combat avec Galéotto Baltazin, 244, 252. — Disgracié, 268, 269. — Garde Alost contre les Gantois, 352. — Accompagne le Duc à son entrée à Dijon, X, 145.

Ternant (Charles de) élevé avec le comte de Charolais, VII, 160. — Joute au tournoi du comte de Charolais, 348.

Terrant (maître Jean de), membre du parlement de Beaune, V, 114.

Thengen (la comtesse de) épouse le sire de Hagenbach, X, 161.

Thermes (le sire de), V, 329.

Thian (le bâtard de), capitaine de Senlis, la défend, IV, 333. — Fait périr cinquante prisonniers, 335. — Envoyé pour secourir Rouen, 378. — Prend la fuite à la bataille de Patai, V, 358. — Accompagne le roi Henri VI à son entrée à Paris, VI, 169. — Arrive au secours de Paris, 290. — Sa mort, VII, 25.

Thianges (le sire de), un des conteurs aux festins du Dauphin en Brabant, VIII, 132.

Thibaut (Jacques), valet du duc de Berri; son influence sur le Duc, II, 129.

Thibaut (messire), seigneur de Neufchâtel, jure le traité du Ponceau, IV, 426.

Thiberts (les), bouchers de Paris, ont la garde de la ville, III, 322.

Thiembrionne (Louis) tient garnison à Ardres, VI, 407.

Thiembrionne (Guichard) tient garnison à Ardres, VI, 407.

Thierry d'Alsace, comte de Flandre, porte le vrai sang de Notre Seigneur pour obtenir le succès du traité entre la France et l'Angleterre, I, 156.

Thierri, marchand drapier de Mirecourt, XI, 143.

Thierstein (le comte Oswald de), capitaine des Suisses, XI, 71. — Donne ses fils pour otages aux gens de Bâle, 139.

Thieulaye (le bâtard de la), page favori du duc Philippe, VIII, 336.

Thieux (Philippe Desessarts, sire de) signe un traité entre Louis xi et le sire de Lescun, X, 43.

Thil (le seigneur de) accusé d'avoir conspiré contre le duc Philippe, VI, 186.

Thoisi (Geoffroi de) envoyé à Nice par le duc Philippe pour équiper une flotte destinée pour l'Orient, VII, 140. — Sauve la ville de Rhodes, 275.

Thoisi (Hugues de); convention avec Louis xi, XI, 210. — Prisonnier a Dôle, XII, 62, 337.

Thoisy (Jean de), évêque de Tournai; sa mort, VI, 216.

Thorens (Jean de Compeys, sire de), conseiller intime du duc de Savoie, VIII, 4.

Thouars (Colette de), maîtresse du duc de Guyenne, IX, 412.

Thouars (le sire de), chevalier poitevin, se trouve au passage de la Lys en 1382, I, 274.

Tignonville (le sire de), prevôt de Paris, informe contre le meurtre du duc d'Orléans, III, 86. — Oté de sa charge, 147. — Condamné pour avoir jugé à mort deux écoliers de l'Université, 150. — Porte les ordres du conseil au duc Jean, 194. — Envoyé au duc de Berri, 277.

Tillaye (maître Yves de la) envoyé à Londres, XI, 391.

Tillay (Jamet de) commande la cavalerie à Patai, V, 256. — Accusé d'avoir causé la mort de Marguerite d'Ecosse, VII, 236.

Tillier (Jean) tué à Granson, XI, 9.

Tilt (maître Dolin de), secrétaire du trésor à Bruges; sa maison envahie par les séditieux, VI, 413.

Titet (maître), avocat, a la tête tranchée à Laon, IV, 164.

Tonnerre (le comte de) périt à Verneuil, V, 179.

Tonnerre (le comte de) accompagne madame Catherine, comtesse de Charolais, VII, 17.

Torcy (le sire de) assiste au jugement du duc d'Alençon, VIII, 101. — Nommé commissaire par les états assemblés à Tours, IX, 109. — Choisi pour juger le cardinal Balue, 221. — Envoyé au roi de Castille pour lui demander sa fille en mariage pour M. de Guyenne, 242. — Nommé chevalier de Saint-Michel, 246. — Défend Beauvais, X, 19, 384. — Grand-maître des arbalétriers, XI, 201. — Combat à Guinegate, XII, 75.

Torrent (le sire de), X, 456.

Toulongeon (Antoine de), chargé de l'office du maréchal de Bourgogne, V, 163. — Armé chevalier, VII, 427. — Ambassadeur auprès du pape, VIII, 307. — Arme contre le roi, XI, 312.

Toulongeon (le sire de) nommé grand-maître de l'écurie, IV, 362. — Envoyé pour secourir Rouen, 387. — Jure le traité du Ponceau, 427. — Envoyé au secours de Crevant, V, 151. — Fait prisonnier devant La Bussière, 163. — Envoyé en Portugal pour amener madame Isabelle, VI, 58. — Va au secours de la forteresse de Chappes, 111. — Conduit la guerre contre René d'Anjou et le fait prisonnier, 154 et suiv. — Envoyé de Bourgogne aux conférences d'Auxerre, 179. — Sa mort, 184.

Toulongeon (le sire de) compris dans le traité entre le roi et les états de Flandre, XII, 291.

Tour (Henri de La) s'empare de Sainte-Menehould, VI, 354. — Mandé pour la guerre de Luxembourg, VII, 140.

Tour (Bertrand de La), XI, 233.

Tour (Anne de La) épouse le duc d'Albanie, XII, 99.

Touraine (Jean, duc de), second fils du roi Charles v, épouse Jacqueline de Bavière, III, 70.

Tournay (Antoine de). Son serment au vœu du Faisan, VII, 456.

Tournoelle (le sire de), XI, 342, 349.

Traisignies (le sire de) engage les états à rester fidèles à Marie de Bourgogne, XI, 190. — Lettre à la duchesse, 310; XII, 77.

Tramagnon (Evrard), conseiller au parlement, I, 210.

Trémoille (Guy de La) reçoit pension de Philippe le Hardi, I, 50. — Se croise contre les Sarrasins, II, 93. — Sa mort, 317.

Trémoille (Jacques de La), I, 331.

Trémoille (Jacques de La) élevé avec le comte de Charolais, VII, 159. — Jouteˆau tournoi du comte de Charolais, 348.

Trémoille (Pierre de La) envoyé par le duc de Bourgogne au roi de Hongrie, II, 252. — Sa mort, 300.

Trémoille (Jean de La) reçoit pension de Philippe le Hardi, I, 153.— Est envoyé au roi Charles v pour obtenir que l'armée française puisse se mesurer avec les Anglais, 195. — Député par le roi aux Parisiens, au retour de la guerre de Flandres, 296. —Conseille la guerre contre le pape Urbain, II, 99. — Se range à l'avis du duc de Berri, 121. — Meurt à la bataille de Tongres, III, 208.

Trémoille (Guillaume de La) assiste à l'entrée du duc de Bourgogne à Arras, II, 6. — Commande une compagnie au service de la duchesse de Brabant, 19.

— Prend Asselen, 53. — Envoyé pour saisir le connétable, 175. — Est de la guerre de Hongrie, 255. — S'y distingue, 299. — Sa mort, 300.

Trémoille (le sire de La) accusé de conspiration contre le duc Philippe, VI, 186. — Intrigue pour changer le gouvernement, VII, 50.

Trémoille (Jean de La) jure le traité du Ponceau, IV, 426. — Rend le château de Montereau aux gens du Dauphin, V, 2. — Epouse la demoiselle de La Roche-Baron, 183. — Donné en otage à l'aventurier Perrin Grasset, 211. — Rend la ville d'Auxerre au roi, VI, 4. — Donne l'ordre de retraite à l'attaque de Paris, 50. — Se trouve au combat de Chappes, 111. — Envoyé de Bourgogne à Auxerre, 179.

Trèves (l'électeur de) visite le duc Philippe à Luxembourg, VII, 156.

Trie (le sire Regnault de) vend sa charge d'amiral de France, III, 66.

Trignac (le sire de) renvoyé du conseil du roi Charles vii, V, 213.

Tripoli (le comte de), frère du roi de Chypre, se trouve à un grand conseil tenu au Louvre, IV, 350.

Tristan l'Ermite, prevôt des maréchaux. Entre à Bordeaux, VII, 326. — Fait pendre les prisonniers de Châlons, 480. — Assiste au jugement du duc d'Alençon, VIII, 101. — Envoyé par Louis xi pour saisir le duc d'Alençon, 286. — Envoyé par le roi aux Liégeois, 291. — Un des juges du cardinal Balue, IX, 221. — Arrête le duc d'Alençon, X, 110; XI, 240. — Exécute cinquante prisonniers bourguignons, XII, 89. — Ses exécutions au Plessis, 299.

Trousseau (Jacquelin) sauvé par le duc de Bourgogne, IV, 365.

Troyes (maître Jean de), chirurgien, associé aux Legoix pour la garde de Paris, III, 323. — Accuse Pierre Desessarts, IV, 67. — Adresse la parole au duc de Guyenne, 71. — Harangue le roi, 80. —

Commis à la recette, 88. — Demande que les conditions de la paix de Pontoise soient lues, 104. — Tient l'assemblée du quartier de la Cité, 107. — Suit Jean sans Peur en son duché, 183.

Tschudi, landamman de Glaris, XI, 25.

Troyes (Jean de), cousin du précédent, mis à mort, IV, 116.

Tudert (Jean) choisi pour demander merci au duc Philippe à Arras, VI, 333.

Tudor (Henri, comte de Richemond), dernier rejeton de la maison de Lancastre, X, 399.

Tudor (Gaspard), oncle du précédent, se réfugie en Bretagne, X, 399.

Tuike (Pierre) excite le trouble parmi les Gantois, VII, 337.

Tunstall (sir Richard), ambassadeur du roi Édouard à Louis xi, XI, 383; XII, 42.

Turenne (le vicomte de) suit l'armée de Médoc, VII, 489.

U

Université (l') fait ses remontrances au sujet des marcs d'or, impôt établi par le roi Henri v, V, 59. — Ecrit au duc Philippe pour que la Pucelle soit remise à l'inquisiteur de la foi, VI, 88. — Obtient de Henri vi une complète exemption de tailles, etc., 172. — Adresse un discours au duc Philippe pour l'engager à faire la paix, 280.

Urbain (le duc d') commande l'armée du pape et du roi de Naples contre les Florentins, XII, 23.

Urbain v refuse les dispenses pour le mariage de Marguerite de Flandre avec Edmond, duc de Cambridge; les accorde quand il s'agit de son mariage avec Philippe, duc de Bourgogne, quoique le degré de parenté fût le même, I, 132, 134

Urfé (le sire d') écrit au roi d'Angleterre, X, 264; XI, 342.

Ursins (le cardinal des) arrive en France pour travailler à la paix entre les Bourguignons et les Armagnacs, IV, 338. — Envoyé de nouveau par le pape pour exhorter les princes à la paix, 382.

Ursins (Guillaume Juvénal des), fils de l'avocat général, devient chancelier de France, VII, 287. — Se trouve au siége de Bordeaux, 326. — Destitué par Louis xi, VIII, 21, 222. — Saisi à Moulins par le duc de Bourbon, 380. — Rétabli dans la place de chancelier, 471.

Ursins (maître Jacques Juvénal des), évêque de Poitiers, chargé de soutenir la paix aux états d'Orléans, VII, 37.

Ursins (Maître Juvénal des), prevôt des marchands de Paris, parent du sire de La Rivière, s'emploie pour les anciens conseillers du roi, accusés, II, 185. — Le Châtelet informe contre lui, 212. — Explique au conseil les raisons qui portent le roi à confier le gouvernement à la reine, 159. — Porte la requête du parlement au roi, au sujet du duc de Lorraine, IV, 31. — Donne des conseils au duc Jean, 66. — Enfermé au Châtelet, 89. — Travaille à détruire la puissance des Bouchers, 99. — Sa réponse à Jean de Troyes qui lui demandait son avis sur un écrit séditieux, 111.—Harangue le Dauphin devant l'Hôtel-de-Ville, 113. — Chancelier du duc d'Aquitaine, 115. — Prend ses précautions pour que le duc de Bourgogne ne puisse enlever le roi, 117. — Refuse de mettre le sceau à un don de six mille livres, 187. — Destitué, *ib.* — Se sauve lors de la prise de Paris, 346. — Séjour à Poitiers, 403.

Ursule (la dame), femme du seigneur de la Viefville, soupçonnée d'avoir empoisonné madame Michelle de France, V, 103.

Utkerque (le sire Roland d') refuse l'entrée de l'Ecluse aux gens de Bruges, VI, 412. — Accompagne le duc Philippe en Flandre, 430. — Condamné au bannissement par les Gantois, 416.

Utkerque (le sire d'), défend Harlem, V, 236.

Utkerque (Jean d') battu par Jacqueline de Hainaut, V, 236.

V

Vacquerie (maître Jean de La), XI, 235. — Résiste au roi, 280, 285.

Vailly (Jean de) nommé chancelier de Guyenne, IV, 58. — Envoyé au duc Jean, 203, 206.

Valangin (Guillaume de), chevalier au tournoi du sire de Charni, VII, 127, 209.

Valentinois (le comte de) fait prisonnier par une bande, II, 104.

Vallière (don Diégo) joute contre Jacques de Challant, VII, 138.

Valperga (le sire Jacques de) mis en prison par le comte de Bresse, VIII, 281.

Valperga (le sire de) arrive avec les Lombards au secours d'Orléans, V, 259. — Joute à Arras, VI, 66. — Va au siége de Pont-l'Evêque, 80. — Ambassadeur du roi de France aux conférences d'Arras, 293, VII, 89. — Envoyé en Roussillon, X, 224.

Vanderiesche (Jean) comblé d'honneurs par Louis XI, VIII, 485. — Envoyé à Bruxelles auprès du duc Charles, IX, 53. — Président de la chambre des comptes, un des juges du cardinal Balue, IX, 221; X, 436.

Vanderstaghe (Guillaume), XII, 114.

Vandevelde (Louis) conspire contre les gens de Bruges, VI, 426. — Sa mort, 450.

Vandevelle (Joachim) condamné à mort, VI, 446.

Vandeey (Guillaume); son serment au vœu du faisan, VII, 456.

Van Hannuer (Louis) excite le trouble chez les Gantois, VII, 337.

VANTADOUR (le sire de) prisonnier à Crevant, V, 155. — Périt à Verneuil, 179.

VAN WLYET (le sire), condamné et décapité comme accusé d'avoir empoisonné Jean de Bavière, V, 187.

VARAZ (Jean de), maître d'hôtel du duc de Savoie, tué par le comte de Bresse, VIII, 281.

VARENNES (le sire de), écuyer de la reine, emprisonné, III, 48. — Chevalier du Dauphin à l'entrevue de Montereau, IV, 440.

VAROMBON arrive au secours du duc Philippe, à Gand, avec une troupe de Savoisiens, VI, 417.

VAUDEMONT (le comte de) accompagne le duc Jean à Chartres, III, 229. — L'accompagne à la bataille de Saint-Cloud, 357. — Périt à Azincourt, IV, 246.

VAUDEMONT (René de) se porte pour héritier du duc Nicolas de Calabre, X, 71.

VAUDEMONT (Ferri de), héritier de la branche cadette de Lorraine, X, 71.

VAUGHAN (sir Thomas), ambassadeur de Henri VI à Louis XI, VIII, 259. — Seconde ambassade, 292.

VAULDREY (le sire de) joute à Arras, VI, 66. — Laissé à Gravelines par le duc Philippe, 406. — Un des douze chevaliers au tournois du sire de Charni, VII, 127. — Défie le comte de Gleichen, 148. — Reste près du bâtard de Bourgogne, 158. — Marche contre le sire de La Marck, 343. — Lieutenant de Jean de Châlons dans l'armée d'Italie, 274. — Secourt le duc Philippe à la bataille de Gavre, 432. — Porte l'enseigne de Lorraine à Nanci, XI, 147. — Défait le sire de Craon, 250, 311. — Passe au service du roi, XII, 93.

VAULDREI (messire Claude de), XI, 311. — Prend Gray, 325.

VAURUS (Denis de), cousin du fameux bâtard de Vaurus, exécuté à Paris, V, 93.

VAUVERT (le sire de) assiste au jugement du duc d'Alençon, VIII, 101.

Vaux-Marcus (le sire de) périt devant Nanci, XI, 154.

Vaux (le sire Jean de) assassine le sire de Jacqueville, IV, 329.

Vaux (Robert de), brûlé comme vaudois, VIII, 150.

Velous (Regnault de) exécuté, X, 476.

Vely (Jean de), chanoine de Paris ; discours sur Louis xi, X, 362.

Veer (sir Robert), un des capitaines anglais à la bataille de Formigni, VII, 312.

Vendôme (François de Bourbon, comte de), XII, 264.

Vendôme (le comte de) amène des hommes au duc de Bourbon, III, 240. — Préposé pour se faire rendre compte des receveurs, 249. — Prend parti pour le duc d'Orléans contre le duc de Bretagne, IV, 126. — Prend possession d'Arras au nom du roi, 181. — Va au-devant d'une ambassade anglaise, 201. — Ambassadeur à Londres, 202 — Conduit ses hommes d'armes contre les Anglais, 227. — Prisonnier à Azincourt, 246. — Amène Jeanne-d'Arc devant le roi, V, 286.—Vient joindre l'armée dirigée sur Reims, 349. — Se trouve aux conférences de Compiègne, VI, 39. — Marche à l'avant-garde à l'attaque de Paris, 44. — Capitaine de Saint-Denis et de Senlis, 53. — Va au secours de Choisi-sur-Oise, 79. — Ambassadeur du roi aux conférences d'Arras, 293. — Accompagne madame Catherine comtesse de Charolais, VII, 17.—Se trouve aux États d'Orléans, 36. — Projette de changer le gouvernement, 49. — Se trouve à l'assemblée de Nevers, 104. — Ambassadeur de France aux conférences de Tours, 174. — Se trouve à la prise de Bordeaux, 326. — assiste au jugement du duc d'Alençon, VIII, 101. — Assiste au sacre de Louis xi, 201. — Donné pour otage au duc de Bretagne, IX, 230.

Vendôme (Lionnel, bâtard de) joute contre Saintrailles, V, 146. — S'empare de la Pucelle, VI, 84.

Vendôme (Jeanne de) dépose contre le sire Jacques Cœur, VIII, 13.

Vendôme (Louis, bâtard de), XI, 416.

Vendôme (la comtesse de) est envoyée chercher la duchesse de Bourgogne à Lens en Artois, I, 143.

Verchin (le sire de) conseille la guerre contre les Frisons au comte de Hainault, II, 324. — Fait un défi à tous les chevaliers, 398. — Se conduit vaillamment dans sept joutes, 399.

Vère (le sire de La) tient la mer pour le duc Philippe et empêche les vaisseaux d'aller à Bruges, VI, 418. — Commande des expéditions de pirates hollandais, VII, 17. — Reçu chevalier de la Toison-d'Or, 246. — Chargé de lever les Hollandais pour la guerre contre les Gantois, 352. — Commande les Hollandais à Rupelmonde, 382. — Se trouve à la réunion de La Haye, VIII, 508. — Commande une flotte sur les côtes de Normandie, IX, 276. — Mécontente la Hollande, XII, 112.

Vergy (le prieur de), ambassadeur de Bourgogne aux conférences de Tours, VII, 174.

Vergy (Guillaume de) enlève sa cousine Marguerite de Vergy, IX, 286 ; XI, 238. — Se déclare contre Louis XI, 251. — Refuse de prêter serment au roi, XII, 94.

Vergy (Antoine de), fils du maréchal, appelé à un conseil de la duchesse de Bourgogne, III, 271. — Envoyé par le duc Jean pour saluer le Dauphin, IV, 438. — Chevalier du Duc à l'entrevue de Montereau, 440. — Se trouve au combat de Chappes, VI, 111. — Envoyé aux conférences d'Auxerre, 179. — Contre le damoisel de Commercy, 220.

Vergy (le bâtard de) guerroie sur les frontières du duché de Bar, VI, 355. — Chassé de ses forteresses par le roi, VII, 81.

Vergy (Jean de) appelé à un conseil par la duchesse

de Bourgogne, III, 271.—Envoyé contre le damoisel de Commerci, VI, 227. — Met le siége devant Grancey, 264.—Disperse les compagnies qui revenaient de l'Allemagne, VII, 15. — Détruit une compagnie, 35.

Vergy (le sire de), maréchal de Bourgogne, reçoit Philippe le Hardi à son passage à Langres, I, 120. — Se trouve à l'armée qui s'assemble devant Troyes, 195.—Envoyé à Bajazet, II, 306. — Soumet le sire de Villars révolté contre le Duc, 421.—Soutient le duc de Bourgogne, III, 357.—Chargé de surveiller l'armée bourguignonne au siége de Crevant, V, 152. — Conclut une alliance avec Isabelle de Lorraine, VI, 176, 177.

Vernembourg (le comte de) mandé par le duc Philippe, VII, 140. — Accompagne l'empereur à son entrevue avec le Duc, X, 76; XII, 123.

Vertus (le comte des) commande les troupes du duc d'Orléans, III, 306. — Accompagne le dauphin de Guyenne à son entrée à Paris, IV, 28. — Gagne sa confiance, 58, 79. — Commande l'avant-garde à Paris, 143. — Suit le dauphin à son départ de Paris, 189. — Va au-devant des ambassadeurs d'Angleterre, 201. — S'entremet pour réconcilier les princes, 406.

Vesc (Etienne de), premier valet de chambre du Dauphin, XII, 348.

Vespuccio (Antonio) chargé par les Florentins d'aller implorer le secours du roi de France, XII, 13.

Viane (le prince de), fils de don Juan roi d'Aragon, mis en prison par son père, VIII, 241.

Vicence (l'évêque de) annonce la paix d'Arras au concile de Bâle, VI, 338. — Ambassadeur du concile de Bâle aux conférences de Bâle, VII, 18.

Viefville (Jean de La) armé chevalier à Gavre, VII, 427.

Viefville (le sire Louis de La) armé chevalier banneret, VII, 376.

Viefville (le sire de La) s'éloigne de Paris par horreur de tout ce qui s'y passe IV, 86.— Arrêté, 116.

Vienne (messire Guillaume de) jure le traité du Ponceau, IV, 426. — Envoyé par le duc Jean pour saluer le Dauphin, 438. — Chevalier du Duc à Montereau, 440. — Envoyé de Bourgogne aux conférences d'Auxerre, VI, 179 — Un des douze chevaliers au tournoi du sire de Charni, VII, 127.

Vienne (Gautier de) envoyé au comte de Savoie, II, 19.

Vienne (messire Hugues de) attend Philippe le Hardi à son passage à Langres, I, 120.

Vienne (l'amiral Jean de) assiste à la guerre contre les Navarrois et les bandes, I, 118. — Se trouve à l'armée devant Troyes avec Philippe le Hardi, 195. — Député par le roi aux Parisiens au retour de la guerre de Flandre, 297. —Va faire la guerre en Ecosse, 336. — Est mal reçu en Ecosse, 342. — Député au duc de Bretagne, II, 39. — Se croise contre les Sarrasins, 93. — Va à la guerre en Hongrie, 255. — Tué à la bataille de Nicopolis, 300.

Vigier, neveu du comte de Dammartin, XI, 362.

Vignes (Colard des) jure le traité du Ponceau, IV, 426.

Vignoles (Amadoc de) marche sur Montdidier, VI, 107. — Défend Louviers, 145. — Tué à Creil, 265.

Vilain (les sires de) armés chevaliers, V, 76. — Se distingue à la bataille de Mons-en-Vimeu, 78, 234, 235.

Vilaine (le sire de) obtient un grand crédit près de Charles vi, II, 67. — Eloigné de la cour, 162. Enfermé au Louvre, 176. — Mis en liberté, 184.

Village (Jean de) s'oppose à la saisie de Jacques Cœur, VIII, 18.

Villandrada (Rodrigue de), capitaine espagnol au service de France, se distingue à la bataille de Grollée, VI, 96. — Va au secours de Lagny, 194. —

Courses en Picardie, etc., 355. — Ravage les provinces du midi, 455.— Fait la guerre en Guyenne pour le roi, VII, 7, 16.

Villars (le sire de) combat dans un défi de sept chevaliers anglais, II, 396. — Fait la guerre au duc de Bourgogne, 421. — Descend en Angleterre, III, 7. — Se distingue au siége d'Orléans, V, 256. — Laisse prendre Montargis, VI, 204.

Ville-Chartre (Michel de) procureur du roi, XII, 20.

Villequier (la dame de) succède à Agnès Sorel dans les bonnes grâces du roi, VII, 311 ; VIII, 17.

Villequier (le sire de), VII, 316.

Villers (le sire de) arrêté à Chimai, IX, 31.

Villiers (le sire Jacques de) se joint au sire de l'Ile-Adam, VI, 349.

Villiers (le seigneur de), membre du parlement de Beaune, V, 114.

Vilain (Jean), châtelain d'Ypres, I, 364.

Villeneuve (Tannegui de), XII, 86.

Villette (maître de), élu abbé de Saint-Denis, II, 339. — Sauvé par le sire de l'Ile-Adam, IV, 357.

Visconti (Blanche de), bâtarde du duc de Milan, épouse François Sforze, VII, 273.

Villon (Geoffroy de), secrétaire du duc d'Aquitaine, trame de livrer le roi aux Orléanais, IV, 9.

Vintimille (les), XI, 44.

Viry (Aimé de) fait la guerre au duc de Bourbon, III, 240.—Aide à la prise de Saint-Cloud, 357.— Envoyé en Beaujolais et dans les terres des ducs de Bourbon pour les saisir, 363.—Malade au siége de Bourges, IV, 13.

Visconti (Philippe-Marie), duc de Milan ; sa mort, VII, 273.

Viseu (Charles de), valet de chambre du duc Charles, IX, 161.

Viste (Aubert de), visiteur des lettres de chancellerie, XI, 338.

Vitry (le sire de) saisi par la faction des bouchers, IV, 74.

Vivian (maître Étienne), grand-vicaire de l'évêque de Tournay, prend possession de l'évêché pour Jean Chevrot, VI, 217.

Vivier, ennemi de Louis xi, X, 293.

Voegelin (Frédéric) conduit la révolte de Brisach, X, 184.

Vogt (Conrad) marche contre les Bourguignons, XI, 16.

Voss (Baudoin de), bailli du duc Philippe au pays de Waes, mis à la torture par les Gantois, VII, 330. — Envoyé par les Gantois auprès du comte d'Étampes pour traiter, 412.

Voyaut se dévoue pour le comte de Dammartin, VIII, 205.

W

Waber (Petermann de) envoyé de Berne au duc Charles, XI, 143, 251.

Wachtendorch (le sire de). Sa mort, XII, 321.

Waldebourg (le comte de); accueil qu'il fait au duc Philippe à son voyage en Allemagne, VII, 466.

Waldmann (Hanns), capitaine suisse, XI, 72. — Prend les intérêts du duc de Lorraine à Fribourg, 123, 138. — Envoyé par les Suisses à Louis xi, 316.

Warwick (le jeune sire de), surnommé l'Enfant de Warvick, envoyé contre le sire de Barbazan, VI, 112. — Bat le maréchal de Boussac, 146. — Arrive au secours de Paris, 290. — Conférences à Gravelines avec le bâtard de Bourgogne, VIII, 77. — Chargé de négocier avec le roi Édouard, 488.

Warwick (le comte de) banni d'Angleterre, II, 350. — Ambassadeur près du duc Jean, IV,

274. — A Provins, 405. — Salue la reine de France de la part du roi Henri, 407. — Va à Troyes avec le duc Philippe le Bon, V, 14. — Arrive devant Cosne, 104. — Rend visite à la Pucelle, 116, 126. — Accompagne Henri VI à son entrée à Paris, 169. — Reçoit les ambassadeurs de Bourgogne, 236. — Ambassadeur en France, IX, 37. — Sa conduite pendant la sédition d'Angleterre, 257. — Se réfugie en France, 262. — Lettre à ses frères, 272.— Descend en Angleterre, 302.—Tué à Barnet, 382.

Watter, riche veuve, remet une bourse d'or au duc de Lorraine, XI, 118.

Wassenaer (le sire de) commande les Hollandais à Rupelmonde, VII, 382. — Se trouve à la réunion à La Haye, VIII, 508.

Watelet, mécanicien; sa mort, IV, 74.

Wat-Tyler, couvreur, s'empare de la ville de Londres et exerce de grandes contraintes sur le roi, I, 260.

Wauvin (le sire de) envoyé à Venise par le duc Philippe, pour équiper une flotte en faveur de l'empire d'Orient, VII, 139. — Garde le détroit de Constantinople contre les Turcs, 275.

Vavrin (Philippe de), élevé avec le comte de Charolais, VII, 160.

Weiler (Jean) commande la garnison de Granson, XI, 9.

Welles (sir Robert) se met à la tête des rebelles de Lincoln, IX, 259.

Welles (lord) ne prend nulle part à la révolte de son fils, IX, 259.

Wenlock (sir Jean) député d'Édouard IV à Louis XI, VIII, 369.— Un des députés chargés de traiter avec Louis XI, 488. — Commandant de Calais, IX, 260. — Donne de bons avis au sire de Comines, 310. — Sa mort, 385.

Whestedte (Hermann), bourgeois de Gand, porte des messages du roi aux chefs de la ville, XII, 238.

Wilde (Jean) nommé chef des bourgeois de Gand, VII, 340 ; IX, 164.

Wilde (le sire de), capitaine des Liégeois, tué à la bataille de Bruestein, IX, 76.

Willoughby (lord) amène un renfort aux Bourguignons, VI, 109. — Se joint au duc de Bretagne contre le duc d'Alençon, 198. — Envoyé contre les Normands insurgés, 227. — Arrive à Paris pour le défendre, 290. — Combat au siége de Saint-Denis, 347. — Appelé par les Parisiens pour être gouverneur, 348.

Winck (Liévin) cherche à exciter le trouble parmi les Gantois, VII, 337.

Winckingen (Aunsen de) livre passage aux compagnies françaises, VII, 14.

Winchester (le cardinal de). Dissension avec le duc de Glocester, V, 202. — Entre à Paris avec six mille Anglais, VI, 18. — Figure dans le procès de la Pucelle, 129, etc. — Accompagne le jeune Henri VI à son entrée à Paris, 169. — Entreprend de réconcilier le duc Philippe et le duc de Bedford, 207. — Son arrivée aux conférences d'Arras, 301. — Va aux conférences de Gravelines, VII, 9, 18. — Tout-puissant à la cour de la reine Marguerite, 265.

Wippingen (l'avoyé Raoul de) reçoit les envoyés du comte de Romont, X, 166.

Wisse (Jacques de) combat à la bataille de Nanci, XI, 147.

Wissocq (le sire de) tient garnison à Alost pour le duc Philippe, VII, 410.

Woestine (le sire de) implore les gens de Gand devant Calais pour le duc Philippe, VI, 398. — Condamné au bannissement par les Gantois, 416.

Woodville (Richard) fait prisonnier par Lahire et Saintraille, à Gerberoy, VI, 288.

Woodville (Elisabeth), fille de sir Richard de Woodville, épouse Edouard IV, roi d'Angleterre, VIII, 409.

Worcester (le comte de) périt devant Meaux, V, 89.

Wurtemberg (Everard, comte de) accompagne l'empereur lors de son entrevue avec le Duc, X, 76.

Wurtemberg (le comte Ulric de) arrive au secours du duc de Bourgogne, III, 44. — Livre Montbelliard au Dauphin, VII, 193. — Prie le duc Philippe de passer par sa ville de Stutgard, 466.

Wurtemberg (Henri de) enlevé par le duc Charles, X, 199.

Y

York (le cardinal d') accompagne Henri VI à son entrée à Paris, VI, 169. — Ambassadeur d'Angleterre à Arras, 292.

York (le duc d') assiste aux conférences d'Amiens, II, 131. — Chef d'une ambassade à Charles VI, IV, 125. — Périt à Azincourt, 245.

Ywan (Raze), bourgeois de Bruges, massacré par le peuple, VI, 433.

Z

Zaghère (Jacques), maître maçon, doyen de ceux de son métier, le premier à faire lever le siége de Calais aux Gantois, VI, 402. — Massacré par le peuple, 426.

Zur-Kinden (Nicolas), capitaine suisse, XI, 55.

FIN DE LA TABLE ALPHABÉTIQUE, ET DE L'HISTOIRE
DES DUCS DE BOURGOGNE

www.ingramcontent.com/pod-product-compliance
Lightning Source LLC
Chambersburg PA
CBHW071125160426
43196CB00011B/1802